Werner Bertram

Der einsame König

Erinnerungen an Ludwig II. von Bayern

SEVERUS

Bertram, Werner: Der einsame König. Erinnerungen an Ludwig II. von Bayern
Hamburg, SEVERUS Verlag 2014

ISBN: 978-3-86347-922-0
Druck: SEVERUS Verlag, Hamburg, 2014

Der SEVERUS Verlag ist ein Imprint der Diplomica Verlag GmbH.

Bibliografische Information der Deutschen Nationalbibliothek:
Die Deutsche Nationalbibliothek verzeichnet diese Publikation in der Deutschen Nationalbibliografie; detaillierte bibliografische Daten sind im Internet über http://dnb.d-nb.de abrufbar.

DER EINSAME KÖNIG

Erinnerungen an Ludwig II. von Bayern

Von

Werner Bertram

Mit einem Titelbild, 19 Abbildungen
nach farbenphotographischen Aufnahmen
und 16 Schwarzdruckbildern

SEVERUS

König Ludwig II. von Bayern
(in der Georgiritter-Tracht)
King Ludwig II of Bavaria
(in the costume of a Knight of St. George's)

Geschrieben in tiefer Verehrung und Begeisterung für den unglücklichen König zur Erinnerung an die 50. Wiederkehr seines Todestages: 13. Juni 1936!

DER VERFASSER

Hauptgestalten:

Ludwig II., König von Bayern
Prinz Otto, der Bruder des Königs
Königinmutter Marie von Bayern
Hofrat von Pfistermeister, Kabinetts-Sekretär
Richard Wagner, Dichter-Komponist und Hofkapellmeister
Prinzessin Sophie
Elisabeth, Kaiserin von Österreich
Maria Alexandrowna, Kaiserin von Rußland
Ministerpräsident von Lutz
Fürst Chlodwig zu Hohenlohe
Prinzregent Luitpold von Bayern
Graf von Holnstein
Karl Theodor Freiherr von Washington
Obermedizinalrat Dr. von Gudden, Irrenhausdirektor
Dr. med. Müller, Assistenzarzt
Graf Alfred von Dürckheim, persönlicher Adjutant
Karl Hesselschwerdt, Hoffourier
Mayr, Leibdiener des Königs
Weber, Kammerdiener auf Neuschwanstein
Osterholzer, Leibkutscher in Hohenschwangau

Ort der Handlung und Zeit des Geschehens:
streng nach der Geschichte!

Szenenfolge:

1. Die junge Majestät

München, den 25. August des Jahres 1845!

Draußen donnerten die Geschütze ...

Zwölf Stunden hatte die bayrische Kronprinzessin Marie auf Schloß Nymphenburg bei der Geburt des Thronfolgers aushalten müssen. Der neugeborene Prinz, der einer großen Zukunft entgegenlächelte, wird nach seinem Großvater „Ludwig" getauft. –

Bayern, durch Napoleon I. zum Königreich erhoben und durch ihn wie durch die Wiener Schlußakte vom Jahre 1815 bedeutend vergrößert, war an die erste Stelle unter den deutschen Mittelstaaten gelangt. Ludwig I., der Erbauer jener herrlichen „Walhalla" bei Regensburg, hatte im Laufe seiner Regierungszeit durch stärkste Förderung der Kunst aus der Bierstadt München eine wahre Residenzstadt geschaffen.

Die Ereignisse von 1848 und die so plötzlich erzwungene Abdankung des ersten Bayernkönigs hatten dessen Sohn Maximilian auf den Thron berufen. Dieser folgte zwar der liberalen Zeitströmung und umgab sich mit freisinnigen Räten, stand jedoch der Errichtung eines deutschen Kaisertums mit preußischer Spitze entgegen und verweigerte die Anerkennung der Reichsverfassung.

Wie der Vater in der Kunst, so gedachte der Sohn in der Wissenschaft dem Lande einen mächtigen Aufschwung zu geben, indem er eine Reihe ausgezeichneter Gelehrter an die Hochschule nach München berief und zugleich die Historische Kommission gründete.

Der Lieblingsaufenthalt Maximilians II. war und blieb bis zu seinem Tode das Schloß Hohenschwangau, welches er nicht nur neu aufbauen ließ, sondern auch durch namhafte Künstler reich auszuschmücken verstand. Und hier war es, wo der Enkel Ludwigs I. eine glückselige, sonnige Jugendzeit verleben durfte.

Hohenschwangau!

Welch herrlicher deutscher Name! (Vgl. Bild Nr. 2.)

Wie eine halbvergessene Sagenburg steht noch heute das alte Seeschloß über dem Wald. Mit seiner ockergelben Farbe hebt es sich ganz wunderbar vom grünen Baummosaik des kleinen Berges ab, auf dem es Jahrhunderte steht. Hier hauste einst der minnefrohe Sänger Hiltebold von Schwangau. Von hier entließ ein sehnsuchtsvolles Mutterherz den Hohenstaufen Konradin, als er die Todesfahrt nach Italien antrat. Hier rasteten Kaiser Ludwig der Bayer und Kaiser Maximilian I.

„Das ist die Burg der Ehren,
Ein rechter Lug ins Land,
Da ward die Minneharfe
Gerührt von Kaiserhand.

Bild 1: Schloß Nymphenburg
Nymphenbourg Castle

Bild 2: Schloß Hohenschwangau   Hohenschwangau Castle

Bild 3: Bildnis des Kronprinzen Ludwig
Nach einem Aquarell von E. Rietschel von 1850
Portrait of the Crown Prince Ludwig
König Ludwig II. Museum in Herrenchiemsee

Bild 4

Noch weh'n die alten Lieder
Ums Schloß bei Mitternacht
Und säuseln bis zum Untersberg,
Ob Stauff noch nicht erwacht!
Wo sich drei Marken scheiden,
Da steht das alte Schloß;
Von dreien Heldenstämmen
Trug es gar manchen Sproß.
Dreiästig schlingt der Efeu
Sich um den Turm dort hin:
Den Welfen und den Stauffen,
Den Schyren gilt dies Grün!"

So sang Eduard Duller. Und in dieser Stimmung ließ der zweite Bayernkönig den ganzen Zauber des Mittelalters neu erstehen. Denn drinnen in den Zimmern ist alles farben- und gestaltenreich mit Wandbildern geschmückt, drinnen regiert eine Welt verklungenen Seins. Schaubar leben die Schwanenritter Lohengrin und Dietrich von Bern neben Karl dem Großen und seinem Kreis in den wunderbaren Gebilden aus Künstlerhand weiter.

Hierher hatte Maximilian II., als er sich mit der Prinzessin Marie von Preußen vermählt hatte, sein junges Weib geführt. Und in dem Bilderbuch der Fresken dieses Schlosses las der zukünftige Thronfolger Ludwig Dinge, die seine Gedankenwelt und damit sein späteres Schicksal bestimmen sollten.

Zauberhaft wie das Schloß ist die umgebende Landschaft. Sie ist vollendet schön, hier ist alles erfüllt. Feierlich breiten die dunklen Wälder ihre Mäntel aus; wie zwei Augen schauen der Alpsee und der Schwansee aus den bronzegrünen Baumfluren heraus; schützend umgürten hohe Berge mit ihren steinernen Leibern den Raum.

In dieser Landschaft voll Schönheit wuchs der bildhübsche Kronprinz mit seinem Bruder Otto auf. Er spielte nicht oder nur selten mit Soldaten wie andere Prinzen und seine Spielgefährten, sondern hatte seinen Hauptspaß am Kindertheater und an originellen Figurinen. Schon als Kind haßte er das Nüchterne und vergötterte das Unwirkliche über alles. Gegen das viele Lernen und die Überfütterung seines Geistes wehrte sich der Knabe mit aller Macht. Bei seinem leidenschaftlichen Hang zum Träumen vergnügte es ihn viel mehr, sich hübsche Dinge auszudenken, Schatten herbeizurufen, sich mit ihnen zu unterhalten, als ob sie lebendig neben ihm ständen.

In schwärmerischer Verzückung konnte er immer wieder die Erzählung seiner weisen, stillen Mutter anhören:

„Aus dem Schaum einer Welle wurde die Venus geboren; die anderen Wogen aber erhoben Klage bei Vater Zeus wegen dieser Bevorzugung, und Zeus, der Allmächtige, streckte seine Hand aus, nahm von dem Schaum der beleidigten Wogen und schuf daraus den – *Schwan*! Königlich zieht seitdem der Schwan über die Wasser, die ihn stolz tragen. Klug blickt sein Auge, schneeweiß ist sein Gefieder. Und wenn ihn der Jäger trifft, dann stirbt er langsam mit göttlich schönem Gesange dahin!“ –

Solche und ähnliche Erzählungen machten einen starken Eindruck auf den jungen Ludwig. Der Schwan war und blieb sein Lieblingstier von Jugend an bis zu seinem Tode!

Jahre gingen hin.

Die beiden Prinzen wuchsen zu Jünglingen heran. Der Vater Maximilian duldete nun keinerlei Verweichlichungen mehr, sondern ordnete eine strenge Weitererziehung nach spartanischem Muster an. Der junge Thronfolger durfte nur sehr selten in die Residenz kommen und blieb so meist weltfremd eingesponnen in eine phantastische Natur.

War es da überhaupt noch verwunderlich, wenn Ludwig, volljährig geworden, eine gewisse Menschenscheu und Weltflucht verriet, wenn er den Weg zum gestrengen Vaterherzen nicht mehr finden konnte und sich am Tage seiner Volljährigkeitserklärung über nichts mehr freute als über die festliche Beleuchtung des alten Ritterschlosses?

Trotz allem war es gerade der bürgerliche Sinn dieses Vaters, welcher dem Thronfolger leicht die Wege zu den Herzen der einfachen Menschen wies. Die Liebe des armen Gebirgsvolkes zu seinem wunderschönen Ludwig wuchs im kleinen Raum und ging dann später wie eine Welle durch das ganze Land Bayern. Überall, wohin der Kronprinz kam, erwiderte er diese Liebe der treuen oberbayrischen Bauern, kannte keinen Stolz, kümmerte sich um alles und um alle und brachte manches kleine Opfer um der Freude willen.

Alten, kranken Leuten sendet er seinen eigenen Leibarzt mit Arzneien und Kräftigungsmitteln. Heiratslustigen vermittelt er mehrfach die Aussteuer. Verirrten Bergsteigern rettet er auf eigene Gefahr mehr als einmal das Leben. Am Johannistag, zum Sonnwendfest, nimmt er gern an dem Jubel der Bevölkerung teil, tanzt unter der Dorflinde am lodernden Sonnwendfeuer, springt nach alter Sitte mit durchs Feuer, singt und jauchzt wie alle Menschen dieser Berge.

Mitunter aber kommen auch Tage im Leben des etwas schwermütig veranlagten Prinzen, an denen er stundenlang allein am Erkerfenster steht und sinnt oder am Pianino in Tönen phantasiert, Tage, an denen er unbedeckten Hauptes nach dem Abendbrot bei Mondenschein aus dem Schloß mit seinen flimmernden Türmen hinaus in den Wald reitet, bei der ersten größeren Lichtung absteigt und dann sein Roß am Zügel weiterführt, einsam unter den Bäumen hin.

An manchem Sommerabend gleitet ein Kahn über die Wasser des idyllischen Schwansees, vom Mondlicht glitzern die Wellen. In diesem Kahn läßt sich ein schlanker Jüngling, eine Idealgestalt, die nicht so recht zur Wirklichkeit paßte, ganz langsam über den See rudern und rezitiert dabei Worte seines Lieblingsdichters Schiller: „Seid umschlungen, Millionen – diesen Kuß der ganzen Welt!" Begeistert ruft er die Worte über den aufhorchenden See, leichte Wogen rauschen eine Art Begleitmusik zum Ufer hin. –

1864!

Wieder wollte der Frühling Einzug halten in das Bergtal, das sich „Schwanengau" nannte. Wieder wollten sich die hohen Fichtenwälder mit den schroffen Gebirgsfelsen vermählen. Aufs neue ruhte die Flut des blauen Sees nach den Stürmen des Winters und zog ihre stillen Kreise. Nur noch in der Ferne, drüben im Tiroler Gebiet, waren die hohen Felsenleiber vom Schnee bedeckt.

Durch den kleinen Ort Hohenschwangau kamen von Füssen her zwei Wagen mit einer Deputation aus der Residenzstadt, bogen von der breiten Straße ab und fuhren rechts zur alten Burg der Wittelsbacher empor. Im baumschattigen Schloßhof stiegen fünf Herren aus, gingen bedächtig über die königliche Freitreppe und baten vor der gotischen Eingangstüre um Empfang.

Vergebens suchte der Adjutant den Kronprinzen, raste durch alle Zimmer des Schlosses – Ludwig war nirgends zu finden, denn er saß im Burggarten bei dem rauschenden Springbrunnen und las, halb versteckt, in der Lohengrindichtung eines Richard Wagner.

Endlich hatte man ihn entdeckt. Atemlos stand plötzlich sein Adjutant vor ihm:

„Königliche Hoheit – eine Deputation des königlichen Staatsministeriums bittet um dringendste Audienz!"

„So führen Sie die Herren hierher!"

„Ew. Königliche Hoheit verzeihen, aber eine Deputation von Sr. Majestät, dem König –"

„Was ist? Können die Herren nicht bis hierher kommen, oder?"

„Wie Ew. Königliche Hoheit befehlen! –"

Ludwig war ebenso plötzlich aufgesprungen und ging nun unruhig auf und nieder. Ahnte er die Botschaft? Als er die Herren Deputierten kommen sah, war er betroffen von dem Anblick ihrer ernsten Gesichter.

„Königliche Hoheit! Im Auftrage Ihrer Majestät der Königin und zugleich im Namen des gesamten Ministeriums bitten wir um die sofortige Übersiedelung Ew. Königlichen Hoheit nach München. Der Krankheitszustand Sr. Majestät des Königs gibt ganz plötzlich zu sehr ernsten Besorgnissen Anlaß, die Ärzte rechnen mit dem Schlimmsten."

Nach diesen feierlichen Worten des Gesandtschaftsführers herrschte eisiges Schweigen. Der Kronprinz hatte sich hoch aufgerichtet und überragte alle fünf Herren um Hauptes-länge. Er stand jetzt ihnen gegenüber wie ein Wunder, angetan mit einem hellblauen Sammetmantel, bestrahlt von der ersten Frühlingssonne des Jahres, schlank wie eine Edeltanne und schön wie der Belvederische Apoll. Er mußte sich aus dem Traum der Lohengrindichtung zur ernsten Wirklichkeit zurückfinden.

Nach einer Weile antwortete er wie ein gehorsamer Sohn nur mit zwei Worten:

„Ich komme!"

Die Herren verbeugten sich tief und zogen sich wieder zurück.

Die bürdelose Jugendzeit eines Königskindes war mit einem Schlage zu Ende.

Am 10. März des Jahres 1864 schied Maximilian II. von Bayern aus dem Leben.

In letzter Stunde noch hatten Vater und Sohn ein langes Gespräch unter vier Augen. Der König hatte versucht, das Vertrauen seines älteren Sohnes zu gewinnen, der sich immer so scheu von ihm zurückgezogen hatte und dessen

Charakter ihm ein Rätsel blieb. Keiner weiß und hat je erfahren, ob sich die beiden Herzen in dieser zwölften Stunde doch noch gefunden haben oder ob die Kluft zwischen zwei Geschlechtern unüberbrückbar geblieben ist. In rührender, herzlicher Weise hatte der König Abschied von seiner Familie genommen. Jetzt waren seine letzten Worte zu seinem Nachfolger:

„Mein Sohn! Nun wünsche ich Dir, daß Du einmal einen ebenso ruhigen Tod finden mögest wie Dein Vater!"

Der Sinn dieser Worte bleibt doppelt tragisch. War der Schleier über den Ereignissen der Zukunft in diesem Augenblick von dem Sterbenden weggenommen? Hat er im Augenblick des Todes Dinge gesehen, die ihn das tragische Ende seines Sohnes ahnen oder gar fürchten ließen?

In etwas kindlicher Trauer war Ludwig aus dem Zimmer getreten – da beugte sich schon der erste Page vor ihm mit dem schicksalsschweren Wort:

„Majestät!"

Der junge Mensch zuckte zusammen, er war sichtlich erschüttert. Welche Wucht der Verantwortung lag in diesem einzigen Wort: *Majestät!* In seinen Händen war von nun an alle Macht auf Erden. Er konnte jetzt tun, was er wollte und wie er es wollte. Ihm wehrte nun keiner mehr. Er konnte Kriege führen, sein Volk und Land ins Verderben stürzen oder auf die höchsten Höhen des Wohlstandes erheben. Alles war ihm erlaubt. Alles lag nur in seiner Macht, in der Macht von achtzehn Lebensjahren!

Draußen vor den Toren des Residenzschlosses kniete

eine vieltausendköpfige Menschenmenge, betend, seufzend. Wird die irdische Krone und das herrliche Land dem jungen, allzujungen Thronerben zum Segen gereichen oder wird der unerwartet plötzliche Tod des Verstorbenen ein großes Unglück für alle bedeuten? Keiner noch wußte das! Und das war gut so!

Das Zeremoniell nahm seinen vorschriftsmäßigen Verlauf. Sofort wurden die Truppen auf den neuen König vereidigt. Maximilian war in der Frühe gestorben. Am Nachmittag desselben Tages ritt der Reichsherold in altdeutscher Tracht mit zwei Paukern durch die Stadt der Residenz und verkündete zwischen dunklen Wirbeln die Thronbesteigung Ludwigs II. von Bayern. Und am übernächsten Tage schwur dieser Ludwig II. selbst den Eid auf die Verfassung seines Landes.

„Der König ist tot – es lebe König Ludwig!" Die ununterbrochenen Heilrufe des Volkes trafen wie Peitschenschläge einen Menschen, der noch keine neunzehn Jahre zählte. Man huldigte ihm, man neigte sich vor ihm. Immer von neuem brausten Jubelrufe über ihn hinweg.

Und dann kam der Tag, an welchem der neu Gekrönte zusammen mit seinem Bruder Otto durch die feierlichen Straßen Münchens dem Sarge des Vaters folgte, in betonter Würde, gerührt vom eigenen Leid und doch ebenso schön in diesem persönlichen Leid. Er folgte im Trauerzuge wie ein Prinz aus verklungenen Jahrhunderten, wie ein Stück Märchen selbst.

Bild 5: Modell des projektierten Festspielhauses in München *König Ludwig II. Museum in Herrenchiemsee*

Model of the proposed Grand Opera House in Munich in King Ludwig II Museum at Herrenchiemsee

Bild 6: König Ludwig II. mit Braut Prinzessin Sophie
King Ludwig II with his financée, the Princess Sophie

In seiner übermannshohen Größe von 1,91 Meter alle überragend schritt er ganz langsam am Grabe seines Vaters vorbei einen neuen, ureigenen Weg hinein in ein schicksalvolles Leben –.

„Der allmächtige Gott hat meinen teuren, hochgeliebten Vater von dieser Erde abberufen. Ich kann den Gefühlen, die mein Herz erfüllen, keinen Ausdruck verleihen. Groß und schwer ist die Aufgabe, die meiner wartet. Aber ich vertraue auf Gott, der mir Licht und Kraft senden wird, sie zu erfüllen. Ich will in Treue zu dem Eid regieren, den ich eben geschworen habe, und in Übereinstimmung mit der Verfassung, die nun fast ein halbes Jahrhundert lang bestanden hat. Die Wohlfahrt meiner geliebten Bayern und *die Größe Deutschlands* sollen das Ziel meines Strebens sein. Ich bitte Sie alle, mir bei Erfüllung meiner schweren Pflichten helfend zur Seite zu stehen!"

So lautete die erste Ansprache der jungen Majestät als Antwort auf die Ministerrede. Es war eine ehrlich gemeinte Antwort, kein leeres Phrasentum. Denn für Ludwig II. war vom ersten Tage seiner Regierung an ein wirklicher König weiter nichts als Gottes Stellvertreter in allem Weltlichen, ein Herrscher, der sich selbst beherrscht, dessen Reich nur Ideale kennt.

Und sein Reich sollte nur ein Reich des Friedens, der Freude, des Wohlstands, der Zufriedenheit, des stillen Glücks aller sein. Daß es ihm vergönnt sein möge, in einem solchen Land des reinen Geistes für alle zu regieren, alle zu beglücken – das war und blieb sein heißester Wunsch.

Gewiß – mit kaum achtzehn Jahren mitten aus den Bergeshöhen hinweggerissen in die Residenz nach München, dann an die Spitze des großen Königreiches Bayern berufen, dabei etwas eigensinnig und herrisch veranlagt, all diese Zufälligkeiten sahen für jedermann wie ein furchtbares Verhängnis aus. Wider Erwarten kam alles anders. In der Politik und dem Geschäftsgang trat zunächst keine Änderung ein. Minister von Schrenk blieb am Staatsruder und wurde erst nach einem Jahre abgelöst von Minister von der Pfordten. Ludwig II. wollte das begonnene Werk seines Großvaters und Vaters so krönen, wie man ihn als Kronprinzen gekrönt hatte. Seine Geburt hatte ihn an die Spitze des Bayernvolkes gestellt; durch die Gnade des Himmels war er ein König geworden. Seit Jahrtausenden war das so in der Weltgeschichte. Viele Kaiser und Könige sind vergessen, die meisten wurden berühmt durch Eroberungskriege, nur einige wenige erglänzten in reiner Schönheit, andere gingen blutbefleckt aus dieser Welt.

Der junge Monarch hatte sich eine besondere Regierungsaufgabe gestellt: aus der Weltgeschichte der Vergangenheit wollte er lernen für eine praktische Politik der Gegenwart, wollte die besten Waffen schmieden, um Thron und Krone zu schützen, wollte den besten Pflug bespannen, um sein Land gründlich zu beackern, und wollte nicht zuletzt einen besonderen Weg zum Herzen seines Volkes einschlagen. Vaterlandsliebe und ein Boden glänzender Überlieferungen vom frühesten Mittelalter an waren vorhanden bei den Bayern. Nun sollten die wahrhaft Großen in diesem

Reiche berufen werden, um das Volk weiterzuführen auf die höchsten Höhen von Schönheit und Glück.

Grundbedingung zu all dem war, dem Volke sichtbare Zeichen solcher gedachten Schönheit vorzuführen, damit es sich daran begeistern und wahre Freude und Liebe empfinden könne. Ein König also, der in Schönheit herrschen wollte, mußte sich auch mit Schönheit zu umgeben verstehen.

Was Ludwig II. selbst anlangte, so war er der geborene Fürst des großen Zeremoniells und der Repräsentation. Vom Tage der Thronbesteigung an galt ihm in dieser Hinsicht kein Wunsch als unerfüllbar. Im goldenen Prunkwagen ließ er sich durch die Straßen der Residenz fahren. An besonderen Festtagen legte er stets seine Marschallsuniform an, deren himmelblaues Tuch ihm etwas Lichtes gab. Die blau-weißen Schwanenfedern am königlichen Generalshut verliehen ihm sogar etwas Göttliches.

Der jungen Majestät huldigte man denn auch auf jede erdenkliche Weise. Immer waren die Straßen, die er nach der Vesper durchfuhr, von dichten, zujauchzenden Menschenmassen besetzt. Im Theater wandte man sich nicht selten von den Vorgängen auf der Bühne ab und richtete heimlich das Opernglas auf ihn, den Kunstbegeisterten, mit seinem feingeschnittenen, sanft lächelnden Mund. Seine eigene vollendete Schönheit war bald sprichwörtlich geworden und gleichbedeutend mit seiner Liebenswürdigkeit zu jedermann. Und schön wie die ganze Gestalt waren seine großen dunklen Augen mit ihrem wunderbaren Aufschlag. In ihrem Blick lag etwas ungewollt Märchenhaftes, fast Traumhaftes, um nicht zu sagen Unirdisches (vgl. Titelbild).

Als Mensch blieb Ludwig fromm und streng in dem Glauben und den Grundsätzen seiner Kirche. Über alles liebte er den kleinen russischen Altar feinster byzantinischer Prägung, den man dreiteilig auseinanderfalten und wieder zusammenlegen konnte und den die Kaiserin von Rußland seinem Vater geschenkt hatte. Bei der Übersiedlung nach München mußte dieser Altar mitgenommen werden. Wenn der Monarch vor ihm betete, dann mußte er immer in Demut an seine Jugend auf Hohenschwangau zurückdenken, an den stillen Frieden des alten Ritterschlosses, den er dort gehabt, an die Einsamkeit am schroffen Kalksteinfelsen, wo er sich eine Burg seltenster Art in lebensgefährlicher Höhe ausgedacht hatte und noch immer wünschte. Dann mußte er an die wilden Schluchten denken, die er als Knabe auf seinem Pony durchritten, an die Enziansterne auf den duftenden Matten, an die beiden Seen in der Tiefe, an Edelweiß und Alpenrosen draußen im Hochgebirge. All das war mit einem Schlag vertauscht!

Wörtlich hat einmal Ludwig gesagt: „Ich sitze umgeben von dickbändigen Büchern und Pergamenten, studiere nicht etwa Poesie, wie sie alle denken, sondern Weltgeschichte und Staatswissenschaft. Ich habe vielleicht allzufrüh eine schwere verantwortungsvolle Aufgabe übernommen, doppelt schwer auf jungen Schultern, dreifach schwer für einen jungen Kopf, in dem bisher etwas ganz anderes wohnte und der noch etwas ganz anderes will!“

Was war es nun mit diesem schönen, hoheitsvollen und

doch so schwermutsreichen Jüngling? Er hatte die Anlage, einer der populärsten Herrscher Europas zu werden. Warum mußte er bei allem Prunk und äußerem Glanz in der Hauptstadt seines Landes so schwer kämpfen und leiden? Warum wurde er geplagt und gehetzt, warum getäuscht und verraten, warum so mißverstanden und schließlich in die Einsamkeit getrieben?

Ein tragisches Geschick wollte es nicht anders, daß fast alle Gaben, welche diesem Sprossen aus uraltem Wittelsbacher Geschlecht in die Wiege gelegt waren, für ihn selbst zum unverdienten Fluch, für das deutsche Volk aber zum ewigen Segen wurden!

2. Die Rettung Richard Wagners

Seit dem Tode des Königs Maximilian waren kaum vierzehn Tage vergangen.

Durch die ausgestorbenen Straßen eines Karfreitags schlich ziellos ein völlig verschuldeter Komponist und Partikularist, suchte vergeblich Hilfe von irgendwoher und trotzte verzweifelt dem böigen Märzenwetter. Er war von Wien-Penzing nach München geflohen, um dort bei früheren Freunden unerkannt einen Unterschlupf zu finden und weiterleben zu können. Er mußte fliehen, um jahrelanger Schuldhaft zu entgehen. Wenn ihn nur einer der vielen Gläubiger erkannt hätte, so würde er dem von allen guten Geistern verlassenen Manne seine berüchtigte Verschwendungssucht, seine gänzlich zerrütteten Eheverhältnisse, seine revolutionären Umtriebe, seinen Größenwahn vor Augen halten und ihn auf der Stelle verhaften lassen.

Dieser Mann, der sich unter falschem Namen im Bayerischen Hofe einquartiert hatte, war schon in keiner Katastrophe mehr, sondern längst in der Entwicklung seines Endes begriffen, wie er selbst damals nach Petersburg schrieb. Und dieser Mann ohne Beruf, Geld und Titel, dieser verkommene Mensch ohne Hab und Gut war kein anderer als Deutschlands größter Musiker, war: *Richard Wagner!*

Auch im großen München fühlte sich dieser Wagner bald nicht mehr sicher vor seinen häßlichen Verfolgern, den Gläubigern. Er mußte weiterflüchten in die Umgegend von Zürich, wo ihn die Gattin seines abwesenden Freundes Wille sehr gastlich aufnahm. Dort unten hielt sich der Gehetzte versteckt im Hausgarten auf oder unternahm nachts heimlich einsame, weite Spaziergänge.

Als ihn sein Freund antraf, regte sich Wagner gleich bei den ersten Begrüßungsworten furchtbar auf, weil seine Partituren im Schrank verstauben müßten und niemand sich an sein Kunstwerk der Zukunft heranwage. Sein Gesicht war über und über mit Kummerfalten überzogen, seine Nerven waren überreizt.

Von Zürich aus schrieb er an Peter Cornelius, den bekannten Maler, nach München u. a.:

„So primitiv wie der Organist Sebastian Bach kann ich unmöglich leben. Ein Licht muß sich mir zeigen, ein Mensch muß mir erstehen, der jetzt energisch hilft – dann habe ich noch die Kraft, die Hilfe zu vergelten, sonst nicht – das fühle ich! Ein gutes, wahrhaft hilfreiches Wunder muß mir jetzt begegnen, sonst ist's aus!"

Vier Wochen nach dem Regierungsantritt entspinnt sich zwischen Sr. Majestät und dem Kabinettssekretär, Hofrat von Pfistermeister, folgendes überraschende Gespräch:

„Und womit kann nun Ew. Majestät ein erster größerer Herzenswunsch erfüllt werden?"

„Ich will – *Richard Wagner* kennenlernen!"

„Wieso – wenn diese Frage gestattet ist?"

„Es war vor sechs Jahren, wenn ich nicht irre und Sie es genau wissen wollen, als mein Vater sich durch den freizügigen Kunstfreund Herzog Max dazu bewegen ließ, den ‚Lohengrin' aufzuführen. Entsinnen Sie sich zufällig dieser Vorstellung, Herr Hofrat?"

„Sicherlich! Sie fand eine ganz leidliche Aufnahme."

„Hat sich mein Vater das Stück hinterher nochmals angehört?"

„Viermal, Ew. Majestät!"

„Viermal hintereinander? Soso! Und war doch sonst kein besonderer Freund des Tonspiels, nicht wahr? Aber lassen wir das, mein lieber Hofrat. Ich habe jedenfalls als fünfzehnjähriger Prinz diesen ‚Lohengrin' mit dem Dresdener Gast Ludwig Schnorr von Carolsfeld auch zu sehen bekommen, nachdem man mich endlich dazu für reif erachtet und nachdem meine Erzieherin, Baronin Meilhaus, mich mit der Sage vom Schwanenritter genügend vertraut gemacht hatte. Ich war grenzenlos begeistert. Entsinnen Sie sich noch einzelner Vorgänge von damals?"

„Die Damen des Hofes trugen Taube und Schwan als silbernen Schmuck an Haupt und Busen!"

„Am Tage darauf war Empfang im Schloß. Später spielte mir ein Zufall Wagners Schriften ‚Das Kunstwerk der Zukunft' und ‚Die Zukunftsmusik' in die Hände. Unbeachtet lagen sie auf dem Pianino bei Herzog Max. Kennen Sie diese Schriften, Herr von Pfistermeister?"

„Nein, Ew. Majestät!"

„Dann kennen Sie auch nicht das Vorwort dieses Wagner zu seinem neuesten Opus ‚Ring des Nibelungen'?"

„Bedaure aufrichtig, Ew. Majestät!“

„Darin wirft dieser Musiker der Zukunft – *Zukunft!* – verstehen Sie recht! – die Frage auf: ‚Wird der Fürst sich finden, der die Aufführung meines Bühnenfestspiels ermöglicht?‘“

Pfistermeister trat erschrocken zurück. Jetzt erst ahnte er den Zusammenhang der ganzen Fragestellung, die ihm anfangs so merkwürdig erschien. Er mußte sogleich eine Antwort geben, denn er war an der Reihe und durfte jetzt nicht ausweichen. Ungewollt und ungeschickt zugleich spielte er seinem jungen, etwas unbeholfenen und in seinen Redewendungen noch sehr weitschweifigen König das längst ersehnte Stichwort zu:

„Geruhen Ew. Majestät darauf vielleicht zu reagieren?“

„Die künstlerische Berufung dieses noch unbekannten Mannes liegt klar vor meinen Augen. In ihm erblicke ich mein zweites ‚Ich‘, den Inbegriff meines ganzen menschlichen Daseins. Die Sehnsucht seines Bekanntwerdens kann ich nicht mehr länger unterdrücken. Herr Hofrat von Pfistermeister wird sofort auf meinen ausdrücklichen Wunsch hin eine Reise nach Wien antreten und Herrn Kompositeur Wagner im Namen des Kabinettsvorstandes schnellstens zu mir bitten. – Weiter liegt zur Zeit nichts vor. – Dies mein einziger größerer Herzenswunsch, nach dem Sie mich vorhin freundlichst fragten. Sie können sich fertig machen. Hier meine Anweisung an die Kabinettskasse – ich danke.“

In einer Sitzung der Münchener Künstler machte Peter Cornelius unter Bezugnahme auf den erhaltenen Züricher Brief einen historischen Witz:

„Ludwig I. hatte es mit uns Malern; Maximilian hatte es mit Gelehrten und Dichtern – wie wär's, wenn der jeztige König sich zur Abwechslung einmal für die Musik interessieren würde, einen Narren an diesem Wagner fände?“

Hofrat von Pfistermeister mußte unverrichteter Sache von Penzing bei Wien zurückkehren. Er hatte nicht einmal ein Bildnis, sondern nur Bleistift und Feder von Richard Wagner für seinen hohen Herrn mitbringen können.

Allmählich erst findet er die weitere Fährte durch einen Freund Wagners, den Schriftleiter Uhl, aus.

In der Residenz wartet ein König ...

Während der Kabinetts-Sekretär weiter sucht, wandert der unglückliche Musiker nach Stuttgart zum Kapellmeister Eckert. Dort will er ein letztes Mal versuchen, die Aufführung seines „Tristan“ durchzusetzen. Vergebens!

In dem Augenblick, als er berufen werden soll, lebt er gerade in seelisch ungeheuer gedrückten Depressionen und will vom Schauplatz der Kunst für immer verschwinden. So läßt er ein Telegramm des königlichen Gesandten unbeantwortet, vollständig mit sich und der feindlichen Welt verbittert, ein schnell alternder Mensch, der weiter nichts als Enttäuschungen auf seiner langen Wanderschaft kennengelernt hatte.

Die Gläubiger drängen von neuem, sind wieder bedenklich nahe auf der neuen Spur. Er muß verschwinden, so kann das unmöglich weitergehen. Freund Weißheimer rät zu einer Flucht in einen abgelegenen Winkel der Rauhen Alb, wohin eine Fahrt ohne Zug vor sich gehen müsse.

Und wiederum packt der arme Musikus seine zerschabten Koffer, wiederum will er, nein, muß er – da wird eine Karte abgegeben:

„von Pfistermeister, secretaire aulique de S. M. le roi de Bavière."

Wagner, oft genug mit solchen Karten enttäuscht, dankt. Der Kabinetts-Sekretär läßt aber nicht locker und bittet im Namen des Königs um ein ganz dringendes Gespräch. Es wird gewährt. Weißheimer, der treue Freund, geht aus dem Zimmer, bleibt draußen auf dem Flur stehen und hört, wie der Minister mit viel Überredungskunst sich um den argwöhnischen Kompositeur bemüht. Endlich verabschiedet man sich. Weißheimer tritt wieder ins Zimmer, und Wagner, weinend vor Freude, fällt ihm um den Hals:

„Daß mir das passieren muß–und gerade jetzt passiert– nur gleich den Wagen wieder abbestellen – statt in die Rauhe Alb geht es morgen zum König von Bayern nach München, zu dem da ...!"

Dabei zeigt er auf ein prunkvoll eingerahmtes Lichtbild Ludwigs II., neben dem ein Brillantring lag.

Und Winterstürme wichen dem Wonnemond!

In der Residenz wartet ein König und wartet ...

Endlich erscheint der langersehnte Hofrat mit der frohen Botschaft:

„Er ist da und will bleiben!"

Ludwig ist außer sich vor Freude. Stundenlang hält er

sich allein in seinem Arbeitszimmer auf, um sich vollständig auf den großen Besuch vorzubereiten. Niemand darf ihn stören. Im Geist malt er sich das Bild des einzigartigen Lohengringestalters aus: herrlich, hehr und stolz, mit gewaltiger Stimme, pathetisch wie ein Schauspieler, exzentrisch wie jeder außergewöhnliche Mensch.

Und am Nachmittag des 4. Mai 1864 tritt die irdische Gestalt vor ihn hin: ein Mann mit zu kleinen Beinen, einem zu scharf geschnittenen Gesicht, einem zu großen Kopf, mit einem Blick voll Kummer und Sorge und – mit einer sächselnden Stimme! So verbeugt sich der einundfünfzigjährige, unansehnliche Mensch tief vor dem neunzehnjährigen großen König in dessen prunkvollem Arbeitszimmer.

Da war es einen Augenblick aus mit der königlichen Begeisterung. Denn so hatte sich Ludwig den Schöpfer des „Lohengrin“ nie und nimmer vorgestellt. Er wollte diesen hervorragenden Dichterkomponisten gleich bei seinem Eintritt umarmen mit den Worten: „göttlicher, herrlicher Wagner!“ – und konnte jetzt auf einmal nicht!

Wagner stammelt Dank über Dank, beugt sich über des Königs Hand und bleibt so lange schweigsam. In dieser Stellung durchzuckt den jungen Monarchen ein seltsamer Gedanke: Schicksal meiner Jüngerschaft?

„Ihr seid der Mensch, den ich schon lange gesucht. Ihr seid ein Meister, der Menschen selig macht, und nur Ihr könnt mich weiterführen auf einsamer Höhe, wo alles Irdische vergessen ist. Ich verstehe Euch, Eure Musik,

Eure Dichtkunst. Ich fühle in meinem tiefsten Innern eine Seelenverwandtschaft zu Euch, Meister des göttlichen Gesanges!"

„Man hat mich noch nie verstanden, Ew. Majestät, man will mich nicht verstehen oder man kann mich nicht verstehen. Ich weiß nur, daß mein Leben voll bitterer Enttäuschungen, Demütigungen war, ein Leben, ausgefüllt mit häuslichem Zwist, Hunger, Elend hinter mir liegt. Was mir blieb, Majestät, sind meine in Musik gesetzten Dichtungen, die ich Eurer königlichen Majestät huldvollst zur Prüfung vorlege!"

„Prüfung? Ich habe Euch längst geprüft! Ein Prüfstein allein dieser bezaubernde Lohengrin, dieser ewig schöne Schwanengesang! Und wenn keiner weiter Euch verstehen will, Meister Wagner, – *ich, der König*, habe Euch gefunden und will Euch den Weg ebnen zu einer Burg, unnahbar fremden Schritten, wo wir gemeinsam das Kunstwerk der Zukunft schmieden wollen, beglückend eine Menschheit immerdar!"

Der überglückliche König hatte sich hinreißen lassen von blindgläubiger Begeisterung für diesen alternden Meister und sprach bald selbst wie „Lohengrin"! Und in diesem Augenblick sieht er etwas ganz anderes in dem Mann mit dem Sammetjackett und dem Sammetbarett, jetzt erst erkennt er das fein geschnittene Gesicht mit der kühn gebogenen Nase, jetzt erst schaut er in zwei leuchtende Augen.

Wagner schweigt lange. Er scheint übermannt.

„Majestät! Ich kann es nicht glauben, so schnell einen

Menschen gefunden zu haben, der ganz in meinem Denken und Wollen aufgeht. Ein Meer von Tönen braust in meinen Ohren. Gestalten wollen wiedergeboren werden, die nur noch in unseren deutschen Sagen weiterleben. Und über allem schaut mein Auge einen Tempel, licht und rein, in dem das *deutsche* Kunstwerk der *Zukunft* seine Krönung erhalten soll. Dieser Tempel aber muß alle unsere jetzigen Opernhäuser in den Schatten stellen. Doch – halt, Verzeihung, was ist das alles – wo denke ich hin? Utopien! – Majestät, nichts als Utopien, mit denen sich mein Hirn Tag und Nacht, ja selbst in Eurer hohen Gegenwart aufreibt!“

„Utopien? Wirklichkeit wird das, was Ihr da sprecht! Ich bin ein König! In meiner Macht muß es liegen, das schaffen zu können, was Ihr wähnt. Warum auch nicht? Ich bin noch jung, und ich kann viel, wenn ich will!“

Wagner wollte von neuem vor dem König niederknien.

„Das dulde ich nicht, Meister! Steht auf und folgt mir!“

Sie schritten durch eine lange Flucht goldstrotzender Zimmer und gelangten in einen hellblauen Raum, wo der König seinen Freund an einen Flügel führte:

„Spielt mir selbst etwas aus Eurem ‚Lohengrin‘!“

Und der Meister ließ etwas theatralisch seine zarten Hände über die Klaviatur gleiten. Vor dem König zog das erschütternde Drama vorüber, das er als fünfzehnjähriger Prinz zum ersten Male gehört hatte. Und als der Dichterkomponist jetzt traumversunken in die Tasten griff, da war es dem einzigen Zuhörer im Raum, als höre er aus den vollen Akkorden und einzelnen Motiven einen tief innerlichen schmerzlichen Zusammenklang zwischen dieser Tragödie des Genies und dem persönlichen Schicksal seines Schöpfers heraus.

Wagner war sich bei der Ablehnung, die seine früheren Werke gefunden, seiner Einsamkeit als Künstler voll bewußt. Das ewige Mißverhältnis zwischen seinem eigenen Beruf und der Welt hatte im „Lohengrin" erschütternden Ausdruck gefunden. Lohengrin kann seine Sehnsucht nicht stillen, kann Elsa nicht zu seinen Höhen emporheben, ohne seine Göttlichkeit aufgeben zu müssen. Und Wagner kann sich nicht der Allgemeinheit verständlich machen, ohne Einbuße an seinem Künstlertum zu erleiden. Immer wieder muß er sich in die Einsamkeit, in sein Monsalvat flüchten.

Als der Meister mit seinem Spiel geendet, stehen Tränen in den Augen des Königs.

„Wir werden es bauen, dieses Monsalvat! Der Tempel reinster Kunst wird erstehen! Mein Wort, Meister, mein königliches Wort! Ich will, daß Sie immerdar bei mir bleiben, arbeiten, ausruhen, Ihre Werke ausführen. Ich will Ihnen alles geben, was Sie dazu brauchen. Sie sollen die ‚Nibelungen' vollenden, und ich will sie aufführen lassen. Sie sollen unumschränkter Herr sein, nicht Kapellmeister allein!"

Der König hatte gebettelt wie ein Kind. Wagner konnte das unerhörte Glück nicht fassen. Wie ein Schwindelnder verließ er das Palais.

War es Zufall, daß ein solcher Mensch den gleichgestimmten Weg eines der idealsten, kunstbegeistertsten deutschen Fürsten kreuzen mußte, oder war es schicksalhafte Naturnotwendigkeit, daß sich diese beiden schönheitstrunkenen Menschen durch gegenseitige innere Befruchtung so wunderbar ergänzen sollten?

Wagner hatte bisher in äußerster Zurückgezogenheit gelebt. Das hörte nun auf für immer. Die Gläubiger in Wien waren schnell beschwichtigt. Es wurde ein Umzug bewerkstelligt, das Pelletsche Landhaus zu Kempfenhausen am Starnberger See für ihn gemietet.

Täglich fast läßt ihn der König in seinem Wagen nach dem nahen Schloß Berg, seinem Sommeraufenthalt, hinüberholen. Dort, im melancholisch wirkenden Park am Ostufer des Sees, sitzen die beiden oft stundenlang zusammen. Dort malen sie sich die herrlichsten Bilder aus, wie sie beide zusammen einmal das Rampenlicht einer Welt erobern werden.

Am Hofe in München aber schleicht zur selben Zeit schon ein Gespenst herum und sucht sich einen festen Platz am Throne mit all seiner Würde und Bürde. Und dieses Gespenst nannte sich in aller Heimlichkeit und gefährlichen Tücke: der Neid!

Wagner, der erfahrene Lebensmensch, erkennt bald das Furchtbare, das er ahnte, und berichtet von dem dumpfen Treiben in kurzen Worten an seinen Freund Weißheimer in Stuttgart:

„Der junge König ist leider so schön und geistvoll, so seelenvoll und herrlich, daß ich fürchte, sein Leben müsse wie ein flüchtiger Göttertraum in dieser gemeinen Welt zerrinnen!“

Bild 7: Prunkwagen König Ludwigs II. von Bayern *Marstallmuseum München*
State Coach of King Ludwig II of Bavaria (Royal Stables Museum Munich)

Bild 8: König Ludwig II. *(Erste Landung in Schloß Berg)*
King Ludwig II (First landing at Berg Castle)

Zu dem Neid gesellte sich rasch Unverständnis der führenden Männer im Staat als treibende Kraft. Der König merkt nichts und läßt als eine Art überraschendes Vorgefecht eine Festaufführung des „Fliegenden Holländer“ vorbereiten, der dann „Tristan“ und als krönender Abschluß der „Ring des Nibelungen“ folgen sollte.

Anfang Oktober desselben Jahres war Wagner vom Starnberger See nach München umgezogen, wo ihm sein Mäzen eine möblierte Villa in der Brienner Straße 21 schenkte. Fortan erhielt er außerdem eine bedeutende monatliche Ehrengage, die der noch sehr bescheidene Meister nach so vielen Abenteuern niedriger anzugeben bat, um unliebsamem Geschwätz und mißgünstigen Kreaturen vorzubeugen.

Am 4. Dezember dirigierte er zum ersten Male öffentlich in München seinen „Holländer“ und wurde stürmisch gefeiert. Nunmehr sollte auf Befehl des Königs das kleinere Residenztheater als Opernschule unter Wagners Leitung eingerichtet und für besondere Festaufführungen auf Betreiben des Komponisten in der Hauptstadt Bayerns ein neues, großes Theater nach seinen eigenen Grundsätzen aufgebaut werden. Zu diesem Zwecke ließ Wagner den Architekten Semper nach München kommen, wo er ihn mit dem König bekannt machte. (Vgl. Bild 5.)

Man einigte sich dahin, ein solches Prachtgebäude auf die Höhe der Maximiliansanlagen zu verlegen, von denen aus eine breite Straße hinunter an die Isar führen sollte. Über den Fluß selbst sollte eine Brücke im Renaissancestil gelegt werden. Semper hatte die Gesamtkosten auf 5 Millionen Gulden berechnet.

Die Beamten der Kabinettskasse, die noch von der Regierungszeit eines Maximilian an äußerste Sparsamkeit gewöhnt waren, leisteten sofort den ersten heftigen Widerstand. Es war zugleich der erste große Schlag, der Ludwig traf. Noch kein volles Jahr König von Bayern, zu jung an der Regierung, war er nicht der Lage gewachsen, um diesen Stoß geschickt zu parieren. Umsponnen von geheimen Intriguen, mußte er sich seinen Ministern fügen und die Ausführung des großartigen Baues auf unbestimmte Zeit verschieben. In berechtigter Verärgerung nahm er später davon ganz Abstand. Die glänzenden Baupläne wurden dann wenigstens für das Richard-Wagner-Theater in Bayreuth, wenn auch in verkleinertem Maßstab, benutzt.

Die ganze Opposition hatte den König bis ins Mark getroffen, in Wirklichkeit war sie natürlich nur gegen Wagner gerichtet. Der Neid des Adels sah in dem früheren Revolutionär einen bösen Geist des unerfahrenen Monarchen, welcher der vornehmen Welt den Zugang zum Throne versperren könne. Der Neid der Geistlichkeit ärgerte sich darüber, daß Wagner ein Freidenker war. Der Neid einer Anzahl Musiker erblickte in der neuen „Zukunftsmusik" eine Verirrung. Andere wiederum konnten nicht länger mehr mit zusehen, wie sich der ehemals so verschuldete Partikularist in der Gunst eines großen Herrschers sonnen durfte, und brachten mit spitzen Geistespfeilen recht geschickt einige persönliche Schwächen des Meisters ins breiteste Licht der Öffentlichkeit.

Trotz allem wollte der harmlose junge König noch immer nicht sehen, in welcher abscheulichen Umgebung er sich befand. Das Semper-Projekt hatte er zwar fallen lassen müssen, dafür hielt er desto stärker Wagner die Treue. Erbittert schrieb er an den Freund:

„Verzeihen Sie ihnen, denn sie wissen nicht, was sie tun, wissen nicht, daß Sie für mich alles sind und es bis zu meinem Tode bleiben werden. Wie schrecklich schwer macht man es uns. Aber ich will nicht klagen, ich habe ja Ihn, den Freund, den Einzigen!"

Hans von Bülow wurde als neuer Kapellmeister zu Wagners Entlastung nach München berufen. Nach Überwindung unendlicher Mühen gelang eine einzigartige Festaufführung von „Tristan und Isolde", an die sich bis dahin noch kein Theater gewagt hatte. Mit dem berühmten Sängerpaar Ludwig und Malvina Schnorr aus Dresden wurde diese Aufführung ein europäischer Erfolg. Ohne den König wäre sie niemals zustande gekommen; mit seiner ganzen Energie hat er für sie gearbeitet und gekämpft; Wagners Triumph war in Wirklichkeit mit der seine. Ein zwanzigjähriger Monarch hatte seine Opposition vorwärtsgetrieben und nicht vor den höchsten Problemen in der Kunst die Segel reiner Begeisterung eingezogen – fürwahr, das war eine seltsame Erscheinung in der Geschichte!

Ludwig, welcher neben seinen Verwandten in der „Kaiserloge" der ganzen Vorstellung mit gespanntester Aufmerksamkeit gefolgt war und im dritten Akt zu Tränen gerührt wurde, soll am Schluß vor Bewegung gebebt haben. Eins wußte er nun bestimmt: Wagners von ihm allein erkanntes Genie hatte sich für immer durchgesetzt!

Der Neid wühlte weiter. Geheime Kräfte arbeiteten unentwegt, die so rasch geschlossene enge Freundschaft zwischen König und Musiker zunichte zu machen. „Verschwendungsucht“ hieß die neue Parole, unter der nun alles untergebracht wurde, eine unverantwortliche Verschwendung, die ein verschuldeter Kompositeur mit seinem berüchtigten Größenwahn heraufbeschworen und auf einen unerfahrenen deutschen Fürsten übertragen habe! Das Volk wurde aufgewiegelt, jenes urwüchsige Volk der Bayern, welches weder Wagners Verhältnis zu Ludwig noch die gemeinsamen künstlerischen Zwecke richtig begreifen konnte, weil die beauftragten Führer dieses Volkes mit Absicht versagten. In geschickter Regie wurde vom Kabinett eine gewisse Presse dazu gewonnen, neues Gift auszustreuen.

So schrieb der Volksbote:

„Wohlunterrichtete wollen wissen, daß Wagner im Laufe eines Jahres nicht weniger als eine Million und neunhunderttausend Gulden gekostet hat. Herr von Pfistermeister hat es bei Sr. Majestät nicht verhindern können, daß der Musikus aufs neue wiederum vierzigtausend Gulden erhielt.“

Am 5. Dezember war Ludwig von Hohenschwangau nach München zurückgekehrt. Noch am selben Tage überreichte der Minister des königlichen Hauses von der Pfordten ein Memorandum, in dem er drohte, seinen Abschied nehmen zu müssen, wenn Wagner Bayern nicht baldigst verließe. Die Polizei könne nicht mehr länger für dessen Sicherheit einstehen.

Prinz Karl, der Großonkel, befürchtete bedenkliche Folgen für die allernächste Zukunft, und Diener, welche ausgefragt wurden, ließen eine Revolution unter den bestehenden Verhältnissen durchblicken!

Das war zuviel für den nervenschwachen König, er war tief erschüttert. Trotz allem hätten die Angriffe von Partei, Presse, Verwandten und Ministern bei ihm nichts erreichen können, wenn nicht ein anderes Moment hinzugekommen wäre.

Zum ersten Male erhielt der königliche Freund unzweifelhafte Beweise von dem vertrauten Verhältnis Wagners zu Frau Cosima von Bülow, der Gattin des neu ernannten Kapellmeisters. Dies traf ihn, noch dazu völlig unvorbereitet, bis ins Herz. In seiner Schwärmerei hatte er seine ganze Liebe dem einzigen Freund auf Erden geschenkt und von diesem dasselbe erwartet.

Als er völlige Gewißheit erhalten hatte, daß die zugetragenen Beweise stichhaltig genug blieben, ordnete er an, daß Wagner München sofort zu verlassen habe. Zweifellos hat ihn dieser Entschluß einen schweren seelischen Kampf gekostet. Halbe innere Verzweiflung muß ihn dazu getrieben haben, an seinen Ministerpräsidenten einen diesbezüglichen Brief zu richten. Mit bewundernswertem Taktgefühl verstand er, am Schluß dieses Schreibens einen äußeren Grund vorzuschieben:

„Ich will meinem teuren Volke zeigen, daß mir dessen Vertrauen und Liebe zu mir über alles andere geht!"

Dem Ausweisungsbefehl an Wagner ließ er einige persönliche Zeilen folgen, die in Form einer Bitte an den Freund gekleidet waren.

So und nicht anders war Ludwig II. von Bayern!

3. Liebesfreud und Liebesleid

Wenn ein Mensch wie Ludwig II. in Charakter und Erscheinung eine selten schöne Erscheinung darbot, wenn sein bezaubernder Blick aus den träumerischen Augen selbst auf die Männer unwiderstehlich wirkte, war es da überhaupt noch ein Wunder, daß die weiblichen Herzen ihm schon beim bloßen Anblick seines Bildes zuflogen, daß alle Frauen von ihm schwärmten, nicht nur die Töchter des Volkes, sondern auch die der Herrscherhäuser.

Schon frühzeitig beschäftigte man sich gar zu gern mit einer Preisfrage:

„Wann wird Ludwig II. heiraten und wer wird Bayerns zukünftige Königin sein?"

Bei jeder unpassenden Gelegenheit tuschelten die Zeitungen; die öffentliche Meinung besorgte dann den üblichen Klatsch dazu. Das Liebesglück des jungen Herrschers konnte man allgemein kaum erwarten.

Wie stand es nun um Ludwig selbst? In seiner Jugend wurde er von seinem Vater jedem Verkehr mit jungen Mädchen entzogen – Maximilian hatte selbst sehr böse Erfahrungen mit Weibern gemacht, was hier nur angedeutet werden soll zur Entschuldigung einer strengen Erziehung des Thronfolgers.

Bei seinem idealen Sinnen und Trachten hatte sich der Sohn das Weib immer als ein höheres Wesen vorgestellt, als einen wirklichen Engel, dem nur die Flügel fehlten. Vor der Thronbesteigung hatte er niemals eine andere Dame näher kennengelernt außer seiner Mutter. Als junge Majestät pflegte er einen strengen Ritterdienst Frauen gegenüber.

Bald aber äußerte er sich zu seinem Lehrer Döllinger schon etwas anders:

„Ach, die Weiber! Auch die Gescheiteste disputiert ohne Logik!"

Eine sonderbare und naive Ansicht bekundete er Richard Wagner gegenüber:

„Nicht wahr, Sie machen sich auch nichts aus Weibern? Sie sind so langweilig!"

Und als der Meister ihn fragte, welches Ideal er sich denn von einer Frau einbilde, war die Antwort:

„Eine schöne Seele in einem schönen Kleide, mit einer Stimme wie Akkorde und umwoben vom Duft der Lilien!"

„Aber das wird nie Wirklichkeit, Ew. Majestät!"

„Wozu auch! Man kann's erträumen!" –

Als der Minister Bomhard einmal vor dem Verpassen günstiger Gelegenheiten warnen will und rät, nicht ohne landesväterliche Rücksicht auf die große Zahl der protestantischen Landeskinder möglichst eine protestantische Gemahlin zu wählen, erwidert der König halb ausweichend:

„Halten Sie es denn so dringend, daß ich heirate? Zum Heiraten habe ich gar keine Zeit, das kann mein Bruder Otto besorgen!"

Der Großvater stimmt einer solchen Ansicht zu. Der Enkel solle seine Wahl erst treffen, wenn er mehrere Prinzessinnen gesehen habe, und sich nicht schon in jungen Jahren durch ein Verlöbnis fest binden; später erscheine vieles anders als im ersten Augenblick.

Drei weitere Jahre vergingen, da wendete sich das Blättchen. Die Freiersgeschichte begann mit einem harmlosen Spiel.

Am Westufer des himmelblauen Starnberger Sees liegt die uralte Besitzung des Herzogs Max: Possenhofen. Inmitten eines langen Parkes mit Buchen- und Eichenwäldchen befindet sich ganz versteckt ein altes, einfaches Herrenhaus, in dem zwei bildhübsche Töchter aufgewachsen waren: die spätere Kaiserin Elisabeth von Österreich und ihre jüngere Schwester Prinzessin Sophie Charlotte, beide Kusinen des jungen herrschenden Königs von Bayern. Eine Ähnlichkeit mit dem Vetter war nicht zu verkennen. Elisabeth, um neun Jahre älter als Ludwig, hatte dieselben rätselvollen, dunklen Augen und dasselbe überreich wellige Haar, während Sophie-Charlotte einen etwas lieblicheren, anmutigeren Zug an den Tag legte und ein gleich feines, blasses Gesicht wie ihr Vetter besaß. –

Öfters, wenn die junge Majestät auf dem Sommersitz Schloß Berg ausruhte, sandte sie gar zu gern der jüngeren Base Blumengrüße und artige Briefchen hinüber zum anderen Ufer des Sees. Aus dem Spiel wurde plötzlich Ernst: Ludwig träumt von ihr, und einer dieser Träume wird zur brennenden Sehnsucht, er fährt jetzt selbst nach Possenhofen hinüber und schwärmt mit der gleichgesinnten Verwandten über Kunst und Poesie. Sophie-Charlotte muß ihm Wagnersche Musik vorspielen, was sie meisterhaft verstand. Sie selbst macht sich durch hübsche Toiletten jenem Menschen höchst gefällig, der auf Äußerlichkeiten bei anderen Personen und auf vollendete Stimmung so viel zu halten wußte.

Es war zur Zeit des Karnevals 1867. Beide trafen sich auf einem Hofball, die Prinzessin trug ein Pariser Kleid von Silberstoff und den kostbaren Schmuck ihrer Mutter. Ludwig ist entzückt von ihrer brillanten Erscheinung, ohne sie indes weiter auszuzeichnen. Aber in einem Briefe an Otto nennt er diese Base schon nicht mehr Sophie, sondern seine „Elsa"! (Vgl. Bild 6.)

Acht Tage später war Offiziersball, auf dem die Prinzessin den ersten Preis der Schönheit davontrug. Das macht sie dem König noch viel begehrlicher. Er zeichnet sie derart aus und bevorzugt sie so, daß es allgemein auffiel. Er, der König der Schönheit, wollte sich der „Königin der Schönheit" neigen. Da auf einmal ging auch schon das Gerücht um, der König werde heiraten.

Ludwig schwärmt verzückt:

„Es waren heute viele schöne Damen da, aber keine war doch so schön wie meine Kusine Sophie!"

Und gleich darauf schreibt er an den Bruder:

„Elsa will mir gar nicht mehr aus dem Sinn, ich glaube nun fast, daß es nicht mehr lange dauern wird, bis aus dem Gefühl treuer und aufrichtiger Freundschaft, das ich für sie im Herzen trage, wahre Liebe wird und mir der Gedanke kommt, sie als meine Gattin zu sehen."

Die Nacht vergeht dem Jüngling ohne Schlaf. Am nächsten Morgen – in aller Frühe – bittet er seine Mutter, für ihn um die Hand der Prinzessin anzuhalten.

Die gute Königinmutter, welche schon früher einmal ihren einzigen und höchsten Wunsch gelegentlich eines Ausflugs zur Jagdhütte Blöckenau verschleiert ausgesprochen hatte, den geliebten Sohn glücklich verheiratet zu sehen, eilt voller Freude morgens gegen sieben Uhr hinüber nach Possenhofen zum Herzog Max. Sie überbringt dort freimütig den Herzenswunsch ihres Ältesten, ohne sich vorher irgendwelche Gedanken um die bestehenden engen verwandtschaftlichen Verhältnisse und eine etwaige gefahrvolle Zukunft zu machen.

Gegen neun Uhr erscheint der König selbst wie ein Bittsteller, dem man die Wege auf beiden Seiten bereits geebnet hatte, überglücklich in seiner Liebesfreude.

Bei einer Hoftafel in der Residenz wird das neue Begebnis verkündet, das trotz der umherschwirrenden Gerüchte für die weitere Umgebung doch eine Überraschung war. Und noch am gleichen Abend offenbart sich der strahlende Fürst seinem Volke: im Theater holt er, von der Mutter begleitet, die Erwählte aus der Herzogsloge in die Königsloge hinüber. Da durchbraust heller Jubel das ganze Haus.

Am 29. Januar 1867 wird die Verlobung des Bayernkönigs mit der Prinzessin Sophie-Charlotte den beiden Kammern des Landtags in offizieller Weise angezeigt. Die Freude im ganzen Lande ist riesengroß.

Aber an den Ecken stehen auch schon die Mißgünstigen,

die an allen etwas auszusetzen haben. Da sind jene Staatsklugen wie der Minister Bomhard, welche eine Protestantin lieber gewünscht hätten – da sind jene Großmännischen, welchen ein russisches Abenteuer von Bad Kissingen her bedeutender und wirkungsvoller gewesen wäre – und da sind gewisse Hofmänner, denen es vor der Erfüllung außergewöhnlicher Pflichten zur bevorstehenden Hochzeit graute, zumal die beiden Vorgänger Ludwigs als Kronprinzen bereits verheiratet waren. Merkwürdigerweise wurden die einzig berechtigten Hauptbedenken gegen die höchstgefährliche „Inzucht" am allerwenigsten laut! Denn die Großmutter der Prinzessin Sophie und die Urgroßmutter König Ludwigs stammten aus demselben Hessischen Haus, weiterhin waren die Mutter und eine Tochter Ludwigs I. völlig verrückt, und von jeher gingen recht widerwärtige Gerüchte im Volke um über den körperlichen Zustand des so plötzlich verstorbenen Königs Maximilian, die hier zu erörtern der Anstand verbietet.

Im ganzen Königreich wurden gewaltige Vorbereitungen für die Hochzeitsfeier getroffen. München bestimmte 100 000 Gulden für ein kostbares Geschenk, in der Münze sollte ein Gedenkstück mit den Brustbildern des Königs und seiner Auserwählten geprägt werden. Für eine Million Gulden wurde ein goldener Hochzeitswagen in Arbeit gegeben, der noch heute im Marstall zu München zu sehen ist. Die Gemächer für die neue Königin mußten instand gesetzt werden. Ein Graf Castell mußte höchstpersönlich nach Paris reisen, um für die Hofhaltung der künftigen Herrscherin prunkvolles Ergänzungsmobiliar zu erwerben. Ludwig selbst befahl für die Aussteuer Brokat mit Lohengrinmustern. Die Damen waren verrückt vor Begeisterung. Die Kunsthandlungen machten ein großes Geschäft mit Lichtbildern und Stichen.

Rappen werden eingefahren. Niederbayern stellt ein kostbares Achtergespann bereit, die edle Pfalz ihre besten Pferde aus dem Zweibrücker Gestüt. (Vgl. Bild 7.)

In reinstem Liebesglück strahlte das ausnehmend schöne Brautpaar allüberall, wo es erschien. Der galante Ritter erwies seiner holden Edeldame die zartesten Aufmerksamkeiten, kostbare Geschenke von einem auserlesenen Geschmack. In seinen Briefen an die Braut nennt nun Ludwig seine Sophie ganz offen „Elsa", sich selber aber „Heinrich". Bald will er mit ihr nur noch ganz allein sprechen. Und dabei wird eins immer auffälliger: er kann sie nicht auf den Mund, nur auf die Stirne küssen! Warum? Ist es trotz allem äußeren Schein doch nicht die wahre innere Liebe gewesen?

Fürst Hohenlohe gibt einen Ball zu Ehren des jungen Paares, und da geschieht das andere Auffällige: gegen zehn Uhr abends pirscht sich der junge König heimlich im Gewühl der tanzenden Gäste an Minister Bomhard heran, fragt diesen nach der genauen Zeit, verläßt ganz plötzlich das Fest, ohne sich von der Braut zu verabschieden, und flüchtet ins Theater, um dort noch den letzten Akt einer Oper erhaschend zu genießen. Da tuschelt man ganz vernehmlich: „Ist denn die Liebe wieder erstorben?"

Eines Abends besucht Ludwig seine Elsa und bringt die

Krone aus der Schatzkammer mit. Elsa-Sophie soll sie aufsetzen. Sein Benehmen an diesem Abend war recht eigenartig. Als er wieder gegangen, bricht die Prinzessin weinend zusammen und ruft laut: „er liebt mich nicht mehr – er spielt nur noch mit mir!“

Am 17. August wird dem französischen Kaiserpaar auf seiner Durchreise nach Salzburg die Braut vom König persönlich vorgestellt. Kurz darauf wird die auf den Geburts- und Namenstag des Monarchen angesetzte Hochzeit vom 25. August auf den Maximilianstag, den 12. Oktober, verschoben, und zwar wegen angeblicher Verzögerung der notwendigen großartigen Vorbereitungen. Das Ministerium stutzt und ahnt einen kommenden Bruch.

Die Pferde sind eingefahren, alles ist endlich fertig, München als Residenzstadt wartet auf sein besonderes Fest. Die sonst so verstimmten Alt-Münchener sind vergnügt wie noch nie und trinken dem Hochzeitspaar zu Ehren schon jetzt manchen Krug nach dem letzten. Da wird eine abermalige Vertagung der Festlichkeiten auf den 28. Oktober angekündigt. Jetzt stutzt auch die Bevölkerung.

Erst als eine Probefahrt mit dem vergoldeten Hochzeitsprunkwagen als Achterzug mit den edlen Rappen durch die Hauptstraßen der Residenz vor sich ging, waren alle Zweifel im Volke wieder behoben.

Der Sommer war dahingegangen, Ludwigs Anstandsbesuche wurden immer spärlicher und – seine Verzweiflung immer größer. Was war geschehen?

In idealer Schwärmerei hatte sich Ludwig einer blühenden Frau genaht, war von ihrem Äußeren bis zur Entzückung geblendet worden und wurde – von ihrer Seele aufs tiefste enttäuscht. Ideal und Wirklichkeit hatten sich gegeneinander ausgespielt.

„Wenn ich einmal heirate, so suche ich eine Königin, eine Landesmutter, und keine Herrin!" hat der reichlich unerfahrene junge Fürst einmal geäußert. Eine solche Königin wollte er dem Lande Bayern in Prinzessin Sophie schenken. Da aber mußte er erkennen, daß seine „Elsa" mehr Anlagen zu einer stolzen Herrin hatte, die sich gern ausleben will, als zu einer wahren Landesmutter, die ganz vorbildlich einmal ihrem Herrn und ihrem Volk leben sollte. Er kann die große Enttäuschung nicht mehr überwinden, seine krankhafte Menschenscheu zeigt sich wieder, ihm sind auf einmal die vielen bevorstehenden notwendigen Repräsentationen widerlich und verhaßt. Und da wächst das Grauen in seinem Innern ganz langsam, aber unaufhaltsam auf, das Grauen vor der Ehe mit einem Weibe, an das er sich ein Leben lang ketten will. Er denkt an den einzigen Freund Wagner, dem allein bisher seine wahre Liebe gehörte. Ein Gedanke jagt den anderen. Er sucht einen Ausweg aus dem Dilemma, seine Verzweiflung wird immer größer. Weinend bricht er bei der Mutter zusammen. –

Der 1. Oktober kommt heran, und als neuer Vermählungstag wird der 29. November bezeichnet. Auf Kosten des Königs sollen acht arme würdige Brautpaare des

Bayernlandes an diesem Festtag ausgestattet werden. Aber die eigene Liebe war längst gestorben.

Immer dumpfer wird Ludwigs Gemüt. Zwischenträger unterrichten die Eltern Sophies, daß der König erst in zwei Jahren heiraten wolle, daß er sich doch noch zu jung für eine feste Ehe fände, daß er noch seine Freiheit genießen wolle. Der Flügeladjutant Herr von Sauer muß die Braut verständigen, daß es besser wäre, wenn sie selbst zurückträte. Das tut sie auch ohne weiteres. Aber Ludwig berührt ihr Leid und das, was er ihr angetan, unmenschlich. Er versucht sie von neuem hinzuhalten und nimmt in falscher Scham sein Wort nicht wieder.

Da greift der Schwiegervater energisch ein und bittet den wankelmütigen Freier untertänigst, entweder in den letzten Tagen des November zu heiraten oder aber sein Verlangen um Sophiens Hand endgültig als ungeschehen zu betrachten. Er wolle ihn nicht nötigen, andererseits sei es nie seine Absicht gewesen, dem König seine Tochter irgendwie aufzudrängen!

Das traf Ludwig tief. Er erhielt eine solche Nachricht gerade in dem Augenblick, als er sich endlich ermannen wollte, selbstherrlich zu lösen. Nun war ihm der Untertan zuvorgekommen, sein Herrschergefühl aufs schwerste verletzt.

Er ist außer sich vor Wut und schreibt sogleich an die Braut die kurzen Scheideworte:

„Geliebte Elsa! Dein grausamer Vater reißt uns auseinander. Ewig Dein Heinrich!“

Zugleich läßt er an Düflipp, seinen Hofsekretär, berichten:

„Großes Unheil, das sicher nicht ausgeblieben wäre, ist nun abgewendet!“

Als ihm kurze Zeit darauf recht Ungünstiges über die Braut zu Ohren kam, schleudert er voll Grimm ihre Büste in den inneren Residenzhof und gießt über eine Kupferplatte mit Sophiens Bild eine ätzende Flüssigkeit.

Den Untertanen wird im Regierungsblatt kundgetan:

„Die Verlobung Sr. Majestät des Königs mit Prinzessin Sophie ist rückgängig geworden, und zwar im gegenseitigen Einverständnis, nachdem man zur Erkenntnis gekommen, daß nicht jene wahre Neigung der Herzen bestehe, welche eine glückliche Ehe gewährleiste.“

Dabei war es wieder die rührende Güte des Königs, welche den Brautpaaren ihre Freude nicht vergällte, die ihnen an seinem Hochzeitstage versprochen war. Jedem derselben ließ er eine ansehnliche Geldsumme auszahlen; auch die bei solch festlichen Anlässen übliche Amnestie wurde am 29. November von ihm erlassen.

Die lieben Münchener waren bitter enttäuscht. Ihre Hoffnung, daß sich mit der Heirat neues Leben in die öde Residenz pflanzen würde, war zerstört. Keiner wollte so recht den Inhalt der eigenartigen „öffentlichen Kundgabe“ glauben, jeder tuschelte gern im geheimen weiter.

Zweifellos ist der König mit dem Abbruch der Verlobung zum großen Teil im Rechte gewesen. Etwas Wahres ist an dem Klatsch um die Prinzessin bestimmt daran. Sie war nicht nur eitel, sondern auch recht eigensinnig. Ihr ging weder der Klatsch noch der Bruch nahe, denn sie brachte es fertig, sich genau nach einem Jahre mit einem Ersatz, dem Herzog von Alençon aus dem Hause Orleans, zu vermählen. Und durch ihre spätere Lebensführung hat sie den König sogar selbst gerechtfertigt, denn als Mutter von vier Kindern trat sie noch in ein Verhältnis zu einem bekannten Münchener Frauenarzt, das nicht ohne Folgen blieb. Dabei war sie schon zweiundvierzig Jahre alt!

Auch Ludwig überwand die neue Enttäuschung seines Lebens verhältnismäßig rasch. Denn schon im Sommer des Jahres 1868 promenierte er mit dem russischen Zarenpaar an der Seite der Tochter, Großfürstin Maria, in Bad Kissingen und Schwalbach als der galante, liebenswürdige Ritter der Fürstinnen. Bald schien es, als ob Ludwig gewisse Neigungen zur jungen Großfürstin hege, denn er ließ Pläne für ein Schloß im moskowitischen Stil, das wahrscheinlich als Hochzeitsgabe bestimmt war, ausarbeiten.

Hoffend und sehnend schaute das treue bayrische Volk auf die schöne Tochter des Kaiserpaares. Aber Ludwig war und blieb in Liebessachen unerfahren und wußte offenbar nicht recht, wie er sich persönlich zu einer Liebeserklärung ohne die gekränkte Mutter anstellen sollte. Für ihn war und blieb eben die Liebe zu einem weiblichen Wesen so etwas wie Romantik und Poesie, wie eine Liebe zur Wagnerschen Musik, nichts mehr und nichts weniger. Scheinbar liebte er die Kaisertochter auch nur „platonisch".

Die Zarewna gab sich freilich alle Mühe, um dem ungeübten Herrn „daraufzuhelfen". Nicht ohne stille Hoffnung folgte sie deshalb gern einer Einladung des Königs nach seiner Sommer-Residenz Berg, weil sie dort die bestimmte Anfrage erwartete.

Im Frühherbst, an einem prachtvollen Septembertag, kam die Kaiserin in dem einsamen Schloß an, dessen Umgebung in einen ganz herrlichen Park verwandelt worden war. Die Hofgärtner aus der Residenz hatten auf Anordnung des Königs tagelang zuvor hier am Ufer des Starnberger Sees gearbeitet. Die Palmenhäuser der königlichen Gärtnereien Münchens, selbst der verschwiegene Wintergarten, hatten ihre schönsten Exemplare an exotischen Gewächsen hergeben müssen. An der vorderen Partie des Parkes, in nächster Nähe des Seeufers, sollte sich die Pflanzenpracht des Südens für ein paar kurze Tage mit der Farbenglut des nordischen Herbstes verbinden. Palmen und Blumen, Hunderte von blühenden Bäumen waren auf den Rasenpartien hinter dem Schloß aufgestellt. Von der Terrasse bis tief hinab zum Gestade erstreckte sich ein gewaltiges, auserlesenes Bukett von über tausend Rosen in allen Farben der Welt, herbeigeschafft von dem verschwiegenen Eiland auf der gegenüberliegenden Seite des Sees. Von Süden her blickten die Riesen einer Gebirgswelt herüber, woben des Morgens und des Abends duftige Schleier aus blauem Nebel und waren tagsüber die Kulissen eines einzigartigen Naturbildes. Es war einfach märchenhaft!

Bei der Rundfahrt um den Starnberger See mußte Ludwig auf besonderen Wunsch seinen Dampfer „Tristan“ in Possenhofen landen lassen, weil die Kaiserin ihre Base persönlich zur bevorstehenden Hochzeit beglückwünschen wollte. Naturgemäß konnte der König seinem Gast ein solches Begehren nicht abschlagen und traf so, etwas überrascht, ein letztes Mal mit seiner Exbraut zusammen. Die beiden bleiben eine Stunde allein und haben sich vielleicht noch einmal ehrlich ausgesprochen. Jedenfalls wird überliefert, daß sich alles „glatt" und „in verwandtschaftlichem Rahmen" abgespielt haben soll. In Wirklichkeit hat er wohl recht traurig die letzten Vorbereitungen zum großen Fest im Schloß beobachtet und mit Sehnsucht den Abend herbeigewünscht, welcher der Polterabend seiner Exbraut sein sollte. Hoch, edelmütig, großzügig und rein, wie die ganze Gesinnung dieses Königs nun einmal war – so hatte er sich für diesen besonderen Abend das schönste Hochzeitsgeschenk ausgedacht, das er, der frühere Verlobte, seiner „Elsa" zum Abschied für immer bereiten wollte: ein bengalisches Nachtfest auf dem See zwischen Possenhofen und Schloß Berg. Nach außen hin begann alles ganz unauffällig mit einem Festmahl für die russische Kaiserin auf der weihevollen Roseninsel, um dann überzuleiten in eine venezianische Festbeleuchtung, die in Wirklichkeit nur seiner „Elsa-Sophie" gewidmet war.

Zu Tausenden hatten sich Land- und Stadtbevölkerung am Ufer des Sees ringsum eingefunden. Alle Hotels und Wirtshäuser waren überfüllt. Auf dem Turm von Schloß Berg wehte die Fahne des Bayernkönigs neben der russischen Standarte. Es war rasch bekanntgeworden, daß Höhen und Tiefen dieses herrlichen Fleckchens Erde sich in etwas noch nie Dagewesenes verwandeln sollten, sobald die Nacht kam.

Als das silberne Licht des Vollmondes die Höhen der Berge überstiegen hatte, flammte plötzlich elektrisches Licht auf der von balsamischem Blumenduft umwobenen Roseninsel auf. Eine Rakete gab das Zeichen der erfolgten Abfahrt der hohen Herrschaften hinüber nach Berg. Eine breite Lichtstraße schimmerte über den See, der von geisterhaft beleuchteten und geschmückten Kähnen wimmelte. Eine Münchener Regimentskapelle spielte muntere und sentimentale Weisen. Plötzlich setzte sie ab, und vom offenen Fenster des Schlosses sang der Chor vom Hoftheater das Brautlied aus „Lohengrin", die Musik intonierte den Hochzeitsmarsch, und dann erklang die Stimme des Heldentenors über den See hinüber in Richtung Possenhofen: „Im fernen Land, unnahbar Euren Schritten, liegt eine Burg, die Monsalvat genannt!"

Ein Kanonenschuß dröhnte in den Abendfrieden, mit einem Schlage erstrahlte die ganze Umgebung um Schloß Berg wie verzaubert in einem Wunderglanz. Der kleine „Tristan" legt am Ufer an. Tausendstimmiges Hochrufen; der König führt die Kaiserin am Arm durch den leuchtenden Hain.

Als die beiden nicht viel später auf den Balkon des Schlosses hinaustraten, verkündete Geschützdonner den Beginn eines noch nie gesehenen Feuerwerks. Eine Rakete in glühendster Farbenpracht macht den Anfang; Leuchtkugeln folgen, Feuerräder steigen zum verfinsterten Nachthimmel und streuen Goldregen hinab. Ein unbeschreiblicher Jubel erfüllt die Luft. Immer wieder muß sich der König am Rand der Brüstung zeigen und mit einem Tuche den vom

See her Zujubelnden danken. Er steht da in seiner ganzen männlichen Schönheit, umstrahlt von all diesen Feuern, eng umhüllt von der blauweißen Uniform, wie ein Märchenprinz aus tausend und einer Nacht.

Ein Kornett bläst aus der Ferne eine Serenade, gewidmet der Exbraut auf Possenhofen, und eine im Buschwerk des Parkes von Berg versteckte Kapelle antwortet ihm wie ein Echo. Alles klappt vorzüglich auch ohne die übliche Vorprobe.

Und nun kommt der Höhepunkt des ganzen Abends: ruhig und majestätisch steigt eine Wassergarbe im See auf, düster und unheimlich, verbreitet plötzlich helles gleißendes Licht und spielt hoch in der Luft weiter als Wunderspringbrunnen in allen Farben bis zum tiefsten glühendsten Rot. Riesengroß entzündet sich im gleichen Moment ein Brillantfeuer mitten im See, ein Bündel von zehntausend Raketen vereinigt sich zum Namenszug der Kaiserin, begrüßt von der russischen Nationalhymne. Ein Regen von bunten Kugeln und weißen glitzernden Sternen fällt in das Wasser zurück.

Maria Alexandrowna steht wie gebannt. So etwas war ihr noch nie geboten worden. Der schönste Tag ihres ganzen Lebens hatte ein Ende. Sie findet kaum Worte des Dankes und der Bewunderung über ein solches überraschendes Märchenfest und zieht sich etwas auffällig in das Innere des Schlosses zurück, wo sie auf die erwartete Aussprache mit ihrem Gastgeber wegen der Tochter wartet.

Ludwig aber bleibt draußen noch immer wie versteinert stehen. Ihn fröstelt. Seine Augen haften an den leise verglimmenden Funken ringsum, die sich nun verzehren, still verglühen, verbrennen, blasser und blasser werden, bis die Nacht wieder regiert. War das nicht eben genau so wie mit der verlöschenden Liebe? Ein Zittern durchläuft seine hohe Gestalt, er stammelt etwas vor sich hin, das klingt unsagbar wehmutsvoll wie „Elsa-Sophie", vorbei, erloschen in Nacht, wieder allein – es war nur ein Traum – *Elsa-Sophie*!"

Drinnen wartet noch immer vergebens eine Kaiserin. Da meldet ein Diener, daß sich Se. Majestät in seine Gemächer zurückgezogen habe und sich entschuldigen lasse. Ein Kaisertraum war damit zu Ende.

An dem großen Bogenfenster im zweiten Stock von Schloß Berg sitzt in tiefer Nacht ein einsamer König. Seine Augen suchen, weit aufgerissen, ein letztes Mal das Herrenhaus von Possenhofen. Drüben harrt kein lieber Mensch mehr seiner in Sehnsucht, auch drüben ist jetzt alles erloschen. Nur in der Ferne stehen noch die geliebten Berge und halten treu die Wacht über finsteren Tannenwäldern.

Der Einsame am Fenster fällt immer mehr in sich zusammen, dann wendet er sich um und schluchzt ganz laut:

„Nein, nein, ich glaube es nicht! Sie haßte meinen Rosenhof, sie schalt meine geliebten Pfauen, ihr mißfielen meine weißen Tauben, sie verspottete meinen stolzen Schwan! Ich kann es nicht glauben, will es nicht. Auch Du warst mir nur ein Traum, Du – meine Elsa-Sophie!"

Am nächsten Tage wurde die Prinzessin von Possenhofen vor dem Traualtar eine Herzogin von Alençon.

Maria Alexandrowna war zur gleichen Zeit ohne das erhoffte Resultat nach Italien abgereist. König Ludwig gab ihr bis Innsbruck das Geleit und hielt dann auf Hohenschwangau Einkehr, das an Stelle von Schloß Berg die zukünftige Sommer-Residenz wurde.

Liebesfreud und Liebesleid hatten ein Ende gefunden!

4. Die Erfüllung der Kyffhäusersage

Die sechziger Jahre des vorigen Jahrhunderts sind bekanntlich in politischer Hinsicht eine bedeutsame Zeit für das deutsche Volk gewesen. In Preußen war der romantische König Friedrich Wilhelm IV. von seinem Bruder, dem späteren Kaiser Wilhelm I., abgelöst worden. 1862 wurde Bismarck zum Leiter der preußischen Politik berufen und kannte als solcher nur *einen* Plan: die Vereinigung der deutschen Staaten unter Führung Preußens.

Bayern hatte sich in der schleswig-holsteinischen Frage außerhalb eines Kampfes gehalten dank den Versuchen des damals regierenden Maximilian, zwischen den streitenden Parteien immer wieder zu vermitteln. Nach der Niederringung Dänemarks entwickelte sich der historisch zur Genüge bekannte österreichische Konflikt mit Preußen. Für die Politik, welche Bayern 1866 in diesem Konflikt befolgte und mit den Waffen vertrat, ist Ludwig II. kaum persönlich verantwortlich zu machen. Niemals hatte er daran gedacht, daß ein solcher Sturm nur mit Blutvergießen beendet werden könnte, denn gerade er war ein Friedensfürst, ein Feind jeder kriegerischen Aktion, der weder militärische Großparaden noch Rüstungen liebte. Wohl hatte er am 10. Mai 1866 den Befehl zur Mobilmachung des bayrischen Heeres gegeben, aber schon am 22. Mai mußte er sehr gezwungen mit einem seiner Minister auf Schloß Hohenschwangau über die kriegerische Lage verhandeln. Als man die Unterschrift des Königs zur Einberufung des Landsturms verlangte, war Ludwig plötzlich verschwunden. Es dauerte einige Zeit, bis man in Erfahrung gebracht hatte, daß Se. Majestät kurz nach dem ihm widerlichen Ministerbesuch völlig unvorbereitet mit nur einem Reitknecht im Galopp bis zur Bahnstation Bießenhofen davongeritten und unerkannt von da über Lindau in die Schweiz zu Richard Wagner geeilt war, den er in Villa Triebschen bei Luzern zu seinem Geburtstage beglückwünschen wollte. Erst als der Ministerpräsident die Anwesenheit des Königs telegraphisch dringend verlangte, reiste Ludwig sofort wieder zurück. Ein solches Verschwinden hat man ihm damals in bayrischen wie auch ausländischen Zeitungen sehr übelgenommen. Immerhin ist es von einem deutschen Gefühlsstandpunkt aus unbedingt zu entschuldigen und zu rechtfertigen. Einem König von Bayern war nichts mehr zuwider als gegen das urdeutsche Preußen die Waffen führen zu müssen. Er hatte den unvermeidlichen Zusammenstoß geahnt und wollte ihm persönlich irgendwie aus dem Wege gehen. Der tiefbetrübliche Konflikt mit Preußen ist denn auch ein ewiger Schandfleck in der süddeutschen Geschichte geworden.

Dem König war der Gedanke „Bayern gegen Norddeutschland" furchtbar. Und so ist er auch nur einen einzigen Tag im Hauptquartier seines Heeres zu Bamberg gewesen, um sich dort zugleich mit einer Proklamation von seinen Truppen zu verabschieden und die militärische Oberleitung dem Onkel seines Vaters, Feldmarschall Prinz Karl, gern zu überlassen.

Untätig und machtlos wurde Ludwig von seiner Residenz aus Zeuge der Niederlagen seiner Armee. Der verlorene Krieg kostete seinem Lande dreißig Millionen Gulden.

Der Friede war geschlossen, ein Friede, der Bayern weder Ehre noch Vorteil, sondern nur Unehre und Verlust eingebracht hatte, abgesehen von den Demütigungen, die unausbleiblich waren. Und was tut der Herrscher dieses Landes, der letzten Endes als oberster Kriegsherr für all das verantwortlich zeichnen mußte, was gegen seinen Willen geschah, ein paar Monate danach? Er findet den zunächst unbegreiflichen Mut, eine erste große Rundreise durch sein Königreich anzutreten!

Was aber geschieht? Der Einundzwanzigjährige wird umjubelt, daß er sich manchmal aus der Volksbegeisterung kaum retten noch losreißen kann. Seine Fahrt gleicht einem förmlichen Triumphzug, alle illustrierten Zeitungen in Deutschland bringen Bilder von der weltberühmten Schönheit seiner Persönlichkeit. Wenn man sich so etwas vergegenwärtigt, dann muß man sich an den Kopf fassen und fragen: wie war ein solcher Stimmungsumschwung überhaupt möglich?

Das kerngesunde bayrische Volk hatte sehr rasch erkannt, wie schlecht es doch beraten worden war in diesem Kampf gegen Preußen an der Seite Österreichs, welch letzteres trotz bedingungsloser Versprechungen am Ende des aussichtslosen Kampfes ohne Rücksicht auf seinen Bundesgenossen Bayern und ohne Rücksicht auf das Schicksal der süddeutschen „Reichsarmee“ einen Separatfrieden schloß. Und das bayrische Volk ehrte jetzt demonstrativ einen Mann, der sich selbst ganz allein einzig richtig beraten und wenigstens nicht aktiv an diesem traurigen Krieg teilgenommen hatte.

Ludwig kam und siegte! Und wollte doch nichts anderes, als sich nur mit den Wunden bekannt machen, die ein Monat Krieg geschlagen, wollte Linderung und Heilung schaffen, wo immer das nötig erschien.

Es war eine Winterreise durch die heimgesuchten Provinzen, über schneeverwehte Wege durch verschneite Dörfer und Städte. Wohin er noch kam – überall stand es schwarz von Menschen, überall brauste ein einzigartiger Jubel aus den Kehlen von jung und alt, von arm und reich. Niemals ist ein König so vergöttert worden wie Ludwig II. auf dieser ersten und letzten Rundreise durch sein Land. Ob Bayreuth, Bamberg oder Hof, ob Aschaffenburg, Würzburg oder Nürnberg – überall zeigte er die gleiche Herzlichkeit zu seinem Volk, blieb liebenswürdig zum ärmsten Mann, schmückte eigenhändig die Gräber von Gefallenen und belohnte die Samariter für ihren Dienst an den Verwundeten.

In Nürnberg, wo er sich eine volle Woche aufhielt und wo der Burgberg vom frühen Morgen bis spät in die Nacht hinein trotz der winterlichen Kälte von dichten Menschenmassen belagert blieb, konnte man sich nicht satt sehen an diesem wunderbaren König, seinem gütigen Blick, seinen treuen Augen. Hier wollte der Jubel kein Ende nehmen.

Und hier war es auch, wo Ludwig selbst die vergrämten und bleichen Gestalten in dem Volkshaufen entdeckte und ihre persönlichen Wünsche durch seinen Adjutanten zu befriedigen suchte. In Marschallsuniform hielt er auf dem Ludwigsfeld eine Truppenbesichtigung ab und heftete mit eigener Hand das Kriegserinnerungszeichen an vier Fahnen. Die Truppen brachen in jubelnde Hurrarufe aus.

Trotz dieser Liebe und Ergebung, die ihm sein Volk rückhaltlos darbrachte, trotz des Versprechens, seinen Besuch bald wiederholen zu wollen, hat Ludwig während seiner zweiundzwanzigjährigen Regierungszeit sein Land nie wieder bereist. Besondere Verhältnisse und Umstände – lies: Ministerium – vergällten ihm bald auch diese Freude und machten das Versprechen an das Volk dadurch zunichte, daß sie ihn in die Einsamkeit der Berge trieben.

Gleich nach dem Friedensschluß geschah aber noch etwas anderes ganz Unerwartetes: der Bayernkönig vollzog ein Verteidigungsbündnis mit Preußen gegen Frankreich. Ein solches Bündnis zwischen zwei Staaten, die erst kurz zuvor noch die Waffen gegeneinander geführt, konnte nicht lange geheim bleiben „dank" der heftigen Agitationen einer kirchlichen Partei, welche nicht den großdeutschen Gedanken eines Bismarck im Auge hatte, sondern vielmehr auf den nationalen Saiten des Bayernlandes allein weiterzuspielen versuchte.

Kurz vor Eröffnung des neuen Landtags im Herbst 1866 sprach man schon ganz öffentlich von einer Frontveränderung der äußeren Politik. Und als Ludwig seinem prachtvollen Galawagen vom Residenzschloß nach dem Landtagsgebäude hinüberfuhr, da brauchte auf einmal die Polizei keiner hurrarufenden Menge mehr hindernd in den Weg zu treten, da hörte man nichts mehr von einer Ovation, da ging jeder Bürger seines Weges ruhig weiter und rührte nicht einmal die Hand zum Gruß!

Diese auffällige Parteidemonstration des drückenden Schweigens hat den stolzen Monarchen so empfindlich gekränkt, daß er sich schwur, von diesem Tage an sich nicht öfter mehr in den Straßen Münchens zeigen zu wollen, als unbedingt nötig war. Auf der anderen Seite ließ er sich nicht im geringsten dazu bewegen, von der eingeschlagenen Freundschaftsbahn nach Preußen zum Deutschen Reiche hin abzuweichen, sondern behielt nun erst recht den neuen Kurs einer auswärtigen Politik zusammen mit Bismarck inne.

Kurze Zeit darauf wurde ein neuer Staatsmann, Preußenfreund und Bewunderer des Kanzlers an die Spitze des bayrischen Ministeriums gestellt: Fürst Chlodwig zu Hohenlohe. Gegen ihn lief die Opposition des ganzen königlichen Hauses, des Adels und der katholischen Geistlichkeit Sturm. Besonders letztere war es, die ihre höchst wichtigen kirchlichen Fragen keinesfalls durch die Oberherrschaft eines Staates unterdrückt wissen wollte. So nur entstand auch der intensive, weit verbreitete Preußenhaß im Bayernland!

Hohenlohe ließ sich durch nichts beirren und gab im Jahre 1867 die offene Erklärung ab, daß ein Kriegsbündnis mit Preußen geschlossen sei, daß ein neues, modernes Militärdienstgesetz nach preußischem Muster geschaffen würde, daß die Schule unabhängig von der Kirche gemacht werden müsse und daß man dagegen einschreiten müsse, wenn Pius IX. die Unfehlbarkeit des Papstes erklären wolle. Damit war man gegen den Vertrauten Sr. Majestät aufs höchste verbittert. Bei den Wahlen im Jahre 1869 gewannen so die Ultramontanen eine entschiedene Majorität, woraufhin das Ministerium sein Abschiedsgesuch einreichen mußte. Der König nahm es nicht an. Man beschloß eine Mißtrauensadresse gegen den verhaßten wie gefürchteten Hohenlohe. Der König wünschte, daß diese im Staatsrat verworfen werden möchte, und bat die Prinzen des königlichen Hauses dringend, sich der Stimme gegen den Minister und damit gegen ihn selbst als regierenden Monarchen zu enthalten. Mit Ausnahme des Vetters Herzog Karl Theodor stimmten aber alle gegen Hohenlohe und damit gegen ihn, an ihrer Spitze der eigene Bruder des Königs, Prinz Otto! Darob war Ludwig am meisten verbittert. Er verbot seinen Verwandten als Oberhaupt der königlichen Familie für einige Zeit den Zutritt zum Hofe. Die erwähnte Mißtrauensadresse nahm er nicht an, Hohenlohe blieb, die Gärung im Lande breitete sich weiter aus.

So kam das Jahr 1870 heran. Als Hohenlohe jetzt im Landtag die Erklärung abgab, daß ein Staat zweiten Ranges wie Bayern nur mit einem anderen Reich alliiert weiterbestehen könne und daß dieses Reich kein anderes als Preußen sein könne, unter dessen Leitung im Falle eines Krieges kämpfen müsse, da stand des Königs Thron in Gefahr. Denn der vertraute Minister war immerhin sein Sprachrohr. Das Wüten und Hetzen gegen den treudeutschen Bismarckfreund Ludwig II. setzte von allen Seiten verschärft ein. Ausgerechnet die arme geschlagene österreichische Presse (!) erklärte ihn für regierungsunfähig und bewarf ihn und seinen Glauben an ein einiges Deutsches Reich mit Majestätsbeleidigungen sonder Zahl. So schrieb die „Unica catholica“:

„Ludwig II. hat durch sein Auftreten das Land in einen fürchterlichen Aufruhr versetzt! Wenn er nicht umkehren und auf klügere Ratschläge hören will, setzt er seine Krone aufs Spiel.“

Endlich ging Hohenlohe freiwillig. Der König ließ ihn gehen wie vor Jahren Richard Wagner, nämlich lediglich aus dem Grunde, die Ruhe in seinem Lande sicherzustellen. Er ehrte ihn mit allerhöchsten Auszeichnungen und sprach ihm auch weiterhin sein volles Vertrauen für seine treudeutsche Politik aus.

Hohenlohe zeigte sich dieses Vertrauens würdig und vermittelte eine höchst private Unterredung zwischen seinem König und Bismarck im Hause des bayrischen Hofstallmeisters Graf Holnstein, des intimen Vertrauensmannes Ludwigs II. Romantik und Realismus, ein Kriegsfeind und ein Befürworter von Waffenhandlung, ein träumerischer König und ein erfahrener Staatsmann des Willens standen sich gegenüber. Die zwei Gegensätze aber knüpfte bei diesem bedeutenden Gespräch im Holnsteinschen Haus ein gemeinsames Band noch fester zusammen: der Glaube an ein großes einiges Deutschland, der Gedanke an die große *Zukunft eines geeinten Reiches aller deutschen Stämme*!

Bild 9: Jagdschloß Schachen – Maurischer Saal
Moorish Hall in the Hunting lodge at Schachen

Bild 10: Zwei Unsterbliche
Two Immortals

Als Ludwig am 17. Januar 1870 den Landtag eröffnete, sagte er wörtlich in seiner Thronrede:

„Die Übereinkunft, die ich mit Preußen geschlossen habe, ist dem Lande genügend bekannt. Treu gegen dieses Bündnis, für das ich mein königliches Wort zum Pfande gesetzt habe, will ich, wenn es mir meine Pflicht gebietet, zusammen mit meinem mächtigen Bundesgenossen für die Ehre Deutschlands und damit auch für die Ehre Bayerns einstehen!"

Hohenlohes Rücktritt war kein System-, sondern nur ein Personenwechsel. Denn der Nachfolger, ein Graf Brey, vertrat denselben Standpunkt wie sein Vorgänger, so daß sich die erbitterten, widerlichsten Angriffe gegen die Regierung und den König von seiten der ultramontanen Partei fortsetzten.

Der König selbst zog sich verärgert von der politischen Gärung im Lande immer mehr zurück, unternahm viele Reitausflüge nach seinen Jagdschlössern und lebte immer einsamer, ohne jedoch die laufenden Arbeiten, die ihm seine Minister vorlegten, im geringsten zu vernachlässigen.

Am 8. Juli desselben Jahres hatte er einen sechstägigen Ausflug mit seinem Stallmeister Hornig unternommen. Bei dieser Abreise in die entlegensten Alpenberge hatte er ausdrücklich gewünscht, nur im allerdringendsten Notfall zurückgerufen zu werden. Ob er ahnte, wie nahe ein Krieg bevorstand? Denn ausgerechnet in diesen Tagen ballten sich durch die plötzliche Spannung zwischen Preußen und Frankreich gefährliche Wolken zusammen, so daß ein reitender Bote mit den wichtigsten Dokumenten nachgesandt werden mußte. Ludwig brach die Weiterreise sofort ab, kehrte auf schnellstem Wege nach Schloß Berg zurück und befahl noch am Abend des 15. Juli den Sekretär Eisenhart zu sich.

Er war aufs äußerste erregt, lief im Balkonzimmer auf und ab, sich vollbewußt der ungeheuren Verantwortung, die gerade auf ihm in dieser und in den nächsten Stunden allein lastete.

Es wurde nachts gegen 11 Uhr, als Kabinetts-Sekretär Eisenhart zum Vortrag erschien. Höchstwichtige Angelegenheiten der Weltpolitik standen zur Debatte. Es vergingen Stunden um Stunden. Der König sann und sann, ohne zu einem entscheidenden Entschluß zu kommen. Während er sonst immer eine scharfe Auffassungsgabe an den Tag legte, wußte er hier nicht mehr aus noch ein. Wird Preußen wirklich gegen Frankreich losschlagen? Das war die akute Frage. Und wenn es losschlägt, was hat dann Bayern zu tun und zu lassen?

Ludwig, ein bekannter Freund des Friedens, der Ruhe und Ordnung in seinem Lande wünschte, meinte wiederholt zu Eisenhart:

„Gibt es denn kein Mittel, keine Möglichkeit, den Krieg zu vermeiden?"

„Ich sehe nichts mehr, Ew. Majestät!", war stets die trockene, nüchterne Antwort. „Eine Entscheidung mit den Waffen erscheint mir unvermeidlich!"

Der König will für diesen Fall die Neutralität Bayerns wählen – und kann doch nicht. Der Gedanke allein ist ihm schon strafbar, denn mit einer solchen Neutralität muß er um die zukünftige Selbständigkeit seines Landes bangen. Eisenhart unterstreicht diese Schlußfolgerung.

Der König sinnt und sinnt. Da steigen Bilder des Mittelalters vor ihm auf, Bilder, die er als Knabe auf Hohenschwangau sooft bewundert hatte: Otto, der Ahnherr des Hauses Wittelsbach, wagte einst sein Leben für die deutsche Sache, als Kaiser Friedrich, der Rotbart, in höchster Gefahr schwebte, und begeisterte die todesmutigen Krieger im Engpaß von Verona. Das war im Jahre 1155. Anderthalb Jahrhunderte vor diesem Pfalzgraf Otto erstürmte ein Markgraf Luitpold das Lager der Normannen an der Dyle. Im vierten Kreuzzug gegen die Sarazenen war einer der markantesten Kriegs- und Glaubenshelden Herzog Ludwig, der als Geisel für Aufrechterhaltung des Friedens zurückbleiben mußte. Kaiser Ludwig der Baier errang einen entscheidenden Sieg bei Ampfing über Friedrich den Schönen und bot diesem später die Hand der Versöhnung auf der Burg Trausnitz. Beim Hochzeitsturnier Georgs des Reichen hob der starke Herzog Christoph von München den Woywoden von Lublin aus dem Sattel und vernichtete die Prahlerei dieses Übermenschen für immer. – Sieben Jahrhunderte waren dahingegangen, seit Wittelsbach über Bayern herrscht. Noch immer hat es dem anhänglichen Volk der Bayern die wahre Treue gehalten. Er, Ludwig, war der Sprosse dieses uralten Geschlechtes, er hatte ein Herz auf dem rechten Fleck, das noch laut und rein für Volk und Reich schlug.

Der König will weitersinnen, da rüttelt ihn der Kabinetts-

Sekretär aus seinen deutschen Träumen auf und erinnert ihn an die bindende Verpflichtung für Bayern, an das Traktat von 1866: mit und für Preußen zu kämpfen, wenn das Vaterland in Gefahr. Da sieht der junge Monarch nur noch einen einzigen Weg, eine einzige Pflicht: in den drohenden Kampf zu gehen mit dem Endziel: *Deutschland!*

Gewissenhaft prüft er alle Fragen von einschneidender Bedeutung, verhandelt die ganze Nacht hindurch weiter, läßt den Grafen Berchem aus der Residenz holen, bespricht sich auch mit diesem nochmals eingehend und gibt schließlich den Befehl zur Mobilmachung seines Heeres.

Damit war die politische Haltung entschieden. Es war am Morgen des 16. Juli, als der Federstrich des Bayernkönigs die Zukunft Deutschlands und seine spätere Einheit entschied. Denn das Bündnis zwischen Preußen und dem süddeutschen Staat Bayern als größtem hatte den Zusammenschluß aller Staaten auf deutschem Boden und das Deutsche Kaiserreich zur Folge.

Als sich Ludwig in München am Fenster einer huldigenden Volksmenge zeigte, da war die Begeisterung unbeschreiblich, da jubelten ihm Bayerns Söhne überwältigend zu und versicherten ihm endlich wieder, daß er doch immer recht gehandelt. Die inneren Streitigkeiten waren zugleich unter dem Druck eines gemeinsamen Gefühls für eine Zeitlang beigelegt.

Der Krieg mit Frankreich war ausgebrochen. Der Kronprinz von Preußen hatte seine Reise zur Armee in München unterbrochen, wo der König von Bayern anläßlich einer Festvorstellung „Wallensteins Lager" bei dem anhaltenden Huldigungsjubel mit seinem Gaste in der Kaiserloge plötzlich vortrat. Beide Fürsten reichten sich einander die Hände und besiegelten damit vor den Augen der Menge feierlich ihren Bund.

Niemals hatte sich Ludwig von seinem Volk mehr geliebt gesehen und niemals war ihm von ganz Deutschland größere Hochachtung gezollt als damals. Die Aufregungen dieser Tage haben seine schwachen Nerven überwältigt, denn es war ihm physisch unmöglich, wie sein Bruder nach dem Kriegsschauplatz zu eilen, er mußte sogar weiteren repräsentativen Pflichten fernbleiben.

Es folgten die großen deutschen Siege Schlag auf Schlag, es kam der Tag von Sedan, es tauchte der Deutsche Kaiser-Gedanke auf. Aber wie die Anschauungen der führenden Persönlichkeiten im Hauptquartier zu Versailles in den Einzelheiten anfangs weit auseinandergingen und wie der König von Preußen bis zum letzten Augenblick eigentlich nur sehr wenig Lust verspürte, die Kaiserkrone anzunehmen, ebenso war auch Ludwigs Entscheidung erst unter einem gewissen Druck und nach längerem Schwanken gefallen. Man darf letzterem nicht höchst einseitig, wie das so oft geschieht, einen Vorwurf daraus machen, daß er als König von Bayern nicht zu jedem und allem sofort Ja und Amen sagte, sondern es muß verständlich bleiben, wenn ein Bayernkönig auch die Interessen seines Landes in manchen Fragen wahrnimmt und von vornherein eine gewisse Selbständigkeit seines Königtums im aufgehenden Kaiserreich gewahrt wissen will. Man darf schließlich nicht vergessen, daß gerade Ludwig durch die Schnelligkeit, mit der sein Heer mobilisiert wurde, ohne daß ein Votum der Kammer überhaupt erst abgewartet wurde, Preußen einen unschätzbaren praktischen und moralischen Dienst erwies, daß er sein Ministerium von einem weiteren Hinschielen zur österreichischen Politik wegzog und sich seit 1866 vorbildlich und gegenüber den anderen süddeutschen Staaten sehr energisch für die deutsche Sache einsetzte. Das bleiben unleugbare Tatsachen und Verdienste. War da nicht der Anspruch auf einen kleinen Gegendienst berechtigt?

Sein Hauptwunsch blieb wie so oft in seinem Leben unerfüllt: die Erweiterung der Grenzen seines Landes. Nachdem man ihm lediglich die sogenannte bayrische Klausel, d. h. gewisse Selbständigkeitsrechte, zugestanden hatte, betonte Bismarck in einem längeren Schreiben an Ludwig, wie notwendig es sei, daß die Kaiserkrone dem König von Preußen nur von einem König der Bayern angeboten werden müsse. Der Nachkomme aus dem Hause Wittelsbach, der drei Kaiser unter seinen Vorfahren zählte, beugte sich auch vor dieser Macht einer Notwendigkeit, weil ihm der deutsche Gedanke allein und ein dauernder innerer Friede über alles ging. Er in seiner Vorbildlichkeit für alle deutschen Bundesfürsten wird wohl damals nicht geahnt haben, daß sich die inneren Verhältnisse unter der Regierung des jungen Kaisers Wilhelm II. sehr zuspitzen würden und daß infolgedessen Prinzregent Luitpold schon ein Vierteljahrhundert später warnend nach Berlin rufen mußte: „Wir sind Bundesgenossen, keine Vasallen!“

Ludwig II. von Bayern krönte seinen jahrelangen verbitterten Kampf gegen ein starres Regierungssystem, gegen Adel und katholische Geistlichkeit, sein schweres Ringen für Deutschlands Einheit und Größe durch eine letzte Großtat: mit eigener Hand schrieb er auf Schloß Hohenschwangau jenen Brief nieder, der Deutschland in ein Kaiserreich verwandelte. Es war die Aufforderung vom 30. November 1870 an alle deutschen Fürsten und an die Senate der drei Freien Hansestädte, dem König von Preußen als dem Bundespräsidenten den Titel eines Deutschen Kaisers anzutragen. Nach Zustimmung sämtlicher Regierungen ließ er im Namen dieser durch den im Hauptquartier befindlichen bayrischen Prinzen Luitpold dem Preußenkönig die deutsche Kaiserkrone anbieten.

Der junge deutsche Fürst hatte das rechte Wort zur rechten Stunde gesprochen. Mehr als einmal hatte er seine eigene Krone aufs Spiel gesetzt, sich den widerlichsten Hofintriguen widersetzt, seine schwächliche Gesundheit dabei ruiniert, um am Ende doch noch zu siegen!

Die alte, deutsche Kyffhäusersage war Wirklichkeit geworden.

5. Alpenkönig und Menschenfeind

Es ist einwandfrei bestätigt, daß Ludwig von seinem Großvater dessen Kunstliebe und Baulust, von seinem Vater dagegen den Hang zur Romantik ererbt hat. Während der jüngere Bruder Otto eine ganze Armee Bleisoldaten besaß, die heitere Gesellschaft liebte und später sich ausnehmend für die Jagd und das Militärwesen interessierte, vergnügte sich der Kronprinz still am Botanisieren und Fischen, zeigte eine schwärmerische Neigung zur Alpenwelt und empfand besonderen Reiz an der Einsamkeit. Die blauen Berge der anmutsvollen Hochgebirgswelt zogen ihn wie ein Magnet sein Leben lang an und machten ihn zum begeisterten Verehrer ihrer ewigen Schönheit. Erzieher und Minister haben oft gewünscht, die Veranlagung der beiden Prinzen wäre eine umgekehrte gewesen.

Des Königs besonderer Hang zur Einsamkeit hatte praktisch begonnen mit dem Einbau eines Wintergartens im königlichen Residenzschloß. Dort mußte inmitten eines kleinen indischen Palmenhains ein blauer, mit einem Kahn befahrbarer See geschaffen werden. Die berühmten Gärten des Herzogs von Nassau zu Bieberich gaben die Anregungen zu einer Wunderschöpfung. Dieser Wintergarten, zu dem ein Laubgang aus den Gemächern des Königs führte, besaß seine eigene Sonne, seinen eigenen Mond. Ein süßes, dämmeriges Licht leuchtete über das Wasser hin, wenn ein Schwan träumend sein Gefieder putzte, wenn Goldfische aus dem fernen Morgenland sich scherzend verfolgten und wenn Vögel aller Länder auf den Bäumen zwitscherten. Unter Sträuchern stiegen Palme, Lorbeer und Zypressen stolz empor, Efeu schlang sich um deutsche Bäume. In ihren Wipfeln saßen Papageien und die schönsten Farbenträger der heißen Zone. Höchste Stimmung aber herrschte erst, wenn beim Eintritt Seiner Majestät bunte Lämpchen erglühten, bestrickende Harmonien aus Wagners Musikdramen wie Sphärenklänge ertönten und Kammersänger Nachbaur von der Hofoper als Lohengrin in silberschimmernder Rüstung auf dem vom Schwan gezogenen, vergoldeten Kahne erschien, langsam über den kleinen See fuhr und dabei die große Arie sang. Dann genoß der einsame König inmitten seiner Residenz, ob Sommer oder Winter, nicht nur den belebenden Hauch von Mutter Natur, dann waren seine phantastischen Träume allem Weltgetriebe entrückt, denn dann hat er sich nur noch als Lohengrin selbst gedacht, gesehen und gefühlt! Nur wenige Sterbliche wurden von ihrem König in diesen Wintergarten geleitet – dem frühverstorbenen Kronprinzen Rudolf, seiner Mutter, der Kaiserin Elisabeth von Österreich und der Prinzessin Gisela von Bayern hat er hier eine Hoftafel gegeben. Meist weilte er überglücklich und zufrieden ganz allein in seinem Märchendom, wenn die Residenz tief in der Nacht schlief.

Dieser Hang zur Einsamkeit und Romantik setzte sich

fort in den so oft beanstandeten Separatvorstellungen im Hoftheater. Ludwig II. hat nicht nur auf Wagner und die Baukunst, sondern auch auf die Literatur, das Schauspiel und das Theater überhaupt sehr befruchtend gewirkt. Ohne ihn wäre die Ära des langjährigen Münchener Intendanten Freiherrn von Perfall nie so berühmt geworden. Aber wo noch die Werke eines Schiller, Goethe, Grillparzer oder anderen Klassikers vor seinen Blicken und Ohren eine weihevolle Auferstehung erlebten, da war es ihm stets furchtbar, wenn ihn die Leute alle anstarrten, sein Erscheinen und Gehen applaudierten, sein Benehmen bis ins einzelne mit ihren scharfen Blicken durch die Gläser verfolgten, anstatt die Vorgänge einer Handlung auf der Bühne wahrzunehmen. Höchste ungetrübte Stimmung war für den König bei solchen Vorstellungen sein „ein und alles". Sie wurde jedoch durch solche Ablenkungen immer wieder gestört. Da reifte der Gedanke heran, sich Aufführungen ganz allein anzusehen. Die Idee mag für viele Menschen zunächst lächerlich klingen, ein solcher Plan mag kunstlosen Materialisten sehr kindisch vorkommen – für Ludwig II. war das eine Wonne, und jeder wirklich Kunstverständige wird ihm noch heute beipflichten und sagen: „göttlich schön!" Am 6. Mai 1872 fand die erste dieser Separatvorstellungen vor dem König als einzigem Zuschauer statt; es folgten bis zum Jahre 1885, als die Mittel immer knapper wurden, weitere 207. Possart, der berühmte Hofschauspieler damaliger Zeit, nennt sie das Weihevollste und Ungetrübteste, was er als Darsteller während einer vierzigjährigen Bühnentätigkeit miterlebt hätte!

Das Dritte und Stärkste, was Ludwig II. zum königlichen Einsiedler stempelte, war seine Flucht vor der Welt mit all ihren Kämpfen und Enttäuschungen in die oberbayrischen Berge. Das Abwenden von einer ihm immer verhaßter werdenden Umwelt wurde nach dem Jahre 1870 mit einem Male ein entschiedener Entschluß, der unrüttelbar und unwiderruflich blieb sein ganzes weiteres Leben hindurch.

Der geborene Fürst des großen Zeremoniells war alles andere als ein Stadtmensch. Seine Kindheit und Jugend hatte er auf Hohenschwangau verlebt. Dorthin wurde jetzt seine Regierungstätigkeit, nicht sein Ministerium verlegt. Es war kein Spiel hinter einer grausamen Maske, wie manche Ludwig-Biographen behaupten, es war weiter nichts als schicksalhafter Zwang.

Dort im Schwanengau konnte und durfte er schlicht mit den schlichten Leuten sprechen, ohne daß ihm einer dreinredete, dort ließ ihn die ehrlich gemeinte Volksbegeisterung nie kalt, dort zogen keine Minister in eigenartiger Verwunderung die Augenbrauen in die Höhe, dort widersprachen keine Bauräte seinen höchstpersönlichen Bauideen, dort witterte er nie Enttäuschungen oder gar Widersprüche, die er so furchtbar hassen konnte und die ihn immer in unbändige Wut versetzen mußten. Wie gern weilte der Einsiedler in seiner geliebten Georgiritter-Tracht (siehe Titelbild!) zusammen mit Otto bei der Mutter im einsamschönen Landhaus Elbingenalp, wie gern rastete er in Jägerhütten oder auf Schloß Schachen im Maurischen Saal mit seinem märchenhaften orientalischen Prunke! (Siehe

Bild Nr. 9.) Dann konnte die Natur tausendstimmig zu ihm allein sprechen, dann wurden die schönsten Erinnerungen aus der Jugendzeit wach, an denen er so sehr hing. Und wie gern sucht er auf den Felshöhen das seltene Edelweiß, lauscht dem Klang ferner Kirchenglocken, bis der letzte Ton erstorben war, hört das melodische Geläute stimmungsvoller Almenglocken einer weidenden Herde. Zu Pferde eilt er in die Bergpracht des stillen, weltentlegenen Graswangtales oder in die feierliche Majestät des oberen Lechtales, er, der schönheitstrunkene Meisterreiter! Zwanglos tritt er in den Verkehr zur kernigfrischen Bevölkerung, hat für alles ein offenes Ohr und eine offene Hand.

Und hier ist das Wunderbare um diesen Liebling der Götter und Menschen: der zum Alpenkönig gewordene Einsiedler, dem jeder persönliche Verkehr mit den Stadtmenschen zuwider war, hat sich in seiner Gebirgswelt nie einsam und verlassen gefühlt! Das Glück, das er draußen in der Welt nicht mehr finden durfte, suchte er in der Weisheit der Bücher, in denen er ganze Nächte hindurch lesen konnte, ohne zu ermüden. Die geliebten Bücher ersetzten ihm ungeheuer viel. Schriften philosophischen Inhalts bildeten ihn zu einem Lebensphilosophen seltener Art, Schriften geschichtlichen Inhalts stempelten ihn zu einem weitschauenden Historiker, Schriften künstlerischen Inhalts, vor allem Dichtungen, schufen den einzigartigen Künstler in ihm und machten ihn zum Triumphator höchster Schönheit in der Baukunst.

Sein Klavierlehrer Wanner hatte ihm jedes Talent zum Klavierspiel abgesprochen. Dafür konnte er in Hohenschwangau stundenlang neben seinem einzigen Freund Wagner sitzen, wenn der Meister von seiner neuen Gedankenwelt, dem „Ring des Nibelungen“, und von seinem anderen hohen musikalischen Gedankengut, dem „Parsifal“, zu ihm in Tönen auf dem Flügel plauderte. Dann saß der Alpenkönig tief ergriffen neben seinem Tondichter und baute sich selbst eine Welt auf, die, längst versunken, zu neuem Leben wiedererweckt werden sollte und deren ganze Stimmung sich so sehr in der Landschaft des Schwanengaues widerspiegelte. (Siehe Bild Nr. 10.)

Die Münchener Patrioten, welche die künstlerische und materielle Förderung und die schwärmerische Freundschaft des Königs zu dem 32 Jahre älteren Wagner noch hatten hingehen lassen, erregten sich damals mit dem Verdacht, daß Wagner als Dresdener Revolutionär von 1849 auch politischen Einfluß auf Ludwig ausgeübt hätte, ihn zur Abdankung zu bewegen versuchte und überhaupt wie ein Dämon über den einsamen Jahren in den Bergen gestanden hätte. Wer die selbstherrliche, eigensinnige Natur Ludwigs II. genau kennt, dem erscheint eine solche Behauptung unverantwortlich. Und wer das spätere Verhältnis der beiden nur etwas kennt, der weiß auch, daß es dem König seit der erzwungenen Abberufung Wagners, dem finanziell genug geholfen war und der eine neue Ehe mit Frau Cosima von Bülow einging, fortan weniger um den Menschen selbst, als um die Förderung seiner letzten Werke zu tun war. Alles andere bleibt sinnloses Geschwätz. Und wenn schon einer der böse Dämon des Königs gewesen sein soll, dann nicht Richard Wagner, sondern höchstens das Ministerium!

Die Abdankungsabsichten, die im Jahre 1873 tatsächlich dem Prinzen Otto gegenüber ausgesprochen wurden, hingen lediglich zusammen mit einer Scheu, zu repräsentieren, mit dem veränderten schlechten Aussehen des Königs und seiner nervösen Furcht vor weiteren Enttäuschungen in der Regierung.

Der Alpenkönig, einmal aus seiner undankbaren Umwelt geflüchtet, kehrte nie wieder zu ihr zurück. Die Hoffeste in der Residenz wurden immer seltener, regierenden Fürstlichkeiten und militärischen Würdenträgern wich er ostentativ aus, indem er anhaltende Krankheit vortäuschen ließ. Gespräche im Zeremoniell zu führen, wurde für ihn zu einer bald unerträglichen Qual. Menschenscheu steigerte sich öfters zu Menschenhaß. –

Auch Frauen gegenüber, zu denen sich seine Gefühle stets in den Grenzen strenger Freundschaft gehalten hatten, zeigte er sich auffallend reserviert. Seit seiner Entlobung wurde das Wort Liebe nie wieder ausgesprochen. Er mied sogar ängstlich jeden Hinweis darauf, als ahne er, daß wirkliche Liebe zu einem weiblichen Wesen sein ganzes Denken und Wesen verwirren könne. Meist waren es Künstlerinnen des Nationaltheaters München, die zum König in engere Beziehungen traten. Um sich zu zerstreuen, ließ er die oder jene bedeutende Kraft zu sich rufen, vor ihm allein rezitieren oder singen. Dabei verehrte er lediglich die Künstlerin, nicht den Menschen. Ein vollendeter Kunstvortrag konnte ihn förmlich hinreißen. Das weibliche Geschlecht verstand das Entzücken des Königs meist falsch und verfiel in echte Liebe zu Seiner Majestät, der mit einer ganzen Anzahl solcher Damen allerdings die schlimmsten Erfahrungen machen mußte.

Mit der graziösen, reichbegabten Ungarin Frau Lila Bulyowsky fing das Spiel an. Diese hervorragende Tragödin mußte ganze Szenen aus Schiller und Goethe vortragen, einmal das „Parzenlied“ aus der „Iphigenie“ in einer kalten Wintersnacht sogar draußen im Hofgarten wiederholen. Für die ausgestandenen Strapazen wurde sie reichlich entschädigt. Die Bulyowsky konnte aber Schein und Wahrheit nicht auseinanderhalten und folgte später einer Einladung des Königs auf die Roseninsel in einem ganz durchsichtigen Gewande, um ihre Reize – sie war bedeutend älter als Ludwig – in das beste Licht zu stellen. In Gegenwart der Dienerschaft war das eine höchst peinliche Szene. In der neu vorgerichteten Residenz wünschte sie einmal alle Zimmer zu sehen, die der König bewohnte. Im letzten Kabinett versuchte dann die raffinierte Dame einen stürmisch-zärtlichen Überfall auf Majestät, dessen nähere Umstände hier nicht wiedergegeben werden können. Ludwig hatte jedenfalls Mühe, sich ihrer zu entledigen, klingelte und rief dem Diener zu: „Frau Bulyowsky wünscht ihren Wagen!“ Mit der königlichen Gunst hatte sie verspielt.

Die berühmte Sängerin Therese Mallinger stieß mit ihrem derben Wesen und ihrer unmöglichen Unbildung in den Audienzen den König sehr bald ab. Mit der Altistin Josefine Scheffsky war es ähnlich, jedoch konnte sie mit dem bestrickenden Wohllaut ihrer herrlichen Stimme den

Alpenkönig immer aufs neue begeistern, so daß sie manchmal nach Hohenschwangau gerufen wurde und sich des königlichen Fuhrwerks bedienen durfte. Als sie Geschenke des Königs mit Gegengeschenken erwiderte und sich einmal ein solches Gegengeschenk aus der Kabinettskasse viel teurer bezahlen ließ, hatte auch sie endgültig verspielt.

Eine andere Sängerin war zu einer Kahnfahrt auf dem kleinen See des Wintergartens im Schloß eingeladen worden. Was aber tat diese schwärmerische Dame? Sie fiel absichtlich ins Wasser, nur damit der König sich um ihre Rettung bemühen sollte und sie in seinen Armen eine Liebeserklärung aussprechen könnte. Und was tat der König? Er stieß den Kahn ans Ufer, entfernte sich schweigend und überließ die pudelnasse Sängerin der Behandlung einiger Diener.

Eine etwas dreistere Künstlerin wagte noch mehr. Während sie vortrug, zog sich der König in sein Privatgemach zurück und ließ sich auf seinem Ruhebett nieder, um sich ganz ungestört dem Genuß ihrer einzigartigen weichen Stimme hinzugeben. Die betreffende Dame verstand das falsch und benutzte eine Vortragspause, um sich auf die Kante des königlichen Ruhebettes zu setzen. Erregt sprang Ludwig in die Höhe, stellte die Sängerin zur Rede und ließ sie tagsdrauf sogar aus der Residenzstadt entfernen.

Als sich eine Schauspielerin mit Wohlgerüchen sonder Zahl zur Deklamation meldete, verabschiedete sich der König gleich nach der ersten Rezitation und ließ nach ihrem Weggang das Gemach ausräuchern.

Eine Amerikanerin, die durch ihre Schönheit weltberühmt

Bild 11: Der von König Ludwig II. angelegte Wintergarten in der Münchner Residenz
The Winter Garden built by King Ludwig II, at the Royal Palace, Munich

Bild 12: Kaiserin Elisabeth von Österreich
Empress Elisabeth of Austria

gewordene Cora Pearl, bot sich wiederholt an, Seiner Majestät ihre hohe Vortragskunst zu beweisen. Sie wurde mehrmals abgelehnt. Als nun ihre Empfehlung von einer Ministerseite aus noch einmal besorgt wurde, ließ der König erwidern:

„Ich nehme keine Mätresse, ich bin allein und werde es bleiben!"

Nun darf man nicht gleich denken, Ludwig wäre ein Weiberfeind gewesen Zeit seines Lebens! Im Gegenteil! Anständigen, bescheidenen Frauen, die nicht zudringlich wurden, begegnete er mit Würde und feiner Anmut, z.B. der amerikanischen Bildhauerin Elisabeth Ney, der er viermal für das einzig überlieferte Standbild nach seinem Leben gesessen hatte, dann den Töchtern des Obersten Benzinger am Vierwaldstätter See usw.

In der langen Zeit seiner Einsamkeit ist es kein Mann, sondern sogar eine Frau gewesen, die eine entscheidende Rolle gespielt hat, und diese Frau war die Kaiserin Elisabeth von Österreich, seine Base und die Schwester seiner Exbraut Sophie. Sie hatte die Vorliebe des Königs durch ihre Begeisterung für den Reitsport gewonnen, dem Ludwig selbst viele Jahre huldigte, bis er sich einen Bruch zuzog. Der bayrischen Bevölkerung erschien höchst merkwürdig, daß seinerzeit die Auflösung der königlichen Verlobung die Kaiserin nicht im geringsten abhielt, ihre freundschaftlichen Beziehungen zum Vetter fortzusetzen. Aus dieser Tatsache hatte man den leichten Schluß gezogen, daß der König mit dem Abbruch der Verlobung doch im Recht gewesen war, da sonst die Schwester von Sophie unmöglich ihre Ungeniertheit so weit hätte offenbaren dürfen. (Vgl. Bild 12.)

In Wirklichkeit war Elisabeth die einzige Frau, welche Ludwig in seinem Hang zur Romantik und Einsamkeit voll und ganz verstand. Die ideale Freundschaft der beiden war so echt und wunderbar, daß keine äußeren Fesseln sie je zu sprengen vermochten. Die Kaiserin und Base war nicht nur eine schöne, sondern auch eine interessante, geistreiche Frau, redete nie in die bayrische Politik hinein und hatte die gleiche innere Unruhe, den gleichen Hang zur Absonderung, die gleiche Scheu vor der großen Masse wie ihr Vetter. Als sich Se. Majestät gezwungen von seinen Repräsentationspflichten ganz abgewandt hatte und sich in den Bergen eine erträumte Welt aufbauen wollte, war Elisabeth dasjenige mitspielende Wesen in Ludwigs Ideenwelt, das er brauchte und das ihm keine zweite Frau auf Erden so vollendet ersetzen konnte. Die um neun Jahre ältere Base war ebenfalls sehr frühe, nämlich mit siebzehn Jahren, zu großer Machtstellung gelangt, durchaus herrisch veranlagt und von eitler Selbstliebe. Mit ihrem Grundsatz: „Man kann alles tun, was man will!" bestärkte sie Ludwig ungemein in der Verwirklichung seiner romantischen Träume.

Als späterhin ihr Vetter wegen seiner hohen Ausgaben für Richard Wagner, die Separatvorstellungen und seine Schloßbauten in der Wiener Presse heftig kritisiert wurde, meinte sie tröstend: „Wir können uns doch alles erlauben!" Als man Zweifel am Geisteszustand Sr. Majestät offen auszusprechen wagte, erinnerte die Kaiserin ihren Alpenkönig an die Figur Hamlets und bemerkte: „Ich glaube, daß die

Menschen, die man für wahnsinnig hält, die wirklich klugen sind!“ Ob das alles nun gerade segensreich war, mag dahingestellt bleiben. Auf jeden Fall hat die Base die künstlerischen Anschauungen ihres nahen Verwandten in vielem geteilt. Das Verhältnis der beiden gedieh sogar so weit, daß der König sie die Taube, die Kaiserin ihn den Adler in dem regen schriftlichen Verkehr zu nennen pflegte. In der Eremitage der Roseninsel befand sich ein Schreibtisch, zu dessen Schublade nur die beiden Majestäten allein die Schlüssel führten.

Kaiser, Könige und berühmte Staatsmänner haben Bayern besucht, ohne daß sich ihnen der regierende Fürst zeigte. Wenn aber die liebe Verwandte aus Wien nach Feldafing am Starnberger See kam, dann machte ihr Ludwig jedesmal sofort seinen Besuch und empfing ihren Gegenbesuch selbst zu Zeiten, in denen er fast keinen Menschen um sich duldete. Warum? Alle anderen haben von ihm zeit seines Lebens die Unmöglichkeit verlangt, anders zu scheinen, als er nun einmal war. Elisabeth allein verstand ihn ganz so zu nehmen, wie er sein wollte, sie allein wußte, was ihn drückte und befreien konnte, was ihn betrübte und beseligen konnte. In schönsten, reinsten Stunden der Einsamkeit gesellte sie sich zu ihm als seine Alpenkönigin. War sie doch selbst die Einsamste aller Einsamen!

Morgens um fünf Uhr, wenn alle Welt noch schlief, durchstreiften die beiden die Rosengärten ihrer gemeinsamen Insel. Die Tage auf Hohenschwangau, wenn im Allgäu die Alpenrosen auf grünen Wiesen und die himmelblauen Sterne von Enzianen leuchteten, wenn versteckte

Quellen Wasser für die Moose spendeten, wenn goldgelbe Moore die Seen umsäumten, wenn der Birkhahn in schattigen Kiefern Hochzeit feierte – solche Tage bedeuteten für die beiden immer wieder eine Neugeburt des schweren Lebens.

Wenn auch die persönlichen Begegnungen Sr. Majestät mit der bildschönen Kusine in den letzten Jahren, nach 1880, immer seltener geworden sind, so hat doch der König bis zu seinem Tode nie aufgehört, seine Elisabeth mit prachtvollen Buketts aus Rosen und Alpenblumen zu beschenken und sie liebevoll zu verehren.

Es waren zwei Königskinder...

Vielen Schilderungen über Ludwigs II. Einsamkeit in den Bergen mögen Übertreibungen und Ausschmückungen der Phantasie unterlaufen sein – eins bleibt keine Legende: der Alpenkönig war auf seinem neuen fernen Thron ein Romantiker von einer selten schönen Art!

Er lebte nur noch sich selbst, weil er sich am besten verstand. Oft hielt er Zwiesprache mit sich und gab sich Rechenschaft über die Konsequenzen, die er gezogen. Er regierte weiter, tat seine Pflicht, blieb dem Eid und der Verfassung treu, so sehr ihn auch die bayrische Patriotenpartei und die „Nationalgesinnten“ nach der Tat von 1870 weiterhin tadelten und befehdeten. Indes handelte er nicht mehr aus Liebe, weil seinem Herrschen fortan das Persönliche, die Seele, fehlte.

War er zwangsläufig im Herbst einige Wochen in der Residenz, dann wartete er schon mit größter Ungeduld auf den Winter und seine Zeit, in der es hinaufging in die stillen, verschneiten Berge. Denn der Zauber einer verwehten Schneenacht konnte ihn außerordentlich entzücken, ihn vollständig gefangennehmen.

Sechs herrliche, milchweiße Rosse in prachtvollen Geschirren bildeten die Bespannung des auch als Schlitten verwendbaren, kostbaren Galawagens im reichsten Barockstil. Auserwählte Pracht zeigten die Kostüme des Vorreiters und der Stangenreiter mit gepuderter Perücke und Dreimaster. Gendarmen oder Chevaulegers mußten in Galauniform voransprengen. Weithin leuchtete die vom Marstallfourier gehaltene rotglühende Fackel. Gleichmäßig war der traberartige Hufschlag der Pferde, melodisch aufs feinste abgestimmt das Schellengeklingel am Gespann. Tannen bildeten Spalier, wenn Wagen oder Schlitten des Märchenkönigs aus Linderhof hinausfuhr, durch die schweigende Gebirgsnacht flog. Regen mit nassem Schnee, Wind und Sturm waren dem Einsiedler das liebste Wetter. Schroffe Felsenzinnen, mit Schnee und Eis bedeckt, wild durch die Täler stürmende Wasser oder stille Einödhöfe in den Buchten waren ihm die begehrtesten Landschaften. (Siehe Bild Nr. 13.)

Oft stand der Einsame am Fenster seines Arbeitszimmers auf Hohenschwangau und blickte in die finstere Nacht hinaus. Drüben standen die schwarzen Berge und Wälder, unten rauschte der Alpsee im tiefen Dunkel. Graue Wolken zogen am Himmel davon. Fern im Osten ging der Jupiterstern auf, er, der köstlichste Kronjuwel am Firmament, das

Symbol menschlichen Wissens und menschlicher Weisheit. Der Einsame denkt an Schiller, der seinen „Wallenstein“ ausrufen läßt: „Nacht muß es sein, wo Friedlands Sterne leuchten!“

Wenn man das Tagebuch des Königs durchliest, empfängt man den Eindruck, als habe Ludwig zuweilen die Tiere mehr geliebt als die Menschen. Nur einen einzigen Vogel hat auch er gehaßt, nämlich den Geier als Sinnbild der Brutalität. Dafür hielt er große Stücke auf seinen Lieblingsvogel, den Schwan. Hohenschwangau enthält Dutzende von Darstellungen in allen Materien und Größen. An dem ersten Bild aus dem Kaulbach-Zyklus „Lohengrin“ (die Ankunft des Schwans) mußte so oft verbessert werden, bis der Schwan ganz nach seinem Geschmack war. Neben dem Schwan liebte er den Falken mit seinen breiten Schwingen, seinem kühnen Flug und seiner Unerschrockenheit. Den Adler verehrte er als König unter den Vögeln. Ein Tier aber konnte ihn förmlich entzücken; dieses Tier war nicht der Schwan oder der Falke oder der Adler, nein – für des Schöpfers größtes Meisterwerk in der Tierwelt galt ihm der Pfau! Er war ihm Inbegriff höchster vollendeter Schönheit und überirdischen Stolzes. Auf seinem Haupt trägt der Pfau stolz seine zarte, feine Krone aus Federn – war das nicht Symbol königlicher Macht? Das Pfauenweib darf nur demütig zu ihm emporblicken, genau wie die Welt auf ihren König schaut! Darum wurde gerade des Pfauen Bild der Schmuck der Königsschlösser aus Ludwigs Hand. Fast jedes Gemach mußte mit gemalten oder gestickten, silbernen oder goldenen oder gar marmornen Pfauen geschmückt werden. Im Fußboden des chinesischen Palastes mußte das Bild dieses Tieres eingelassen werden, wie es erglänzen kann von tausend Edelsteinen!

Zum Christfest, wenn die Weihnachtsglocken durch den Schwanengau klangen, wenn im Schloßhof der Marienbrunnen eingefroren war, wenn Eis- und Schneekristalle an dem Becken glitzerten, dann war der Alpenkönig das einzige Mal im Jahre kein Menschenfeind, dann überschüttete er nah und fern mit Gaben sonder Zahl, dann kannte er nur Frohsinn auch unter den Menschen! Im Vorzimmer befand sich eine Kassette, voll von einem Vorrat an Schmucksachen. Das Billardzimmer glich einem Basar von höchster Pracht!

Was aber waren ihm die vielen Wünsche und Danksagungen dieser Untergebenen? Das Volk, das geführt sein will und muß, ging in ihm auf, liebte und verehrte ihn überall wie selten einen Herrscher. Aber diejenigen, welche mit dem König das Volk führen sollten, versagten auch weiterhin!

Aus einer hellen Jugend hatte sich der arme Monarch hinein in das Dickicht einer zunächst unfaßbaren Einsamkeit geflüchtet, hatte sich aus aller Gemeinschaft gelöst, hatte die Nacht zum Tag und den Tag zur Nacht gemacht, um in Menschenferne seinen romantischen Träumen zu leben. Nun suchte sich seine ungeheure schwärmerische Phantasie eine „ferne Landschaft von stiller, erhabener

Größe", in der sich der königliche Einsiedler ein ganz besonderes Schloß erbauen und als unumschränkter Souverän weiterleben wollte.

Der Vorstand des bayrischen Reichsarchivs, Franz von Löher, wurde auf Reisen geschickt, um diese eingebildete Landschaft zu suchen, und zwar nach dem griechischen Archipel und den Kanarischen Inseln, späterhin nach Zypern und Kreta. Als er das ersehnte Land nicht fand, gab der König seit 1875 seine Auswanderungspläne ganz auf.

Als sich Se. Majestät im Winter desselben Jahres nach langer Zeit wieder einmal in der Residenzstadt zeigen mußte, fanden ihn die Münchener abnorm dickleibig. Auch sein Gesicht war aufgedunsen und sah krankhaft blaß aus. Die nähere Umgebung des Königs konnte beobachten, daß seine Schönheit sehr abgenommen hatte, sein Wesen auffallend verändert war und seine Sprechweise durch den Verlust der Vorderzähne sehr behindert wurde. Nur wenige wußten damals, daß sich der Monarch angewöhnt hatte, erst nach Mitternacht aufzustehen, um 3 Uhr morgens zu dinieren und dann hinauszueilen in die Finsternis der Bergtäler, ewig auf der Flucht vor der Welt und ewig auf der Suche nach dem Frieden seiner eigenen Seele. In dieser Zeit war es, als Ludwigs angeborene Lust zum Bauen sich immer stärker zu einer wahren Bauleidenschaft steigerte.

Und nur wenige wußten damals, daß der große Einsame abgeschieden von der Welt sich in aller Heimlichkeit geweihte Stätten seines Phantasielebens errichtete: die Märchenschlösser.

Manches verändert sich in einem halben Jahrhundert.

Bild 13 Schlittenfahrt des einsamen Königs
Sleighing by night

Bild 14: Die Wunderburg Neuschwanstein
The miraculous Neuschwanstein Castle

Bild 15: Neuschwanstein – Wohnzimmer *(Bild: Der Gral)*
Neuschwanstein Castle – Private Sitting-room (Gobelin: The Gral)

Bild 16: Schloß Neuschwanstein – Schlafzimmer *(Bild: Tristans Abschied)*
Neuschwanstein Castle – Royal Bedroom (Gobelin: Tristan's Farewell)

Der Romantiker auf dem Königsthron kann nur noch vor unserem *geistigen* Auge als einsamer Monarch erstehen. Unberührt geblieben aber ist die große Kulisse seiner Landschaft, der Weg und das Ziel einer fast überirdischen Phantasie. Denn verborgen tief in Berg und Tann – so stehen noch heute vor unserem *wirklichen* Auge die Denkmäler aus Stein von Ewigkeit: Neuschwanstein, Linderhof und Herrenchiemsee!

6. Die Wunderburg Neuschwanstein

Schon als Knabe spielte Ludwig am liebsten mit Bausteinen. Mit sieben Jahren errichtete er aus hölzernen Bauklötzen, die ihm der Großvater geschenkt hatte, wie ein kleiner Meister das „Siegestor“, stellte das „Heilige Grab“ auf, ließ es beleuchten und kostümierte sich dabei als Klosterfrau. Im Alter von elf Jahren entwarf er einen großartigen Plan zu einem Jagdschloß, das am Hintersee, in der Nähe von Berchtesgaden, gebaut werden sollte. Die Ähnlichkeit zwischen dem damaligen Thronfolger und seinem politisch bereits toten Großvater Ludwig I. war in der Tat auffallend.

Bis zu seinem achtzehnten Lebensjahre wurde er mit Taschengeld ganz knapp gehalten. Wenige Monate darauf fiel der jungen Majestät eine jährliche Apanage von Millionen zu, mit denen man jeden Traum erfüllen konnte, wenn die notwendigen Gelder sofort frei verfügbar gewesen wären. Gleich nach dem Regierungsantritt war seine Baulust in größerem Stile in Erscheinung getreten.

Der erste Bauplan war eine Begleiterscheinung seiner Begeisterung für die Wagnersche Musik: Sempers gedachtes Festspielhaus in München. Bei dem Widerspruch der Presse und dem Widerstand des Landtags ist es später Wirklichkeit in Bayreuth geworden. Mit demselben Hohn und Spott wie das Sempersche Projekt wurden die zwei Monumente von Goethe und Schiller übergossen, die der junge König seiner Residenzstadt schenkte. Anerkannt worden sind trotz allem wenigstens drei edle Schöpfungen von ihm: das Polytechnikum und die Akademie der bildenden Künste im Renaissancestil sowie die Giesinger Kirche im gotischen Stile.

Für den Romantiker genügten das Sommerschloß Berg und das Jagdhaus Herzogstand, die er von seinem Vater geerbt hatte, nicht mehr auf die Dauer. Das vom damaligen Kronprinz Max umgebaute Hohenschwangau war für zwei Hofhaltungen nicht geräumig genug; aus dem Zusammenwohnen mit der Mutter hatten sich gleich zu Anfang gewisse Unzuträglichkeiten ergeben. Zum neunzehnten Geburtstage, dem ersten unter seiner Regierung, wollte Richard Wagner den Huldigungsmarsch, den er für Militärorchester geschrieben hatte, mit den nach Hohenschwangau befohlenen Musikkapellen der drei Münchener Infanterie-Regimenter im Burghof selbst dirigierend als Gruß des Freundes darbringen. Doch die Königinmutter, welche Wagner haßte, vereitelte dies, indem sie eine Krankheit vortäuschte und sich zu Bett legte, so daß die musikalische Huldigung unterbleiben mußte. Zwei Tage drauf, als König Wilhelm von Preußen, der spätere „alte Kaiser“, in Hohenschwangau zu Besuch weilte, war die Königinmutter ebenso schnell wieder wohlauf und machte als Burgfrau die Honneurs! Zwischen Mutter und Sohn hatte sich damals schon eine Kluft geöffnet, die nie mehr überbrückt werden konnte. Der Sohn hat das nie vergessen noch verziehen.

Als der König nach seiner Enttäuschung auf Schloß Berg seine Sommer-Residenz vom Starnberger See weg wieder in den Schwanengau verlegt hatte, war es ganz natürlich, daß hier sich seine Baulust fortsetzen mußte und nur hier der Traum seiner Jugend zu traumhafter Wirklichkeit wurde.

Die Idee zu „Neuschwanstein" war schon fertig in seinem Kopfe, ehe er mit dem festen Entschluß an den Baumeister von Riedel herangetreten war. Und diese Idee hatte folgendes interessante Gedankenspiel zur Voraussetzung:

Der sparsame Vater Maximilian hatte die Burgruine Schwanstein zum Schloß Hohenschwangau umgebaut, die beiden anderen auf unzugänglichem Fels gegenüberliegenden Ruinen Vorder- und Hinterschwanstein unberührt gelassen. Den schönheitstrunkenen Sohn störte das schon als Jüngling, wenn er sein Panorama vor sich liegen sah. Immer, wenn er beim Mondenlicht vom väterlichen Schloß auf den Alpsee hinuntersah, die ruhigen Wellen betrachtete und Nachtigallen ihr Abendlied aus blühenden Büschen heraus singen hörte, vernahm er ein Rauschen wie von mächtigen Flügeln. Traumversunken schaute er dann eine Weile hinüber nach der Felsspitze, hinter deren Höhen Wasser in eine jähe Tiefe stürzten, wo die Pöllat schaurig rauscht. Wie herrlich müßte das sein, wenn gerade dort oben eines Tages ein stolzer herrlicher Bau mit Türmen und Zinnen stände, wenn er als König eines reinen Geistes von einem solchen hohen, großen Palastbau aus sein neues Idealreich beherrschen könnte, hoch und unnahbar, dort droben, wo kein Mensch von irgendeiner Seite aus in die Burgfenster hineinschauen könnte, wo keine menschliche Stimme in den Höhen ertönen dürfte, wo nur Waldvögel die Wunderburg an schönen Tagen besängen und wo endlich nur die Natur selbst, brausende Wälder und tobende Schlucht, wetteifern sollten mit Gewitter und Sturm!

Als der König einmal von einer Festvorstellung aus München zurückkehrte, beschäftigte ihn eine Stelle in Richard Wagners Regiebuch zu „Das Rheingold“ ungemein:

„Wenn der Nebel in zarten Wölkchen sich gänzlich in der Höhe verliert, wird im Tagesgrauen eine freie Gegend auf Bergeshöhen sichtbar, anfänglich noch in nächtlicher Beleuchtung. Der hervorbrechende Tag beleuchtet mit wachsendem Glanze eine Burg mit blinkenden Zinnen, die auf einem Felsgipfel im Hintergrund steht.“

Soweit die Phantasie Wagners für das Theater. Des Königs Wagen näherte sich gerade auf der Fahrt von Füssen her dem kleinen Ort Hohenschwangau dort, wo die Ebene aufhört und die Wälder beginnen. Zur Linken drüben ragten die Berge; Wolkenfetzen und dichte Nebel lagerten bei Tagesgrauen noch über ihren Gipfeln. Da schwebten dem Monarchen plötzlich Geister der Vorzeit vor, und Wotan sang ihm ein Lied:

„Vollendet das ewige Werk!
Auf Berges Gipfel
Die Götterburg,
Prächtig prahlt
Der prangende Bau!

Wie im Traume ich ihn trug,
Wie mein Wille ihn wies,
Stark und schön
Steht er zur Schau:
Hehrer, herrlicher Bau!"

Getreu dem Regiebuch Wagners wurde dieses Lied dank einer königlichen Phantasie bald Wirklichkeit auf den Ruinen von Vorder- und Hinterschwanstein!

Im Sommer des Jahres 1868 mußte ein Oberbergdirektor den Fels dieses Schwanstein prüfen. Die Frage, ob sich elementare Hindernisse gegen den königlichen Willen wehren würden, konnte verneint werden. Sofort wurden die beiden alten Ruinen abgetragen und der Fels selbst durch umfangreiche Sprengungen um 24 Fuß abgenommen.

Ein Jahr drauf konnten Fundamentierungen bis zu 50 Meter Tiefe und der Grundstein aus Untersberger Marmor gelegt werden in Anwesenheit von nur vier Personen: des Monarchen, Riedel, Quartiermeister Büttner und Bauführer Herold. Wenn man heute den steinernen Leib im ganzen Umkreis steil herausragen sieht, dann will man kaum glauben, daß Menschenhände allein dies schaffen konnten.

Ludwig, der nicht nur alle Perioden der Kunst- und Stilgeschichte, sondern auch die rein wissenschaftlichen Grundlagen zu seiner „königlichen Kunst" durchaus beherrschte, ließ sich in den letzten Entscheid zu den vorliegenden

Entwürfen von keinem Baumeister hineinreden. Vollkommen selbständig kritisierte er dies oder jenes, änderte bis in alle Einzelheiten hinein und legte den Meistern vom Fach gegenüber eine erstaunliche Kenntnis für Stilformung und persönlichen Geschmack an den Tag. Fürwahr, wäre er kein König von Bayern gewesen, er wäre einer der größten Architekten des neunzehnten Jahrhunderts geworden! Der Großvater hatte den antiken griechisch-römischen Stil, der Vater die gotischen Motive bevorzugt. Ludwig II. entschied sich ganz unabhängig davon für einen romanisch-byzantinischen Stil zu „Neuschwanstein“, für das duftigste Rokoko zu „Linderhof“ und zuletzt für die französische Architektur des großen Sonnenkönigs zu „Herrenchiemsee“. Alles war also höchst eigenwillig, persönlich und verschiedenartig ausgedacht.

Während des Krieges mit Frankreich gingen die Arbeiten ruhig weiter. Schon damals weilte der Monarch als Einsiedler die meiste Zeit des Jahres in Hohenschwangau. Hier empfing er die Abgesandten Bismarcks, hier erwartete er nach dem Friedensschluß von 1871 den deutschen Kaiser und ein Jahr später auch den deutschen Kronprinzen. Die Baulust war längst seine „Hauptlebensfreude“ geworden!

Im August 1873 war der Torbau aus gelbem Bayreuther Sandstein, einstöckig, von zwei Türmen flankiert, fertiggestellt und erhielt über der Pförtnertür die Überschrift über einem skulpierten Hund:

„Bei Tag und Nacht die Treue wacht!“

(Leider war es später ganz anders um diese gewünschte Treue gegen den König bestellt!)

Voll Freude konnte nun der königliche Bauherr die behelfsmäßig für seinen Bedarf hergerichteten Räume beziehen, die Weiterausführung aller Arbeiten fortan selbst überwachen, und das mitunter wochenlang. Immer von neuem spornte er seine tüchtigen Mitarbeiter an, drängte rast- und ruhelos, bis die Arbeiten am Hauptbau im Dezember 1880 ein halbes Jahr lang stillgelegt werden mußten wegen verschiedener Vorkommnisse und Streitigkeiten unter den bauausführenden Vorgesetzten selbst. Es ist wahr, daß damals einiges nicht gestimmt hat. Es sind unglaubliche Dinge vorgekommen, die man schnellstens vor der Öffentlichkeit zugedeckt hat. Denn wenn heute, nach einem halben Jahrhundert, wichtige Pfeiler des Schlosses schon neu unterfangen werden mußten, so ist das ein schlechtes Zeugnis für eine zuverlässige, ehrliche Bauausführung. Eigentlich beginnt hier schon die ganze Königskatastrophe praktisch: Ludwig hielt unter einem schicksalhaften Zwang Leute bei sich und in seiner Gunst, die gegen ihn standen, und andere, die mitunter seine Getreuesten waren, ließ er fallen!

Als die Arbeiten im Herbst 1881 endlich wieder fortgesetzt werden konnten, mußte sogar an Sonntagen weitergebaut werden. Der König konnte keine Störung mehr ertragen und gönnte jetzt fremden Augen sein Geheimnis nicht mehr, denn der Bau wurde vollkommen abgesperrt. Der König will einsam und allein bleiben, will sein Werk nur noch für sich haben und genießen!

So wuchs Neuschwanstein als romanischer Burgbau heran, eine zweite Wartburg, 1008 Meter hoch, eine mächtig getürmte Feste mit fünf Stockwerken, 200 Meter über der Talsohle. Den oberen Schloßhof umzogen drei hohe Bauten: der Ritterbau, die Kemenate und der Palas als Herrenhaus und eigentlicher Burgsitz. Das riesige Dach wurde mit Kupferplatten belegt. (Siehe Bild Nr. 14.)

Dann ging es zur Ausschmückung des Innern. Ludwig war in seiner Jugendzeit auf Hohenschwangau von den romantischen Bildern der mittelalterlichen Sage umgeben. Anschließend an diese Ausschmückung seines väterlichen Schlosses ließ er nun in seiner romantischen Burg die Schwanen- und Nibelungensage bedeutend vervollkommnet darstellen. Während in Hohenschwangau nur drei Zimmer der romantischen Dichtung gewidmet sind und die übrigen Gemälde sich auf die Geschichte Bayerns und des Wittelsbacher Hauses beziehen sollten, erhielt die neue Idealburg ihrer Bestimmung gemäß einen ganzen Zyklus von Bildern aus den sinnigsten Dichtungen der romantischen Kunstepoche. Das Historische daran bezog sich lediglich auf die Minnesänger und die Bedeutung der Religion für den Thron, während die Sagen nicht nach Wagnerschen Operntexten, sondern meist nach alten Dichtungen dargestellt wurden. Immerhin spiegelt sich die große einzigartige Freundschaft zu Richard Wagner gleich in diesem ersten Schloßbau wider in engster romantischer Verbundenheit mit der Märchenpracht der Sagen. Denn durch Wagner hatte der König erst den Übergang zu diesen echten deutschen Sagen gefunden und lebt sich nun darin vollständig aus. Immer wieder stößt man auf Erinnerungen aus Wagners Opernkreis.

Der Phantasie der schaffenden Künstler gewährte der Bauherr freiesten Spielraum, und nur so konnte die geschickte, fast raffinierte Verbindung strenger Geschichte mit der mittelalterlichen Sage in der Ausschmückung der einzelnen Räume und Säle großartig gelingen. Mit den Gemälden hat der Bauherr ein für allemal seine ausgeprägte Vorliebe für einen sinnigen dekorativen Schmuck bewiesen, mit der Ausstattung der einzelnen Gemächer hat er die kunstgewerblichen Arbeiten im eigenen Lande, besonders in der Residenzstadt München, gefördert wie keiner vor ihm! Dafür allein schon sollte ihm das ganze bayrische Volk ewig dankbar sein!

Wunderbar ausgedacht war von ihm die Wirkung der Farbenpracht: grün und gold das Arbeitszimmer, blau und weiß (seine liebsten Farben) das Wohnzimmer (siehe Bild Nr. 15), violett (also zwischen Tag und Traum) das Ankleidezimmer, in sattem Lapislazuliblau unter Goldranken das Schlafzimmer, weinrot (also etwas sinnlich) das Speisezimmer. Das alles war so ganz nach Ludwigs Geschmack. Da konnte ihm keiner sogleich die Hand reichen. Denn auf diesem Gebiete war er zu Hause wie kein zweiter Meister vor oder nach ihm.

Die Bilder in seinen Gemächern aber sollten erzählen und wurden so Schaustücke für sich, jedes einzelne! In der Vorhalle des dritten Stockwerks ist die gesamte Sigurdsage in der altnordischen Fassung unserer Siegfriedsage untergebracht. Ein Held wird gefeiert, der in den Frühlingsjahren die feuerumwallte schlafende Jungfrau befreit, jedoch durch fruchtlose Verlobung und Täuschung fällt. Im Arbeitszimmer betont die Tannhäusersage den Hang zum alten Heidentum und die Strenge der christlichen Geistlichkeit selbst gegen Reuige. Im anschließenden Wohnzimmer diente die Lohengrinsage nach dem Gedicht „Lohengrin" aus dem Ende des dreizehnten Jahrhunderts zur Ausschmückung, während das Ankleidezimmer in angenehmer Abwechslung einmal ganz heiter abgestimmt wurde durch Gemälde aus dem Leben des Minnesängers Walther von der Vogelweide und des Meistersingers Hans Sachs. Im Schlafzimmer, wo sich der einsame König den ganzen Tag über in voller Menschenscheu aufhielt, gesellte sich Tristan zu ihm und sprach ihm Trost zu in gleichem Herzeleid. Dieses Gemach ist wohl am besten gelungen, von größter Schönheit, im spätgotischen Stil. Fein getäfelt der Plafond, reichste Holzschnitzerei am Aufsatz des großen Baldachinbetts, feinste Stickerei an der Decke mit dem bayrischen Rautenwappen, köstlich der aus Kupfer getriebene Waschtisch mit den gewundenen Säulen und mit den Schwänen auf den obersten Pfeilerchen. Originell, wie ein silberner Schwan unten über dem Tisch Wasser spendet, das vom anderthalb Stunden entfernten Säulingbach hergeleitet wurde, großartig gerade im Schlafzimmer morgens die Aussicht vom Balkon auf die Pöllatschlucht, stimmungsvoll daselbst in der Abenddämmerung die Erker, die dann durch eine blaue Glasampel erhellt wurden! – (Siehe Bild Nr. 16.) Die Wände des Speisezimmers zeigen Gobelinmalereien mit Szenen aus dem mythischen Sängerkriege auf der Wartburg. Hier sind besonders schön die Möbel gezeichnet, während die Sammetdecken und die seidenen Vorhänge und Möbelstoffe in der Zimmerfarbe des Bordeauxrot die ganze Stimmung des Raumes noch erhöhen. (Siehe Bild Nr. 17.)

In dem edelsten Bau, dem großen Thronsaal mit basilikaartiger Kuppel, ganz in einem ideal romanischen Stil gehalten, finden sich Szenen aus dem Alten Testament und die Christusgeschichte. Dieser Thronsaal ist in seiner Wirkung schon nicht mehr höfisch, sondern ganz herrisch-byzantinisch zu nennen. 20 Meter lang, 12 Meter breit und 13 Meter hoch ist er eine Festbühne für sich. Der Fußboden ist ein einziges großes Mosaik, die Erde mit Tieren und Pflanzungen darstellend. Oben ein Himmel mit dem Gold der Sonne und unzähligen Sternen inmitten von Ewigkeitsblau, das aus der mächtigen Kuppel strahlt. Die Wände verbinden Himmel und Erde. Neun weiße Marmorstufen führen hinauf zu einer Stelle, wo sich der Thron erheben sollte als eine Art Altar des Gottesgnadentums. Sechs heiliggesprochene Könige auf goldenem Grund schließen sich ein, über allem aber steht Christus als höchster Gesetzgeber und König aller Könige! Während der vergoldete Kronleuchter erst nach des Königs Tode eingesetzt wurde, fehlt der Thron aus Gold und Elfenbein bis zum heutigen Tage. (Siehe Bild Nr. 18.)

Kommt man schließlich in das vierte Stockwerk, so stößt man gleich am Eingang in die säulengeschmückte Vorhalle auf eine beschuppte Säule mit Palmenkrone, von einem Drachen angegiftet, deren Aufstellung der König ganz persönlich angeordnet hatte. Im Treppenvorplatz findet man die Gudrunsage nach den Liedern der Edda, deren Gudrun bekanntlich mit dem deutschen Epos nichts weiter gemein hat als nur den Namen. Im Tribünengang schließen sich Gemälde aus der Parzivaldichtung des Wolfram von Eschenbach an, dem höchsten, 1120 vollendeten Kunstgedicht des deutschen Mittelalters. Dann nach dieser vorbereitenden Stimmung überrascht der Festsaal selbst mit Sängerlaube als eine glänzend gelungene Nachahmung des großen Wartburgsaales und des von Wolfram beschriebenen Gralsaales, von herrlichster architektonischer Wirkung besonders bei Morgengrauen, wunderbar ausgeschmückt mit Kompositionen zu Wolfram von Eschenbachs Parzival von dem Hofdekorationsmaler August Spieß. Für die nächtliche Beleuchtung dieses Sängersaales sollten 616 Kerzen sorgen, nämlich 4 Kronleuchter zu 54 Kerzen, sechs kleinere und an den Längsseiten je 5 bronzevergoldete, mit farbigen Steinen und Gläsern besetzte Kandelaber zu 25 Kerzen. Hier regiert Parzival! (Siehe Bild Nr. 19.)

Damit war der Zyklus der Ideale des ritterlichen und königlichen Lebens im Mittelalter abgeschlossen. Viele werden fragen, warum das viele Aufeinander, warum ein solches Durcheinander, wo bleibt da der klare Gedankengang? Der innere Gehalt dieser Bilder selbst, den der schöne romanische Burgbau ungemein erhöht, gibt vielleicht die beste Antwort darauf, wie fein die reiche Phantasie des Königs in ihrer Einsamkeit dachte und malte! Unter seiner Oberleitung mußten die Motive der einzelnen Sagen aufs genaueste herausgearbeitet werden. Nach vielen Änderungen leuchten sie heute wie ein Kristall für den Eingeweihten heraus: in der Sigurdsage der Sieg über den das Gold der dunklen Geister behütenden Drachen und das Durchschreiten der Flamme zur Rettung der Walküre – in der Tannhäusersage der Hang zum Genuß des heidnischen Liebeslebens, den die Kirche nicht zu vergeben vermag – in der Lohengrinsage der vom heiligen Gral gesandte Erlöser, den der Unglaube zur Rückkehr nötigt – in „Tristan“ der Zauberrausch der ritterlichen Liebe – im Wartburgsängerkrieg die Vorzüge des Fürsten und die dunklen Lebensrätsel – in der Gudrunsage die Strafe der Rache – und in der Parzivalsage endlich das Durchkämpfen durch Irrtum und Zweifel bis zur Genossenschaft des Grals, der Obhut der Schale mit dem Blute des Erlösers, deren gläubiges Ansehen das wahre Glück verleiht und dem Tode seine Macht nimmt, und deren Macht wiederum die Erlösung durch aufopfernde Liebe zusichert. –

So entstand im Schwangau wie ein Riese, gleich einem weißen Wunder, geheimnisvoll wie ein Wolkenheim, dieser einzigartige Bau, „Neuschwanstein“ genannt. Man muß das schon erlebt haben, wenn ringsum die Nebel lagern und diese Burg aus dem Schleier wie ein Gespenst ganz langsam hervortritt, fast unwirklich, ein entrücktes Wahngebild! Und es bleibt zu bedauern, daß der Bau nicht vollendet werden konnte „dank“ des traurigen Gegenspiels einiger Minister. Nicht einmal der vorgesehene Bergfried konnte aus den vorgezeichneten Grundfesten herauswachsen.

Und doch gilt dieses Wunder einer Burg als der edelste Schloßbau der Neuzeit überhaupt und ist zu einer weltberühmten Sehenswürdigkeit geworden. Die Schönheit von Natur und Kunst, Schönheit, geschaffen von Menschenhänden, in Verbindung mit Schönheit des Schöpfers unseres Weltalls ist selten auf Erden so vollendet aufeinander abgestimmt. Auch seine beiden anderen Bauten stellte der König in die Umgebung von größter landschaftlicher Schönheit, getreu den Baumeistern der Vorzeit, deren Geheimnis er wiederentdeckte und wiedererneuern wollte zum Ansporn für eine bessere Zukunft. Doppelt grausam ging das Schicksal mit dem unglücklichen Bauherrn um, der gerade in seiner schönsten Arbeit, seiner Wunderburg „Neuschwanstein", Glück und Thron verlieren sollte! Fünfzehn Jahre hat er daran arbeiten lassen, um dann nur zwei schnell dahinfließende Jahre drin leben zu dürfen und schließlich aus seinem „Walhall" abgeführt zu werden wie ein Schwerverbrecher!

Einer unter den vielen Mitarbeitern war es, der wohl am feinsten auf die königlichen Gedanken und Ausschmükkungen einzugehen verstand, sie in seinen Gemälden Wirklichkeit werden ließ: es war der Hofdekorationsmaler August Spieß, von dem die wunderbaren Parzivalgemälde im Sängersaal stammen. Des Monarchen frühere Begeisterung für Siegfried war schnell überholt, als er sich mit dem Geist der tiefsinnigen Dichtungen eines Wolfram von Eschenbach beschäftigte. Je mehr er sich darin versenkte, desto stärker wandte er sich von Siegfried ab, der für ihn nur noch ein Held für Empfindungen mit irdischer Erhabenheit blieb. Parzival dagegen lenkte den Blick zum

Himmel, er ist der größere von beiden, weil er sich vor überirdischer Macht in Demut zu beugen wußte. Siegfried riß kraft seiner irdischen Eigenschaften gewaltsam die Herrschaft auf Erden an sich; Parzival wird sie zuteil kraft seiner Demut. Und diese besondere innerliche Art des religiösen Problems hat Spieß in seinen Malereien so klassisch herausmotiviert, daß der König ihn über alles loben konnte und eine ganz besondere Freude für sein Malergenie ausdachte.

Eines Abends ging er mit ihm allein – ganz gegen seine Gewohnheit – durch die dunklen Gänge seines Naturparkes und stieg mit ihm allein in dieser Sternennacht hinauf zur 90 Meter hohen Marienbrücke. Gegenüber ragte der schwarze Umriß der Burg unheimlich heraus. In der nächsten Minute schon erklang ein Akkord von Waldhörnern. Was war das eben? Erhellte sich nicht drüben an den weißen Mauern da und dort ein Fenster? Eilten jetzt nicht Lichtelfen durch die Gemächer der Burg? Mit einem Zauberschlage stand plötzlich die ganze Burg im Glanze vieler hundert Lichter, erstrahlte in ihrem weißen Glanze, leuchtete hinüber zu den beiden einsamen Wanderern der Nacht auf der Marienbrücke. Drunten rauschte funkelnd die schäumende Pöllat. Da rief der sonst so zurückhaltende, bescheidene Maler begeistert aus:

„Und jetzt in diesen Fluß sich werfen, mit diesem letzten Bild aus einer irdischen Welt hinausschwimmen in die deutschen Gaue und dann aller Welt draußen verkünden den Ruhm eines großen Zauberers, den unsterblichen Ruhm *Eurer Majestät* –!"

Bild 17: Schloß Neuschwanstein – Speisezimmer
Neuschwanstein Castle – Private Dining-room

Bild 18: Schloß Neuschwanstein – Thronsaal
Neuschwanstein Castle – State Reception Hall

Bild 19: Schloß Neuschwanstein – Sängersaal (Galerieseite)
Neuschwanstein Castle: Great Music Room, showing Musicians' Gallery

Des Königs Mund blieb stumm, er nickte nur mit dem Kopfe und sah noch lange in dieser Stunde auf den überwältigten Maler, seinen einzigen Begleiter, den Künstler von Gottes Gnaden. –

Eine andere ähnliche Überraschung war der Befehl vom 15. August 1885 an das Hofmarschallamt in München, der eine künstliche Beleuchtung der Pöllatschlucht am Fuße der Burg verlangte. Der königliche Wille blieb jeder Einwendung unzugänglich, und so mußte der Beleuchtungsmeister des Münchener Hoftheaters die notwendigen Vorbereitungen in die Wege leiten.

Kaum war alles hergerichtet, da kam ein weiterer königlicher Befehl, der zur elektrischen auch noch eine bengalische Beleuchtung der Schlucht verlangte. 120 Steingutkrüge wurden gefüllt, Zinkplatten und Kohlezylinder wurden befestigt, je 60 der so gewonnenen Elemente hintereinandergeschaltet und alles so verborgen aufgestellt, daß von der Burg aus weder die Bedienungsmannschaften noch die Apparate gesehen werden konnten. Dann wurden die bengalischen Feuer und die Raketen im schweren Berg- und Felsgelände ringsum verteilt.

Der König weilte zur selben Zeit in der einsamen Herberge Fernstein, wo er mit den biederen einfachen Wirtsleuten gespeist und sich aufs freundlichste unterhalten hatte. Erst spät abends wurde die eilige Rückfahrt über Reutte, vorbei an den altersgrauen Ruinen der Ehrenberger Klause, angetreten. Im Park vor Hohenschwangau wurde gehalten und dann noch eine Kahnfahrt über den stillen Alpsee veranstaltet. Erst gegen zwei Uhr nach Mitternacht fuhr der aufs äußerste gespannte Einsiedler mit dem Viererzug vor dem Portal seiner Burg vor. Wenige Minuten später stand er, einsam wie immer, unnahbar auf dem Balkon seines Hauses – und schon flammten die Lichtkegel auf, warfen die Helligkeit mehrerer tausend Kerzen auf den Wasserstaub des Pöllatfalles, kletterten an den Felsen hoch und zeigten dem Beschauer die Marienbrücke als ein Filigranwerk, das Nacht mit Nacht und Dunkelheit mit Dunkelheit verbindet. Dann erst durften sich die bengalischen Feuer entzünden. Raketen stiegen zum Himmel, zersprangen in farbigen Kugeln oder warfen ihre Flammengarben in die Schlucht zurück. Die Fenster der Burg aber blieben dunkel. Drinnen suchte ein Ruheloser Frieden mit sich, ein Einsamer hatte sich wieder einmal in die fernen Reiche des Märchens von Tausendundeiner Nacht geflüchtet und sich seine Sinne betäuben lassen. Als es langsam Tag werden wollte, träumte dieser große Einsame noch immer in seinem Prunkbett von einer schöneren, anderen Welt! –

War dieser König wirklich so einsam in seinen Bergen? War nicht eine ganze Welt voll glänzender und lichter Freude um ihn? Kann man und wird man es endlich in unseren Tagen verstehen, was eine kleinliche Welt des neunzehnten Jahrhunderts nicht begreifen konnte oder wollte, daß und warum dieser König einsam in einer lichten, reinen und edlen Bergeswelt tausendmal lieber blieb als in der kalten, steinernen Residenz mit kleinlichen Ministern, mißgünstigen Hofräten und arglistigen Staatssekretären? Hier oben auf Neuschwanstein feierte die Schönheit ihre höchsten Triumphe, dort unten im Tiefland aber wühlte Neid, Untreue und Verrat weiter gegen einen königlichen Willen.

Wie haben einst andere Neuschwanstein verwünscht und diese Burg als Ruin des Landes Bayern hingestellt! Heute ist es so, daß selbst Kunsthistoriker diesen Bau als den glücklichsten und deutschesten eines Fürsten überhaupt ansehen. Wie stolz wird er heute gepriesen als Brennpunkt einer Welt! Wir wollen nicht wissen, wieviel hunderttausend Mark Reinüberschuß er an Eintrittsgeldern zugunsten des bayrischen Staates abwirft; uns mag die Tatsache genügen, daß die einstige harte Arbeit und das heiße Ringen um eine Idee sich trotz allem doch noch in Gold und Unsterblichkeit gewandelt haben.

Schön wie in einem Märchen, verwunschen wie ein Märchen selbst – so schaut heute die Burg ins Tal und grüßt die Millionen Besucher aus aller Herren Ländern als Vermächtnis und Denkmal eines Mannes, der viel mehr war als nur ein König! Blickt man hinauf zu dieser Wunderburg, dann ist einem, als müsse jeden Augenblick ihr Erbauer am Fenster erscheinen und mit seinem gütigen Blick die Landschaft grüßen: die Felsenschlucht in der Tiefe mit der noch immer grollenden, donnernden Pöllat, die Steilwände in der Höhe des Säuling, die smaragdenen Seen in der Ferne, das väterliche Schloß gegenüber, den grünen reißenden Lechfluß, saftige Wiesen und Felder im weiten Schwanengau!

Und zurück bleibt die tiefe Tragik: kein rauschendes Fest schlug hier je seine Wellen, kein Frauenlachen klang durch die Wände dort droben. Umgeben von stummen Vasallen ging nur immer ein Einsamer durch die goldenen Hallen und rief nach Gefallen die Geister seiner Welt an seine Tafelrunde, um mit ihnen nach Herzenslust zu plaudern, bis die bitterste aller Nöte hier steil emporstieg und vergebens nach einem Ausweg suchte. Das Tor, welches über zehn volle Jahre einen heimlich überglücklichen König kommen und frohlocken sah, ließ einen verzweifelten, zertretenen Menschen Abschied nehmen, der hier oben sein einsames Glück gesucht und beinahe seinen Tod gefunden hätte!

7. Der Zauber um Schloß Linderhof

Zur selben Zeit, als der König die Pläne zur wuchtigen Felsenburg erwog, beschäftigten ihn Ideen zu einem Gegenstück, der Errichtung eines idyllischen Lustschlosses in Waldeinsamkeit. Zur selben Zeit, als im Lechtal auf dem vom Säuling losgesprengten Schwanstein die Gralsburg emporstieg, wuchsen im Graswangtal die Mauern des „Linderhof" aus der Erde.

Auch hier haben sich die Dinge aus kleinsten, bedeutungslosen Anfängen entwickelt: aus dem Schlafzimmeranbau an eine alte Jagdhütte wurde ein villenartiges Prunkschloß mit einem großen Garten, mit Lauben und einer Grotte, mit Tempeln und Wasserkünsten. Der Vater Maximilian hatte eine Meile oberhalb Ammergau in 938 Meter Höhe ein schlichtes Jagdhaus zurückgelassen, das zwar innen etwas anspruchsvoller mit Ahornmöbeln ausstaffiert und ganz auf blau-weiß abgestimmt war, indes die verfeinerten Sinne des Sohnes auf die Dauer ebensowenig befriedigen konnte wie die alte Ritterburg von Hohenschwangau.

Langsam keimte in Ludwig II. der Wunsch auf, im duftigen, unentweihten, menschenarmen Graswangtal, in schweigsamer Waldöde einen Schmuckkasten hinzusetzen mit einem Prunk, der bis ins einzelne auserdacht werden sollte. Ein zweites Trianon des großen Sonnenkönigs Louis XIV. sollte hier erstehen!

Zuerst wollte er nur einen kleinen Pavillon bauen und einen nicht zu großen Garten im Renaissancestil anlegen lassen, in ganz bescheidenen Dimensionen. Zuerst verlangte er nur nach drei etwas reicher und eleganter ausgestatteten Zimmern. Auch die dazu benötigten Dienstwohnungen sollten einen ganz einfachen Charakter tragen. Aber dabei blieb es nun einmal nicht, und das war verständlich. Mit den Jahren wuchs die Baulust zur Hauptlebensfreude heran, fieberhaft ging ein Monarch bestimmten Plänen nach, wie er sein Königreich vorbildlich für eine Nachwelt ausschmücken könnte.

Besorgt sprach man in der Residenz von den hohen Kostenanschlägen. Ludwig mußte als König (!) seinen Ministern, denen jede Initiative abging, versprechen, später um so mehr sparen zu wollen, sobald sein Wunschgebilde Wirklichkeit geworden. Endlich gingen Abgesandte nach Paris, Versailles, Petit Trianon, wohin der König dann später selbst drei Reisen unternahm. Nachdem er sich für Dollmanns Entwurf mit einzelnen eigenen Abänderungen entschieden und diesem die Bauleitung übertragen war, wurde abgemessen, der Grundstein gelegt und die Bauaufsicht vom stillen Försterhaus ausgeübt. Auch hier beteiligte sich Ludwig an allem beständig und eingehendst. Er war eifrig bestrebt, die gesamte einschlägige Literatur kennenzulernen und sie den Architekten und Künstlern mitzuteilen. Seine Privatbibliothek, die Residenzbibliothek und die Antiquare genügten ihm nicht. Täglich entdeckte er neue Lücken seines Wissens und begehrte Werke aller Art, über den französischen Baustil, die Gärten von Versailles, die russisch-byzantinischen Altertümer, die Kaiserpaläste, den Münchener Hof unter Karl Albert, das große Zeremoniarbuch, über Krönungen usw. Ihm sollte keiner etwas vormachen!

Beschwerlich war das Heranschaffen des Materials von Murnau her. Aber je schwieriger sich die Ausführung all der vielen Pläne gestaltete, desto eiliger drängte der Bauherr auf Verwirklichung seiner Absichten, die er mehrmals änderte. Obwohl Ludwig einen allgemein anerkannten Blick für Totalwirkungen besaß, mußten doch Teilmauern aufgeführt, vergrößert und dann wieder abgebrochen werden, nur um zu sehen, wie sich das Ganze am wirkungsvollsten in der Umgebung ausnehmen würde. Das verschlang naturgemäß riesige Baukosten, die nicht vorgesehen waren, dafür aber etwas außergewöhnlich Kunstsinniges, in der Welt einzig Dastehendes einer verständigeren Nachwelt zurückließen.

„Es soll gewissermaßen ein Tempel des Ruhmes werden, worin ich das Andenken an Louis XIV. feiern will!“, das war der Grundgedanke. Mitten in Wald und Wildnis wurde begonnen. Nach zehn Jahren stand ein Rokokobau mit einem Erdgeschoß und einem Stockwerk da, mit vergoldeten Gittern, seidenen Tapeten und Prachtmöbeln, umgeben von Meisterwerken der Hartkunst, von Blumenteppichen, Terrassen und Laubspalieren, mit riesigen Wasserstrahlen, die aus Felsenbrunnen hervorstiegen, mit weißen Götterbildern, die durch das Laubwerk hindurchschimmern, mit Gemälden, welche zeigen, wie sich der Schloßherr in die Welt des vierzehnten und fünfzehnten Jahrhunderts, in die Welt des Sonnenkönigs von Frankreich hineinzuträumen verstand, mit einer ganz großartigen Landschaftskulisse ringsum. Es ist das einzige Schloß geworden, welches Ludwig vollendet erleben durfte, und das war im Jahre 1878. Heute kommt man sich wie verwunschen in diesem Zauberhaine vor. (Vgl. Bild Nr. 20.)

Gleich beim Eintritt fällt der Blick auf das Reiterstandbild des Sonnenkönigs, wie er gebieterisch als römischer Zwingherr dasteht. An der Decke des Flurs steht der bourbonische Wahlspruch: „Nec pluribus impar!“ Zehn Säle enthält das Schloß. Das Schlafzimmer mußte während der Bauzeit dreimal vergrößert werden, und doch ist die Krone des Ganzen das wundervolle Spiegelzimmer mit seiner verblüffenden Wirkung geworden: ein einzigartiger kunstvoller Scheinsieg über den Raum.

In den Sälen selbst warten aller Herren Länder mit den mannigfaltigsten Kunstgegenständen auf: die Möbel sind zum Teil aus Rosenholz angefertigt, die reich geschnitzten Türen und die Wände sind reich vergoldet, chinesische und japanische Porzellanwaren, Majolika- und Bronzearbeiten sowie das herrlichste Meißener Porzellan, das man sich denken kann, stehen auf goldenen Konsolen. Mit Edelsteinen wurde das versilberte und vergoldete Hausgerät verziert, aus Sammet und Seide die Möbelstoffe, Gardinen und Portieren gefertigt, mit Goldstickereien die Vorhänge und Decken übersät. In den größeren Sälen hängen oder

Bild 20: Schloß Linderhof
Linderhof Castle

Bild 21: Schloß Linderhof – Schlafzimmer
Linderhof Castle – Kings Bedroom

stehen Leuchtkronen und Leuchter aus massivem Gold – eine ganze Welt war aufgeboten! (Vgl. Bild Nr. 21.)

Die ganze Prachtwirkung ist in erster Linie auf milde Kerzenbeleuchtung berechnet. Im Speisezimmer wurde dem König ein lange gehegter Wunsch vergönnt, allein an einem goldenen Tische speisen zu dürfen, der lautlos aus der Tiefe hervorkam und lautlos wieder verschwand. So nur wurde er von keinem gestört und vermied den Anblick einer „geschwätzigen Dienerschaft". Die Idee mit dem Versenktischchen, dem „Tischlein, deck dich!", stammt ebenfalls aus Frankreich. Hofmechaniker Loriot ist der Erfinder. Ein solches Tischchen hatte jeder Tafelgenosse unter dem Sonnenkönig vor sich. Man brauchte nur die gewünschten Speisen und Getränke auf einen Zettel zu schreiben, diesen auf die Tischplatte zu legen und dann auf eine Sprungfeder zu drücken, worauf ein solcher Tisch in der Tiefe verschwand und schnell mit dem Gewünschten wieder emporstieg. „Allein speisen ist unbedingt besser als in gleichgültiger oder gar unsympathischer Gesellschaft!", soll Ludwig einmal gesagt haben. Im Geiste speiste er nicht allein, sondern lud geheimnisvoll diejenigen Persönlichkeiten an seine Tafel, die ihm wirklich zusagten. Rings um den Tisch mußten immer mehrere gestickte Sessel stehen. Wenn ein Diener hereingekommen wäre, so hätte dieser zwar nur den König allein speisen sehen. Der aber erblickte in seinen Gedanken eine auserlesene Gesellschaft um sich, mit der er sich französisch unterhielt. Ihm zur Rechten saß Marquise de Pompadour, zur Linken Madame de Maintenon, gegenüber die Majestäten Louis XIV. und XV. Eine glänzende Hofgesellschaft grüßte aus den Wandbildern auf ihn nieder. So vergingen Ludwig II. die Tage in „Linderhof“. (Vgl. Bild Nr. 22.)

Einzigartig wie dieser ganze Bau des Schlosses, zauberhaft wie die Blumenanlagen und Terrassen, die ihn umgeben – ein Springbrunnen wirft noch heute seine Strahlen 50 Meter hoch in die Luft –, so auch ist oberhalb der Kaskaden die sogenannte „Blaue Grotte“, eine weite Höhlung mit Vorgrotte, riesiger Mittelgrotte und kleiner Hintergrotte. Ihr Eingang ist von außen überhaupt nicht erkennbar, weil er durch drehbare Felsstücke vollständig versteckt liegt.

Diese Grotte, von Landschaftsplastiker Dirigl zu einem Zauberstück für sich künstlich ausgebildet, ist der blauen Grotte Capris nachgeahmt, enthält aber nicht nur das blaue Licht, sondern einen wunderbar magischen Wechsel vom Blau ins Rot, Rosa, Gelb und Violett. Zwar hatte der König die Insel Capri nie gesehen, nur von ihr gelesen. Seine rege Phantasie sorgte aber dafür, daß auch dies Gebilde, dessen Ausführung fast unfaßbar erscheint, in die Wirklichkeit umgesetzt wurde. Die unterirdische Herrlichkeit wurde von ihm nur nachts aufgesucht.

Jedesmal, wenn der König mit einem Diener diese Grotte betrat, zogen zwei stolze Schwäne über die Fluten des kleinen Sees daher, blähten ihre Fittiche, reckten die schlanken Hälse. Auf einen Wink reichte der Diener ein Körbchen aus Golddraht, aus dem Ludwig kleine Stückchen eines feinen Weißbrotes, das eigens für seine Lieblinge gebacken werden mußte, nahm und ihnen reichte. Dann bestieg er den prunkvollen Muschelkahn mit dem kleinen neckischen Liebesgott an der Spitze. Reinstes Azurblau flimmerte im Raum über zerklüftete Felsen und das große Tannhäuserbild im Hintergrund. Das Seewasser reflektierte bald das tiefe Blau eines Pfauenauges, bald den Reiz eines Vergißmeinnicht-Blau. Die im See sich so widerspiegelnden Farben mischten sich magisch-schleierhaft mit dem Glanze des goldenen und silbernen Muschelkahns. Zehn Minuten lang besichtigte Se. Majestät bei seiner Kurzsichtigkeit mit einem Opernglas die verschiedenartige Lichtwirkung, die nun folgte.

Auf einen zweiten Wink – gesprochen wurde kein Wort – trat der Diener in den Nachen und ruderte leise über die künstlich bewegte Wasserfläche. In diesem Augenblick verwandelte sich das Azurblau des ganzen Raumes in ein purpurrotes Glühen, zuerst noch ganz dunkel: es war das Glühen der Mitternachtssonne im hohen Norden, welches die Eisgefilde belebend überstrahlte. Allmählich ging es über in zartestes Rosa, um den erwachenden Morgen vorzutäuschen. Es leuchteten die Felsen und Tropfsteinsäulen wie Rubinen. Verzaubert saß der einsame König auf dem Polster seines Korallensitzes und blickte nach der gewaltigen Malerei im Hintergrund. Wie herrlich lag da der Venusberg mit den scherzenden Nymphen und Grazien, den reizenden Liebesgöttern, wie verführerisch thronte da die Göttin der Liebe, wie tugendvergessen lag Tannhäuser zu ihren Füßen!

Wieder waren zehn Minuten vergangen, da erstrahlte

der Raum in tiefgrüner Beleuchtung und zauberte einen dämmerigen Walddom mit Säulen hervor, den hereinbrechenden Sonnentag vortäuschend. Leises Rauschen ließ sich vernehmen, wurde stärker, kam immer näher, hallte von den Wänden wider, brach urplötzlich in herrlichem Sturze hervor aus verborgenen Felsenspalten und stürzte sich als brausender Wasserfall jubelnd in den See. Des Königs Phantasie geriet in höchstes Entzücken, die Silberschwäne flatterten auf. (Vgl. Bild Nr. 23.)

Dunkelrot erglühte nun die Felsenkluft, aus der das Wasser schoß, hellgelber Glanz erfüllte die Grotte. Die niederstürzenden Wogen funkelten wie flüssiges Gold und erstarrten langsam zu Eis; aus dem strahlenden Sonnentag wurde starre Wintersruhe, Frost breitete sich ringsum aus. Die Schwäne schwammen wieder ruhig um den Kahn her. Das grelle Lichtermeer ging zum Schluß über in den Prismenzauber eines Regenbogens, der sich mit seinen sieben Farben unmerklich langsam über dem Venusberg-Bild wölbte und wie jene Rheingoldbrücke leuchtete, welche die Götter beschreiten, wenn sie von Walhall zur Erde und wieder aufwärts zu ihren Bergeshöhen steigen.

In dem Augenblick, als die Farben leise erlöschen, verlassen den König seine wehmütigen Träume. Das Märchen der Grotte ist zu Ende...

Nur sehr wenigen Menschen, die sich einer besonderen Gunst erfreuten, wurde die höchste Auszeichnung zuteil, mit dem Monarchen den stillen, geweihten Platz zu betreten und mit ihm dort zu Gast zu sein. Hier, an dieser passenden Stätte, sollte einmal der Anfang der Oper „Tannhäuser“ aufgeführt werden. Leider wurde diese Freude vereitelt durch das anhaltende häßliche Gerede in der öffentlichen Meinung und durch die nun einmal notwendige große Menschenmenge, die hätte aufgeboten werden müssen. Das Wunder des Hörselberges im phantastischen Rahmen seiner Zaubergrotte durfte der König niemals schauen!

Nahe beim Schloß, im Duft reicher Blumenbeete, steht eine vielhundertjährige Linde. Eine Treppe führte hinauf in die Gabelung, die mit Bänken und einem Tisch ausgestattet war. Dorthin flüchtete der Einsame, wenn Schwermut ihn drückte, und war verklärt, wenn er von dort oben das milde Kerzenlicht im Schloß erblickte in Verbindung mit der heiteren Gartenpracht der Anlagen, war entzückt, wenn er die Wassergarben des rauschenden Springbrunnens hörte. Dort oben empfing er oft zu frühester Morgenstunde den ersten feierlichen Gruß der Berge, welche sein Juwel im Graswangtal so treu behüteten.

Doch nicht genug davon! Auch noch andere Wünsche mußten erfüllt werden, zumal sie nicht mit allzu hohen Geldausgaben verknüpft waren. Studien über Land, Leben und Leute in Marokko veranlaßten den König, unweit der Grotte ein marokkanisches Haus in Form eines Kiosks erstehen zu lassen und mit Sultanspracht auszustatten. Buntfarbige Fenster, Teppiche, ein Marmorbrunnen, Diwan, Stühle mit Perlmutter eingelegt, waren darin besondere Einrichtungen. Als Gegenstück zum lebenden Schwan in der Blauen Grotte herrscht hier der Pfau in drei edelsteinverzierten Bronzestücken. In diesem Haus durften die Diener nur in afrikanischen Gewändern erscheinen, damit sein Herr den Anblick eines lebenden maurischen Bildes hatte und die Stimmung in keiner Weise gestört wurde.

Weiter versteckt im Walde, in Richtung Ammerwald, an der Tiroler Grenze, wurde auf Wagners Wunsch die „Hundingshütte“ errichtet, zu der eine Regieanweisung aus der „Walküre“ die Kulissen bestimmte. Hier in dieser urwüchsig gestalteten Holzhütte, in wildromantischer Einsamkeit zu Füßen der himmelanstrebenden Geierköpfe und der Kreuzspitze feierte der König gar oft mit seiner Dienerschaft ein Trinkgelage nach altgermanischem Vorbild. Und in dieser Neugestaltung einer germanischen Siedlung wollte er gar zu gern einmal den ersten Akt der „Walküre“ aufführen lassen. Leider wurde auch dieser Plan aus irgendeinem nicht näher bekannten Grunde immer wieder vereitelt. (Vgl. Bild Nr. 24.)

Unweit der Hundingshütte mußte ebenfalls wieder regiegetreu nach der im „Parsifal“ geschilderten Einsiedelei in dämmerigem Tannendickicht die Klause errichtet werden, die dann zeitweilig während des Aufenthalts in Linderhof ein oft aufgesuchter Lieblingsplatz wurde. Hier saß jedenfalls der sonst so schönheitstrunkene Herrscher aller Bayern in größter Bescheidenheit mitten im Winter stundenlang zur Nachtzeit neben einem ganz primitiven Herd, dessen Feuer er selbst aus bereitliegendem Holze nährte, und versenkte sich wie ein büßender Mönch in religiös-philosophische Lektüre. Immer und immer wieder mußte er aber auch dort das Manuskript zu „Parsifal“ zur Hand nehmen, bis eines Tages der Entschluß reifte, vor seiner Einsiedelei die „Blumenau“ erstehen zu lassen, und zwar allsommerlich. Und so mußte ein Hofgärtner aus Rasenstücken mit den seltensten und herrlichsten Blumen im buntesten Farbenzauber eine Wiese herstellen. Damit wurde verwirklicht, was Wagner im Bühnenweihfestspiel dichtete:

„– Doch sah ich nie so mild und zart
Die Halme, Blüten und Blumen,
Noch duftet All' so kindlich hold
Und sprach so lieblich traut zu mir!“

Wenn bei strengem Hochgebirgswinter das Bergwild von Hunger gepeinigt wurde und zu Tale scheu flüchtete, dann war es dem großen Tierfreund Ludwig eine hohe Befriedigung, von seiner Klause aus eine reiche Fütterung vornehmen zu lassen. – (Vgl. Bild Nr. 25.)

In dem Zauber um „Linderhof“ weilte der Einsame in seinen letzten Lebensjahren am liebsten. Mag sein, daß er sich hier besonders wohlfühlte oder sich an einem vollendeten Bau mit all den vielen Abwechslungen erfreuen konnte, mag sein, daß die Schlittenfahrten durch das stille Graswangtal bei hellen Winternächten inmitten hoher Berge und tiefem Schnee von besonderem Reiz für den großen Naturfreund gewesen sind. Das jedenfalls, was für manchen Bauern in dieser Gegend schon keine Wirklichkeit mehr war, geschah wie in einem geheimnisvollen Märchen, das ein Einsamer in die Natur hineingedichtet und unsagbar geliebt hat!

8. Der Traum von „Herrenchiemsee“

Wer längere Zeit einmal auf der Insel Herrenchiemsee geweilt hat, der weiß, daß sich dort immer nach schönen Tagen des Sommers ein leichter Dunstschleier über den See mit der Dämmerung legt. Ein solcher Abend in der Natur wiegt uns in einen Traum ...

Unser Boot legt am Ufer an, wir schreiten durch einen Park. Da ist uns, als ob dieser Park von einer fernen, längst verklungenen Zeit etwas erzählen will, von Fragen und Rätseln jener Zeit, der dieses Neue Schloß seine Entstehung verdankt. Wir steigen die Stufen hinauf zum Schloßhotel und zu den Gebäuden des jetzigen Staatsgutes mit Kapelle. Der Traum hat begonnen:

Einst drang aus Zellen und Gängen monotoner Gesang betender Mönche. Von 764 bis 908 waren es Benediktiner-, von 1131 bis 1803 Augustiner-Chorherren. Herrenchiemsee, das seit dem Jahre 1205 als Sitz eines Bistums bis nach Österreich hineinreichte, wurde säkularisiert, ging dann in privaten Besitz über und wurde Freiwild für jedermann. Gerade in dem Augenblick, als ein Konsortium von Spekulanten drauf und dran war, den herrlichen Wald auf der Insel abholzen zu lassen, wird es in ganz verwahrlostem

Bild 22: Schloß Linderhof – Speisezimmer mit dem „Tischlein deck dich“
Linderhof Castle – Dining-room with the "dumb-waiter" table

Bild 23: Schloß Linderhof – Blaue Grotte – Bild Tannhäuser im Venusberg
Linderhof Castle – Blue Grotto (Tannhäuser in Venus' Mountain)

Bild 24: Hunding-Hütte
Hunding's Hut

Bild 25: Einsiedelei
Hermitage

Zustand von dem Bayernkönig Ludwig II. erworben. Wie hatte sich das Gemüt in diesem König geregt, als er von einem solchen schändlichen Vorhaben gewinnsüchtiger und gewissenloser Unternehmer ohne Herz und Seele hörte! Der erste Privatbesitzer hatte schon die schöne Kirche in ein Brauhaus verwandelt; jetzt schützte ein edelmütiger Naturfreund die letzten heiligen Erinnerungen an das ehemalige Chorherrenstift und kaufte die ganze Insel als gebührende Antwort auf ein freches Unterfangen von Roheit.

Und der einsame König empfing den göttlichen Gedanken, hier ein Schloß zu errichten, das seinesgleichen weit und breit nicht wiederfinden sollte und auch nicht wiederfand. Die Ratgeber Sr. Majestät erhoben sofort alle möglichen und unmöglichen Einwendungen. Das aber forderte den Trotz eines königlichen Baumeisters erst recht heraus. Immerhin vergingen acht volle Jahre, bis die Pläne fix und fertig waren.

Erst 1878 konnte mit dem Bau unter Dollmann begonnen werden, rund sieben Jahre hintereinander hat man am Schloß arbeiten können. 1885 machte die angebliche Finanzlage der Residenz seine Weiterführung unmöglich, so daß der ursprüngliche Plan des Königs keineswegs nur annähernd seine Verwirklichung fand.

Ein König hatte sich ganz in die Kunstperiode Louis' XIV. vertieft und wollte ein zweites, viel größeres, noch herrlicheres deutsches Versailles aufführen lassen. Inkognito hatte er selbst mehrere Reisen nach Frankreich unternommen und war überglücklich, als endlich sich die vielen

Arbeiterfamilien in Häuserkolonien auf dem Eiland ansiedelten und dreihundert Mann bei Tag und Nacht das Sumpfland hastig ausschachteten. Ängstlich wurde rings am Ufer abgesperrt. Während kurzer Besuche stand die Majestät unruhevoll am Fenster des alten Chorherrenstiftes und beobachtete durch ein Fernglas das emsige Gewimmel von fleißigen Fäusten und Händen. Beglückt und zufriedengestellt, auf das Geklirr der Spaten lauschen zu dürfen, verglich er sich mit Faust und dachte nur das Eine vor sich hin:

„Es wird die Spur von meinen Erdentagen
Nicht in Äonen untergehen!"

Es wurde gemeinnützige Arbeit geleistet, ein unvergängliches Werk für Deutschland geschaffen, in dem und durch das der König weiterlebte im Herzen des ganzen Bayernvolkes. Es entstand ein zweites deutsches Versailles, allerdings schöner in der Anlage und begünstigter durch die Natur. In diesem Bauwerk und seinem bildlichen Schmuck gab er etwas wie das Programm seiner Weltanschauung. (Vgl. Bild Nr. 26.)

Je mehr der Romantiker auf dem Königsthron in der Theorie und im geheimen absolutistischen Neigungen nachhing und sich mit französischer Geschichte beschäftigte, um so mehr empfand er den Wunsch, sich in seinen Räumen von einer Stilgattung umgeben zu sehen, die dem Absolutismus des siebzehnten und achtzehnten Jahrhunderts einen künstlerischen Ausdruck und der ihr Hauptvertreter Louis XIV. den Namen gab. Der bayrische Kunstenthusiast hatte seine glücklichsten Jugendjahre in einer stark modernisierten Nachahmung mittelalterlicher Burgen verträumt und sah später in der Residenz ein Dutzend bester Originalbauten des Rokoko und Barockstiles – man denke nur an die Schlösser von Schleißheim und Nymphenburg. Wenn er jetzt auf Versailles zurückgriff, so geschah dies lediglich aus Bewunderung für den ausgeprägten Typus monarchistischer Größe und aus Selbstvergötterung eines vergangenen Zeitalters. Warum nun aber bei diesem sonst so deutschen Ludwig die auffallende Verhimmelung alles Französischen und gerade desjenigen französischen Königs, der Deutschland soviel Leid zugefügt hat? So wird jeder Laie zunächst mit Recht fragen.

Gewiß, Louis XIV., der Schwiegervater der Tochter des Kurfürsten Max Emanuel von Bayern, hat hier in Herrenchiemsee mit seinem Symbol königlicher Größe, abgeschieden von der Residenz, Pate gestanden. In vielem und schon länger war der große Sonnenkönig Vorbild für Ludwig II. Manches führte ihn zum Franzosen hin. Genau so wie es diesem zuwider war, ständig in der Hauptstadt seines Landes weilen zu müssen und in Paris die Abtei von St. Denis täglich vor Augen zu haben, wo die sterblichen Überreste der französischen Herrscher ruhten, – genau so störte es den deutschen Ludwig, aus den Fenstern seiner Residenz in München immer auf die Theatinerkirche blikken zu müssen, wo seine Ahnen beigesetzt waren. Denn auch der Einsame suchte immer noch Leben! Aber ebenso, wie die drei französischen Herrscher Louis XIV., XV. und XVI. seine Ideale königlicher Macht und königlicher Erhabenheit über das Alltägliche blieben, ebenso wie ihr Gefühl für den Schönheitskult seine Bewunderung hervorrief, – ebenso stark verabscheute Ludwig II. ihr Menschentum, ebensosehr verwarf er als Deutscher ihre Politik. Hat der deutsche Ludwig etwa unsittlich gelebt wie Louis XIV., hat er willkürlich geherrscht wie Louis XV. oder war er gar beschränkt wie dieser Louis XVI.? Wenn der deutsche Ludwig auch nur im entferntesten französisch gefühlt haben würde, wie ließe sich das dann mit seiner Begeisterung für mittelalterliches Rittertum, für die germanische Musik eines Richard Wagner vertragen?

Freilich, eins hatte er mit dem Sonnenkönig bei seinen Bauten gemein: beide kannten keinerlei Rücksichten auf die enormen Ausgaben. Dem Franzosen gelang es, seine Bauvorhaben zu vollenden, dem Deutschen aber wurden solch heftige Widerstände entgegengesetzt, daß der nördliche Seitenflügel seines dritten Schlosses unvollendet bleiben mußte, daß die südlichen Seitenflügel und Rückflügel überhaupt nicht ausgeführt werden durften und auch im Innern des Schlosses manches fehlte. Und dabei war die innere Ausstattung, wie der Stuck, die Plafonds, die Wanddekorationen, die Friese, die Holzschnitzereien und Möbel, die Stickereien, die Spiegel und Leuchter für die Münchener Kunstindustrie von solch hoher Bedeutung, daß letztere sich an solchen Arbeiten erst völlig herausgebildet hat, zumal beinahe alle Aufträge nur Münchener Meistern erteilt wurden. Es ist leider allzuwenig bekannt und muß hier noch einmal ausgesprochen werden, daß unter der Regierung Ludwigs II. die Münchener Kunst einen solchen

Aufschwung nahm, wie sie ihn nie vorher gekannt. Bald stand sie über den besten Leistungen der Mitwelt und besaß europäischen Ruf. Während der zweiundzwanzigjährigen Regierungszeit hat Ludwig die Millionen seiner Zivilliste, die ihm persönlich zur Verfügung standen, und die 21 Millionen Schulden, die gemacht wurden, fast nur für Kunst und Kunstgewerbe ausgegeben. An den drei Königsschlössern durften über fünfzig Kunstmaler und zwanzig Bildhauer arbeiten. Wie der Großvater ein Wiedererwecker der deutschen Kunst war, so war der Enkel ein König der Künstler!

Man spricht immer von einem Stile Louis XIV. oder XV. Es bleibt eine Undankbarkeit, daß man nicht auch von einem Stile Ludwigs II. redet. Denn in Herrenchiemsee sah ein deutscher König das Ideal königlicher Baukunst (und keineswegs etwa des Franzosentums!), des *königlichen* Baustils, der königlichen Dekoration und Ausrüstung, wie sie dem Inbegriff königlicher Würde entsprechen, die kein König großartiger als Louis XIV. repräsentierte. Die deutschen Meisterbauten sind keine direkten Nachahmungen, die Schloßmalereien sind keine direkten Wiederholungen des siebzehnten und achtzehnten Jahrhunderts, ebensowenig wie die Plastiken Kopien der romanischen oder gotischen Epoche genannt werden dürfen. Neben dem selbstherrlichen Bayernkönig hätten aber auch die eigenschöpferischen Kräfte der am Bau beteiligten Künstler eine kalte Nachbildung von Versailles nie zugelassen. Und so haben ihre Arbeiten auch dem Kunstschaffen *ihrer* Zeit vollendeten Ausdruck verliehen.

Wenn Neuschwanstein als Repräsentant des deutschen Rittergeistes in die großartigste romantische Gebirgswelt, wenn Linderhof als Repräsentant des feinen Geschmacks der vornehmen Gesellschaft in das duftigste Waldtal gesetzt wurde, so konnte nun Herrenchiemsee als Repräsentant der Königswürde auf dem wasserumströmten Eiland im Anblick einer mächtigen Alpenkette aufgebaut werden.

Eine weltberühmte Sehenswürdigkeit ist die Spiegelgalerie des Schlosses geworden, welche die „galerie des glaces“ an Ausdehnung und im Aufwand dekorativer Mittel weit übertrifft. Das ganze Mobiliar besteht zwar nur aus drei Reihen von insgesamt 33 Deckenlüstern und zwei Reihen riesiger Kandelaber, die zusammen 2300 Kerzen tragen, aber der Raum selbst ist von um so gewaltigerer Wirkung auf den Beschauer, denn er ist 75 Meter lang, 11 Meter breit und 13 Meter hoch. In der einen Wand befinden sich 27 hohe Bogenfenster, ihnen gegenüber ebenso viele große Spiegel. Das Lichtermeer brannte nur wenige Nächte zu Ehren des einsamen Besitzers und seiner vermeintlichen Gäste! (Vgl. Bild Nr. 27.)

„Ewigkeit! Unendlichkeit!“ Das war es, was im Reiche seiner Gedanken schon beim Bauen von Schloß Linderhof lebte. Denn dort wie auch hier in Herrenchiemsee ließ er in manchem Zimmer Spiegel einander genau gegenüber aufstellen. Mit unbeschreiblicher Mühe mußten je zwei so aufgerichtet werden, daß ihre Flächen ganz genau gleich standen, nicht um Haaresbreite voneinander abwichen. So sollte der eine immer des anderen Bild weitergeben ohne Aufhören. So sollte der Blick in die Unendlichkeit eingefangen werden. Aber auch das blieb nur ein Traum – der König schaute sie nie, auch hier in Herrenchiemsee nicht. Denn immer stand zwischen ihm selbst und der geträumten Unendlichkeit sein eigenes Bild, das ihm den Ausblick verdeckte. Und in der Ferne, wo sich seine Gestalt verlor, da wurde es immer dunkler, da nützte ihm das schärfste Fernrohr nichts. Nicht das Auge, nur sein Geist vielleicht konnte die Unendlichkeit ahnen, weil er stark genug war, das Ungeheure dieser Ahnung ebenso zu ertragen wie die Grenzen seiner Menschlichkeit.

Berauschend sind die weißen und goldenen Grundtöne des in Marmor und Malerei prangenden Stiegenhauses, reich der Stuckmarmor der Wände, sinnreich die Gemälde des Mecklenburgers Ludwig Lesker über Ackerbau, Handel, Kunst, Wissenschaft und Wehrstand, köstlich Perrons Figuren: Apollo, Minerva, Flora und Ceres in den Nischen. Einem Märchen gleicht das Prunkschlafzimmer mit dem altarhaften Parade-Ruhebett inmitten herrlichster kunstgewerblicher Schätze, das eine „unverletzliche, nie zu durchscheitende“ Balustrade einschließt. Das Bett steht auf einem Teppich aus Purpursammet und ist reich mit goldenen Sonnen bestickt. Jahrelang arbeitete die Stickerin Jörres mit zwanzig Gehilfinnen an der Ausschmückung dieses Prunkschlafzimmers, das einem Unsterblichen geweiht ist. Die Vorhänge haben ein Gewicht von drei Zentnern. Dieses Schlafzimmer war für Gäste bestimmt. (Vgl. Bild Nr. 28.)

Ebenso prachtvoll ist das Schlafzimmer des Königs selbst. Dreißig Menschen arbeiteten sieben Jahre lang an diesem Bett, in dem Ludwig II. nur 23mal übernachten durfte. Ein goldgerahmter Spiegel über dem Waschtisch ist von echt Brüsseler Spitzen umwallt. Im Gegensatz zum goldenen Prunkschlafzimmer ist dieses Gemach ganz in Blau gehalten. Der Beleuchtungsinspektor Stöger ist zuweilen der Verzweiflung nahe gewesen, bis es ihm nach anderthalbjährigen Mühen endlich gelungen war, durch eine vor dem Bett befindliche Glaskugel ein ganz reines, sanftes Licht in Himmelblau ohne jede Beimischung von Weiß ausstrahlen zu lassen und damit eine Stimmung hervorzuzaubern, wie sie nur die blaue Grotte von Linderhof kennt. (Vgl. Bild Nr. 29.)

Das Speisezimmer, in welchem sich wieder das „Tischlein, deck dich!“ findet, birgt vielleicht das Allerkostbarste des ganzen Schlosses: einen wundervollen Leuchter von echt Meißener Porzellan. Das Modell hierzu mußte auf Befehl des Königs nach Vollendung des Originals sofort zerstört werden, damit dieser Lüster niemals auf der weiten Welt nachgeahmt werden konnte. (Vgl. Bild Nr. 30.)

Die sechzehn Wohngemächer strotzen von Gold und Karraramarmor. Ihr Inneres paßt harmonisch zum Äußeren. In ihrer Harmonie verraten sie das Monument *eines* Willens. Eine Bühnenwirkung von unerhörter Vollkommenheit wurde innen und außen erreicht!

Wer die eigenartige Natur des Königs nur einigermaßen versteht, der wird nachfühlen können, welch erhabenes

Bild 26: Schloß Herrenchiemsee mit Latonabrunnen
Herrenchiemsee Castle with the Latona Fountain

Bild 27: Schloß Herrenchiemsee – Spiegelgalerie
Herrenchiemsee Castle – Mirror Gallery

Gefühl ihn stets überkommen haben muß, wenn er sein stolzes Traumschloß in seiner Majestät vor sich liegen sah, seiner würdig und seines Vorbildes. Gewaltig lagert und dehnt sich der Riesenbau. Mansard schuf Versailles; nur wenige wissen dies, die meisten Menschen kennen seinen Namen nicht von seinen königlichen Bauten, sondern von den Dachgeschossen ärmlicher Behausungen, die man „Mansarden“ taufte. Die Front von Herrenchiemsee verdankt ihre Idee diesem Mansard!

Traumhaft schön muß es gewesen sein, wenn bei Ankunft des Königs die Märchenwasser vor dem Schlosse sprudelten und sich rauschend mit Nymphen und Genien unterhielten, wenn dann nachts der Bau im Glanze von über zweitausend Kerzen erstrahlte, feine Reflexe auf den Vergoldungen im Innern erzeugte und durch die vielen Spiegel wider- und widerstrahlte. Man muß sich da voll und ganz in die Landschaftsstimmung hineinversetzen, um das Leben des genialen Romantikers gefühlsmäßig verstehen zu lernen.

Er pflegte stets nur um Mitternacht zu kommen. Am Rande des Sees, in der Nähe der Eisenbahnstation Stock bei Prien, wartete eine Gondel, in der ihn zwei Matrosen in neapolitanischer Tracht nach Herrenchiemsee hinüberruderten. Im Treppenhaus empfing ihn jedesmal betäubender Duft von Blumen, die Zeit des echten Versailles wurde vor ihm lebendig, Schatten von Menschen huschten oben im Spiegelsaal an den großen Rundbogenfenstern vorüber, galante Kavaliere mit Perücke und Zierdegen, geputzte

Hofdamen in wogenden Reifröcken. Gestalten vom Hofe des Bourbonenkönigs schauten als Porträts von den Wänden hernieder, kamen und verschwanden, „wann er wollte". Entzückt weidete sich das Auge des Einsamen am nächtlichen Landschaftsbild da draußen, wo über mondlichtumsponnene Baumkronen hinweg die silberklare Seeflut hereinblitzt. Der große Einsame sinnt und sinnt. Er sucht noch immer die innere Ruhe und kann sie doch nicht finden. Er ersehnt jenen Augenblick, zu dem er wie Faust hätte sprechen dürfen:

„Verweile doch – du bist so schön!"

Der Augenblick kommt nicht. Auf was sinnt der König? Will er noch mehr schaffen, noch etwas Großartigeres? Wehmut mischt sich in sein großes Glück von Herrenchiemsee: ihm sind die finanziellen Mittel versagt, um seinen Traum ganz auszuträumen. Er braucht nur eine bestimmte Tür in dem Monumentalbau zu öffnen, um in einen rohen kalkbespritzten Schacht schauen zu müssen und an die häßlichen Widerstände erinnert zu werden, mit denen er ringen muß. Immer wieder erkennt er die Tragik um sein Künstlergenie, den bitteren Gegensatz von „Ideal und Wirklichkeit".

Herrenchiemsee!

Langsam schreiten wir durch den stillen Park wieder dem Ufer zu. Hinter uns im Dunkel liegt ein trauerndes Schloß.

Unsere Sinne bleiben wie benommen von einem wunderbaren Rausch, bleiben gefangen von dem Raten um eine vergangene Zeit, bleiben gebannt in den einzigartigen Traum eines Einsamen, der nie ausgeträumt werden durfte auf diesem herrlichsten Schloß der Welt, das wir Deutsche heute unser eigen nennen dürfen!

9. Bayreuth und sein Geist

Richard Wagner war nach München gekommen wie ein Bettler und war nach anderthalb Jahren wieder gegangen wie ein gekrönter Meister, mit einer Summe von geistigen Anregungen und 40 000 Gulden Vorschuß aus der Kabinettskasse. Große deutsche Dichter und Musiker mußten hungern ihr Leben lang, kein Mensch hat sich um sie gekümmert. Richard Wagner blieb vor gleichem Schicksal dank der hohen Gönnerschaft seines Königs bewahrt und wurde von diesem auch weiterhin in Schutz genommen gegen die Dummheit der Neider, gegen den Fanatismus der Kirche, gegen die Überheblichkeit einiger Bierphilister, gegen den Dünkel der Politiker und gegen die Intriguen von Bösewichtern.

Der Künstler war gegangen. Der König ließ die Idee eines Kunsttempels nach den Plänen Sempers auf der Höhe der Haidhauser Anlagen ganz fallen. Ein ungeheurer Zustrom an zahlungsfähigen Besuchern entging dadurch der Hauptstadt des Landes, worüber man heute noch klagt. Mit Wagner hatte man aber auch den König hinausgeekelt, in die Einsamkeit und Weltfremde getrieben.

Der Bruch und das kleine Zerwürfnis zwischen den beiden Freunden hielt nicht lange an. Äußerlich getrennt, blieb der innere Herzensbund von Bestand. Wagner lebte vorerst in Genf in völliger Abgeschiedenheit, dann in Marseille, endlich in Triebschen bei Luzern am Vierwaldstätter-See, wo er vom Jahre 1866 bis 1872 die glücklichsten, sorglosesten Jahre seines Lebens verbrachte. Hier überraschte ihn der König zum 53. Geburtstage und verbrachte eine Nacht auf der „Insel der Seligen". Trotz aller Hemmnisse ermöglichte er schon im Jahre 1868 die Uraufführung der inzwischen beendeten Oper: „Die Meistersinger von Nürnberg" unter Bülows Leitung. Auf seinen besonderen Wunsch mußte damals der Komponist neben der Majestät sitzend der Aufführung beiwohnen, eine wahrhaft rehabilitierende Genugtuung für den ungerecht Verschmähten. Der Meister feierte einen überwältigenden Triumph. Von der Brüstung der Königsloge aus mußte er sich tief gerührt und ergriffen wie wohl noch nie in seinem Leben ungezählte Male verbeugen. Nach diesem Sieg auf der ganzen Linie nahmen die beiden Großen für längere Zeit Abschied voneinander.

In seiner Jugend hatte der Dichter-Komponist das markgräfliche Städtchen Bayreuth kennengelernt. Hier in dieser fränkischen Landschaft mit ihrer stillen Romantik, weit entfernt vom Qualm der Fabrikschlote, dem Dunst und Lärm der Großstädte, entrückt dem geschäftlichen Getriebe des Alltags, inmitten einer dankbareren Bevölkerung sollte der Plan zu einem Tempel der reinen deutschen Kunst einmal Wirklichkeit werden.

Es war im Jahre 1871, als die Bürger von Bayreuth dem so schnell berühmt gewordenen Musiker einen Bauplatz zum Geschenk anboten, der ihm in jeder Hinsicht zusagen mußte. Ein Jahr drauf erfolgte die Grundsteinlegung des Bühnenfestspielhauses. Der König sandte ein Glückwunschtelegramm und versprach, als treuer Mithelfer weiter zur Seite stehen zu wollen. Das Versprechen war kein leerer Wahn. Unbeirrbar unterstützte er seinen Spielmann, wo er nur konnte. Als im April der allgemeine Aufruf erging, zeichnete er 25 000 Thaler und stiftete obendrein die Ausstattung für das „Rheingold" und die „Walküre".

Wieder verging ein Jahr. Da setzte eine Geldkrise in ganz Deutschland und Österreich ein. Banken, die Kredit versprochen hatten, waren auf einmal nicht mehr imstande, ihre Versprechen einzuhalten, wodurch die Verwirklichung der Bayreuther Idee ernstlich gefährdet war. Hinzu kam, daß die für das Unternehmen notwendigen 900 000 Mark von den Schutzherren nicht ganz aufgebracht werden konnten. Also mußte der König helfen. Und so schloß im Februar 1874 der Verwaltungsrat des Richard-Wagner-Theaters mit dem Hofsekretariat einen Vertrag ab, nach welchem die Kabinettskasse die fehlenden 100 000 Mark vorstreckte. Später wurde die Rückzahlung dieses Darlehens auch noch gestundet. Zehn ermattende und zerrüttende Jahre vergingen, bis die für München ausgedachte Idee in Bayreuth ihre Auferstehung fand.

Ludwig ließ es sich nicht nehmen, der Generalprobe des „Rheingold" beizuwohnen, zu der nur wenige Personen geladen waren. Heimlich bei Nacht und Nebel war er kurz vor Bayreuth beim Bahnwärterhaus Nr. 61 ausgestiegen und mit Wagner in die Feststadt gefahren. Acht volle Jahre hatten sich die Freunde nicht gesehen, jetzt standen Tränen in ihren Augen. In der Eremitage blieben sie bis drei Uhr nachts zusammen. Draußen jubelte eine ungeheure Menschenmenge.

Bei der Generalprobe zu „Rheingold" hatte der Tongenuß durch mangelhafte Klangwirkung verloren, also mußten die übrigen Proben vor vollbesetztem Haus stattfinden, so unangenehm dies Sr. Majestät auch war. Heldentenor Niemann riß den König in der „Walküre" förmlich hin. Der Wunschtraum aus der Jugendzeit ging endlich in Erfüllung, ein kleiner, bescheidener Wunsch!

Eine Stunde nach der „Götterdämmerung" schlich der überwältigte Einsiedler heimlich wieder davon, so wie er gekommen war. Von Hohenschwangau aus dankte er noch einmal in herzlichen Worten und kündigte seinen wiederholten Besuch an, ließ sich Entwürfe zu den Bühnenbildern und Trachten kommen und kritisierte manches mit regstem Interesse, was den Aufführungen selbst zum Vorteil gereichte.

Acht Tage nach diesem Besuch fand der „Ring des Nibelungen" eine glänzende geschlossene Aufführung. An Stelle des Bayernkönigs war der alte Kaiser Wilhelm erschienen. Gelegentlich seiner Ansprache während der Festspielhausweihe führte Wagner über seinen huldvollen Gönner etwa folgendes aus:

„Das, was er mir ist, geht über mein Dasein weit hinaus. Das, was er in mir und mit mir gefördert, stellt eine Zu-

kunft dar, die uns in weitesten Kreisen betrifft, die weit über das hinausgeht, was man unter bürgerlichem und staatlichem Leben versteht: eine hohe geistige Kultur, einen Ansatz zu dem Höchsten, was einer Nation bestimmt ist!"

Nachdem sich der fremdländische Zustrom aus aller Welt etwas verlaufen hatte, erschien Ludwig zu den letzten Aufführungen einer ersten Spielzeit ein zweites Mal Mitternacht zum 27. August, wieder von Wagner ganz allein am einsamen Bahnwärterhaus empfangen. Wagner blieb auch der einzige, mit dem er sprach. Jetzt erst fiel dem Meister das kranke Aussehen seines hohen Gönners auf, jetzt erst erkannte er den sorgenvollen Anblick seines Freundes und ahnte vielleicht leise, warum hier ein Genie an sich selbst zerbrach.

Der König hatte sich alle Ovationen von vornherein streng verbeten. Trotzdem überstiegen die Kundgebungen nach der „Götterdämmerung"-Aufführung alles bisher Dagewesene. Jubelnde Rufe auf Ludwig II. von Bayern mischten sich in das Verlangen nach dem Schmied des „Nibelungenring". Der Monarch applaudierte selbst anhaltend mit, da trat sein Spielmann hinter dem Vorhang hervor und sprach, äußerst bewegt, nur einige wenige Sätze:

„Die Bühnenfestspiele sind zu Ende. Ob sie wiederkehren, weiß ich nicht. Sie sind im Vertrauen auf den deutschen Geist und zum Ruhm meines erhabenen Wohltäters, Sr. Majestät des Königs von Bayern, entworfen worden, der mir nicht allein ein Gönner und Beschützer, sondern auch ein Mitschöpfer des Werkes war!"

Bild 28: Schloß Herrenchiemsee – Prunkschlafzimmer für Gäste
Herrenchiemsee Castle – State Bedroom for guests

Bild 29: Schloß Herrenchiemsee – Schlafzimmer des Königs
Herrenchiemsee Castle – King's Bedroom

Bild 30: Schloß Herrenchiemsee – Speisezimmer mit dem „Tischlein deck dich“ und Meißener Porzellanlüster
Herrenchiemsee Castle – Dining-room with the "dumb-waiter" table and chandelier of Meissner porcelain

Bild 31: Burgmodell zum Falkenstein
Model of Falkenstein Castle

Leider wiesen die Vorstellungen ein Defizit von 160000 Mark auf. Der Freund hat manches stillschweigend gedeckt. Er tat noch mehr. Die so berühmt gewordene Wagnervilla „Wahnfried" in Bayreuth, wo der Meister von „seinem Wähnen Frieden fand", war *sein* Geschenk! Als Sinnbild ewiger Dankbarkeit und Freundschaft wurde die Büste des Mitschöpfers von Bayreuth vor dem Eingang zur Villa Wahnfried aufgestellt.

Die „Nibelungen" traten einen wahren Triumphzug über die ersten Bühnen Deutschlands an, dazu brachten endlich die Wiederholung der Festspiele wie auch die häufige Aufführung von Wagnerschen Opern an allen größeren Bühnen und nicht zuletzt die massenhafte Verbreitung seiner gedruckten Werke ein fürstliches Einkommen und reiche Überschüsse ein. Das spornte den Komponisten zur letzten, krönenden Tat an. Hinter und über allem stand schützend des Königs Geist und Kunstsinn, jenes Königs, der persönlich nie zu seinen Lebzeiten eine Brücke in seinem biederen, treuen Volke schlagen konnte hin zur Liebe und Verehrung seiner *eigenen* Kunstbauten.

Wagners Name erstrahlte in höchstem Glanze. Während man in München seinen „Siegfried" feierte, vollendete er sein letztes Werk, sein Vermächtnis an das deutsche Volk: „Parsifal." Der große Wohltäter aber brachte ein neues Opfer und ordnete an:

„Ich bin vollkommen damit einverstanden, daß Ihr Bühnenweihfestspiel, der ‚Parsival', nur in Bayreuth gegeben und nicht auf einer anderen Bühne entweiht werden soll!"

So nur wurde das heiligste der Wagnerschen Werke wenigstens dreißig Jahre lang vor dem Schicksal weiheloser Aufführungen bewahrt. Während der Arbeit an der Parsifal-Partitur stand Wagner unter Ludwigs ganz besonderem Schutz. Letzterer hatte nämlich das „Protektorat der Aufführungen Richard Wagnerscher Werke in Bayreuth“ übernommen, eine Erholungsreise des Meisters nach Italien finanziert, seinen Salonwagen zur Verfügung gestellt und einen Mietbeitrag von 5200 Lire für die Villa Angri bei Neapel gezahlt. Zum Geburtstag erhielt der Freund zwei schwarze Schwäne, „Parsifal“ und „Kundry“ genannt, sowie prächtige seidene Decken.

Er selbst mußte später allen sechzehn Aufführungen des „Parsifal“ fernbleiben, weil er damals schon unter einem starken Beziehungswahn litt und fürchtete, daß der ihm verhaßte deutsche Kronprinz Friedrich zufällig unter der Zuhörerschaft sein könnte. Auch eine Separatvorstellung des „Parsifal“ ließ sich nie ermöglichen.

Einer der letzten Briefe des Tondichters an seinen königlichen Freund lautete:

„Ich will nicht eine Note mehr schreiben, denn mein Werk ist vollbracht! Ich habe meine Mission trotz des feindlichen Ansturms einer Welt von Widersachern glücklich und siegreich erfüllt!“

Er wollte in der Lagunenstadt ausruhen von seinem schweren Schaffen. Jedes Jahr, wenn er zu kurzem Aufenthalt nach Bayern kam, hatte ihn Se. Majestät mit unverändertem Wohlwollen empfangen. Als er aber das letzte Mal Ende des Jahres 1882 nach München kam und dann den König in den Bergen aufsuchen wollte, ließ sich Ludwig durch Krankheit entschuldigen. Die beiden Freunde sollten sich nie wieder sehen!

Hart, wie sich Wagner durch sein Leben gerungen, mußte er sich einen bitteren Tod erkämpfen. Unter furchtbar schmerzenden Herzkrämpfen, die damals noch kein Arzt lindern konnte, ging er am 13. Februar 1883 in die Unsterblichkeit ein. Geboren als jüngstes von elf Kindern eines armen Polizeiaktuars in Leipzig, starb er als einer der reichsten Männer der Welt in bezug auf geistige Schätze, als einer der größten Geister des neunzehnten Jahrhunderts, ein bedeutender Philosoph und Schriftsteller, der Baumeister eines neuartigen Dramas. Dazu war der jugendliche Freigeist am Ende seines Lebens mit seinem „Parsifal" zum Apostel des christlichen Mysteriums geworden. Vor dem „heiligen Gral" verneigen sich heute Gläubige und Ungläubige, Gerechte und Ungerechte.

Fünftausend Telegramme flogen nach allen Gegenden der Welt. Eins der ersten meldete dem König die Trauerbotschaft, der wie von einem ungeahnten schweren Schlag getroffen schien.

„Er ist tot?", rief er aus und stampfte dabei auf den Boden, daß eine Parkettplatte in Trümmer ging. Aber schon im nächsten Augenblick mußte ihm zum Bewußtsein gekommen sein, daß auch die größten Geister durch die dunkelste Pforte des Todes für immer entfliehen müssen, denn tieferschüttert rangen sich ganz leise nur noch drei Worte von seinen Lippen ab:

„Fern von mir!"

Ein ganzes Volk klagte. So betrauert und so um ihn geweint wie sein König hat wohl niemand auf der ganzen Welt. Einer der Adjutanten mußte einen Kranz von Alpenrosen am Sarge niederlegen. Die Überführung der Leiche durfte nur nach den königlichen Bestimmungen erfolgen, und nur ein Sonderzug durfte den Toten und seine Witwe sowie eine Anzahl seiner Freunde und Schüler nach Bayreuth fahren. An der Grenze von Bayern folgte der Kabinettssekretär des Königs dem Sarge, um dem Verstorbenen die letzte Ehre zu erweisen. Der tote Sieger fuhr über seine alte Walstatt nach Wahnfried-Bayreuth. Ein Wald von Fahnen senkte sich. Der Trauermarsch aus der „Götterdämmerung" gab das letzte Geleit nach Walhall. –

Die Musik, die bisher Ludwigs größte Freude gewesen, wurde von nun an auf keinem seiner Schlösser mehr gestattet, weil sie ihn zu schmerzlich an seinen Jugendfreund erinnern könnte. Alle Pianinos, auf denen Wagner beim König gespielt, wurden mit Trauerflor umhüllt. Nach jeder Aufführung des „Parsifal" mußte auf seinem Schlosse eine Messe gelesen werden. –

Der letzte der damals lebenden kleineren Fürsten ist längst gestorben und sein Andenken inzwischen halb vergessen. Der Name des Bayernkönigs Ludwig II. ist heute noch überall in frischer Erinnerung an die Rettung des ertrinkenden Dichter-Komponisten geblieben. Was hatte doch der junge König ahnend am 4. August 1865 an Wagner geschrieben?

„Wenn wir beide längst nicht mehr sind, wird unser Werk der Nachwelt als ein leuchtendes Vorbild dienen. Es wird Jahrhunderte entzücken, und die Herzen werden glühen vor Begeisterung für die Kunst, die von Gott stammt und ewig ist!"

Es gibt eine ausgleichende Gerechtigkeit! Das Herz von Bayreuth lebt weiter und bald werden die Festspiele wieder stattfinden und Menschen aus aller Welt werden sich an dieser weihevollen Stätte zusammenfinden, um dem Genius Wagners zu huldigen. Bayreuth und Wagner aber bleiben ein für allemal unlösbar verbunden mit dem König. Und München, die schönste Stadt des deutschen Südens, ersteht wieder aus Schutt und Asche, erwacht wieder zu einer Stadt der Kunst und der Künstler.

Im Wahnfriedgarten ruhen der große Meister und die edle Frau, die sein Werk in seinem Sinne weiterführte und dadurch der Welt erhielt. Mag uns der Anblick des Vergänglichen bedrücken: die Gewißheit des ewig Jungen, was sie für Deutschland und für die Menschheit schufen, erhebt uns, läßt uns jenen einsamen Menschen nie vergessen, durch den überhaupt erst ein solches Schaffen möglich war, und führt uns zurück in die Gegenwart, die von ihrer Idee aufs neue erfüllt ist und bleiben wird!

10. Tragik des Genies

Am 22. August des Jahres 1880, an dem Tage, an welchem sieben Jahrhunderte vergangen waren, seit das Haus Wittelsbach über Bayern herrschte, hatte Ludwig II. folgende Proklamation an sein Volk erlassen:

„Unter den Eigenschaften, welche den Ruhm aller Stämme meines Volkes bilden, steht rein und glänzend die Treue und Anhänglichkeit obenan. Die Treue ist mir die Grundlage meines Thrones, die Anhänglichkeit das schönste Juwel meiner Krone!"

Es waren tiefempfundene Worte, gesprochen aus seinem tiefsten Herzen. Alles jubelte, nur der König blieb einsam und still. Er dachte an alle und alles und hatte nur sich selbst vergessen. Wie hatte er sich nach einem zweiten Einsamen in seiner Welt gesehnt! Aber das Geschick wollte es, daß ihm ein „Marquis Posa" versagt blieb.

Der bei seinem Regierungsantritt in Jugendschöne strahlende Jüngling war zum ernsten, schwermütigen Manne geworden. Im friedvollen Zauber einer Bergeinsamkeit hatte sich seine rege Phantasie eine eigene Welt geschaffen, aus der er nicht mehr entrinnen konnte. Die Residenz erschien immer mehr wie ein Gefängnis, darum wurde der

Aufenthalt in den abgelegenen Bergschlössern in den Jahren 1876 bis 1883 je um einen Monat verlängert. Jedesmal bei einer solchen Rückkehr nach München blieb er in Seeshaupt oder Peißenberg stundenlang unschlüssig, ob er nicht doch wieder umkehre.

Zum Verkehr mit ihm vertrauten Personen mußte der König immer erst eine günstige Disposition abwarten. Mit Baurat von Dollmann verkehrte er nur schriftlich, obwohl er mit ihm in Linderhof unter gleichem Dache wohnte. Audienzen für neubeglaubigte Gesandte verzögerten sich oft sehr unliebsam, so daß es ein paarmal zu kleinen internationalen Zwischenfällen kam.

Vor den unvermeidlichen Hofhaltungen graute ihm, als ginge es zum Schafott! Erst nach wochenlangen Aufregungen entschloß er sich dazu, trank aber vorher acht bis zehn Glas Champagner, versuchte seinen Anblick vor vielen Blumen und Tafelaufsätzen zu verbergen, ordnete eine tunlichst lärmende Musik an.

Zu diesem Beziehungswahn trat nun noch verschlimmernd der Verfolgungswahn hinzu. Von einer bestimmten Ministerseite aus war dem König dauernd Furcht vor der wachsenden sozialdemokratischen Bewegung und ihren Gefahren eingeflößt worden. Jetzt sprach man auch noch von geplanten Attentaten. Dabei stand in Wirklichkeit die Sozialdemokratie zur 800jährigen Wittelsbacher Dynastie auf recht erträglichem Fuße, solange ein Ludwig II. regierte!

Bedenklicher, weil gefährlicher, wurde die ganze Lage des Königs erst *nach* seiner letzten Proklamation an das

Volk vom 22. August 1880. Die höchsten Güter des Lebens, echte Liebe und wahre Freundschaft, sind ihm versagt geblieben. Der einzige Bruder Otto mußte infolge unheilbarer Geisteskrankheit auf Schloß Fürstenried bei Starnberg eingesperrt werden. Vollständige Wesensverschiedenheit hatte ihm die Mutter immer mehr entfremdet. Übrig blieben die Minister seiner Regierung.

Die im Volke so beliebte Majestät war einigen Herren von Partei und Staat schon von Anfang an verhaßt, weil Ludwig keinen Sinn und kein Interesse für militärische Angelegenheiten und den Krieg aufbrachte. Diese Herren konnten wohl bei allen passenden Gelegenheiten das „Gott erhalte unseren König" kräftig mitsingen. Im geheimen aber hintergingen sie den geistig so hochstehenden Landesfürsten durch geschickteste Wühl- und Hetzarbeit. Erst spritzten sie Gift über den Spielmann Wagner und malten den roten Teufel an die Wand, dann drängten sie zum Krieg gegen Preußen. Als das geheimnisvolle Schutz- und Trutzbündnis *mit* Preußen bekannt wurde, zitierte einer aus dieser Clique, dazu noch ein Pfarrer(!), in der Presse die Bibelstelle: „Unglücklich das Land, dessen König noch ein Kind ist!"

Wenn man dann aber die maßlosen Pressebeschimpfungen liest und von den Widerständen eigener Regierungsvertreter gegen den Reichseiner Ludwig II. hört, muß man sich sagen: es gehört schon eine große Portion Selbstbeherrschung dazu, derartige Vorgänge ohne Rückwirkung an sich vorüberziehen zu lassen und den Glauben an die Anständigkeit der Menschen nicht ganz zu verlieren. Des

Königs Flucht in die Bergeinsamkeit bleibt so gar zu verständlich. Ohne sie wäre dieser liebevolle, gutmütige und echt deutsch denkende Mensch unter einer Flut von Beschimpfungen und ekelhaften Anwiderungen frühzeitig zusammengebrochen und hätte uns nie seine Schlösser und Bayreuth schenken können.

Ein Ministerium von Staatsbeamten oder sogenannter „Kleber", wie Bismarck sehr richtig sagte, führte die Regierung in München weiter. Es war ängstlich darauf bedacht, die Posten zu behalten und freiwerdende Stellen im Staatsdienst möglichst an Parteipolitiker zu verschachern. Nichts dagegen wurde getan, den König wieder nach der Residenz zu ziehen. Im Gegenteil! Man fand es recht angenehm, als eine Art „Ministerrepublik" im Lande regieren zu können, und hielt sich vom König zurück wie er von ihnen.

Wenn dieser mehrmals befahl, gegen die ordinären Presseverunglimpfungen wegen seiner Separatvorstellungen und wegen seiner Bauten, gegen höchst ungerechtfertigte Verdächtigungen, Klatsch und unwürdige, einfach skandalöse Schmähungen ganz energisch vorzugehen und sie unverzüglich durch strenge Strafen abzustellen, so wurde ein solcher Befehl wohl zur Kenntnis genommen – aber mit Erfolg getan wurde nichts!

So nur konnten die Macher und Hintermänner der „schlechten Tendenzen" weiterhetzen, so nur wurden auch die persönlichen Angriffe gegen Se. Majestät immer anmaßender, so daß eine Zeitung einmal schrieb:

„Heute hat jeder Lump und Schuft das Recht, den König zu schänden. Es liegt System in der Lügenfabrikation, und es scheint, daß man den König um jeden Preis wegekeln oder beseitigen möchte!"

Als nicht einmal die Staatsanwälte dagegen einschritten, zog der König seine Konsequenzen: es durfte kein persönlicher Vortrag mehr bei ihm stattfinden, die wichtigsten Staatsgeschäfte wurden nur noch schriftlich erledigt und besonders eilige Befehle von Sr. Majestät durch den Hoffourier Hesselschwerdt nach der Residenz weitergeleitet. Dieser an und für sich ganz harmlose Vorgang wurde ihm später mit als „Geisteskrankheit" gedeutet. Man mußte sich doch irgendwie rechtfertigen! Dabei wurden alle Regierungsgeschäfte von seiten dieses Königs trotz vorübergehender Krankheiten seelischer Art, trotz langanhaltender Verstimmungen immer pünktlichst und gewissenhaft besorgt. Die Behauptungen aber, Ludwig habe in seinen letzten Lebensjahren nur noch bis zu einem gewissen Grade logisch denken und konsequent handeln können, er sei wochen- oder tagelang nicht mehr bei vollem Bewußtsein gewesen, sind, im wahren Zusammenhang der Dinge gesehen, schärfstens zurückzuweisen.

Die schriftlichen Berichte und Aufträge wurden durch den Kabinetts-Sekretär von Ziegler besorgt. War es Sache eines Kabinetts-Sekretärs, die zustimmende königliche Unterschrift unter wichtigste Regierungshandlungen und Landesgesetze zu erwirken? Wäre es nicht vielmehr unbedingte Pflicht von vornherein gewesen, daß jeder einzelne Minister auf seinem Recht des persönlichen Vortrags für sein Ressort besteht oder seinen Rücktritt nicht so schwächlich androht, wie das geschah, sondern auch durchführt, wie das leider nicht geschah? Das hätte vielleicht Eindruck auf Ludwig gemacht, jedenfalls die erkannte mißliche Lage nie zu einem Dauerzustand von Jahren werden lassen und seinen Thron gefährdet. Ohne die geringsten Widersprüche mußten sich ja die Zustände höchst bedenklich verschlimmern. Als aber Ziegler für andere die Kastanien nicht mehr aus dem Feuer holen wollte und im Jahre 1883 seinen Vorgesetzten, Ministerpräsident von Lutz, um Enthebung von seinem schweren Amte bat, da antwortete der „tüchtige" Staatsbeamte etwa folgendes:

„Alle Absonderlichkeiten Sr. Majestät müssen einfach mit in Kauf genommen werden. Irgendwelches Eingreifen ist nicht angängig, wenn und solange nicht durch irgendwelche Handlung Sr. Majestät das Gemeinwohl gefährdet und der weitere Gang der Staatsmaschinerie unmöglich gemacht wird!"

Richard Wagner hatte in „Wahnfried" seine letzte Ruhe gefunden. Schloß „Linderhof" war fertig im Bau, die Burg „Neuschwanstein" fast vollendet, Schloß „Herrenchiemsee" im Entstehen – da spitzte sich die gefährliche Lage des Königs zu einem Konflikt zu, mit dem er nie gerechnet hatte. Anlaß zu allem bot die schwer belastete Kabinettskasse. Während die Fideikommißeinkünfte des Königs sehr bescheidene waren, wies die Zivilliste einen Aufwand von jährlich über vier Millionen auf. Die Bauten und die Unterstützungen für Bayreuth hatten nach und nach zu einer

Verschuldung geführt, so daß das Defizit der Kabinettskasse im Jahre 1884 bereits siebeneinhalb Millionen betrug. Die Gläubiger drängten ein erstes Mal. Mit Zustimmung der königlichen Familie gelang es jedoch dem Finanzminister von Riedel, die schwebenden Schuldverhältnisse durch eine Anleihe bei der Bayrischen Staatsbank zu decken.

Aber schon im nächsten Jahre waren neue Schulden in Höhe von sechseinhalb Millionen da. Riedel wußte sich keinen anderen Rat, als auf die Schwierigkeiten eines solchen Finanzgebarens hinzuweisen, von einer Selbstverschuldung des Königs zu sprechen, anstatt Mittel und Wege zu suchen, um den Etat auszugleichen. Denn dafür war er letzten Endes doch Finanzminister. Um Ludwig zu quälen und noch mehr zu beunruhigen, fügte er seinem Schreiben hinzu, daß man in Wirklichkeit vielleicht 20 bis 25 Millionen benötige, wenn man die begonnenen Bauten vollenden und die Finanzen in Ordnung bringen wolle. Der König blieb taub und wies Riedel in seine Aufgaben und Pflichten als ersten Finanzbeamten Bayerns zurück. Was brachte nun aber die „Tüchtigkeit“ dieses Finanzmannes zustande? Er spielte den schwer Gekränkten und reichte sein Rücktrittsgesuch ein. Das Ministerium besorgte ein übriges und drohte, anstatt Riedel gehen zu lassen, mit einem Gesamtrücktritt, falls dessen Gesuch genehmigt werden sollte.

So spielte man mit der hohen Person eines Königs, dem Staatsoberhaupt von Bayern, einstmals Schach! So verstrickte man ihn in Widerwärtigkeiten erbärmlichster Art und Weise, ihn, den einsamen König, den Retter Wagners, den Miteiner des Deutschen Reiches! Unter solchen Demütigungen ließ ein Kunstgenie seine Idealschlösser der Vollendung entgegengehen!

Riedel mußte bleiben, das Ministerium war aber ein für allemal in Ungnade gefallen. Und was das bei einem selbstherrlichen Menschen wie Ludwig II. bedeutete, kann man sich denken.

Zwischen beiden begann nunmehr ein äußerst erbitterter Kampf, der ein volles Jahr währte. Nur zwei Szenen aus diesem häßlichen Streit seien hier wiedergegeben, um die ganze Tragik erkennen zu lassen, wie sie langsam über Ludwig II. hereinbrach.

Zunächst ein Gespräch zwischen einem Minster und dem Kabinetts-Sekretär:

„Sehen Sie denn nicht, wie der König das royalistische Kapital verwirtschaftet, das ihm seine Vorfahren hinterlassen haben? Dieses Kapital kann ihm, kann dem bayrischen Volke schon in ganz kurzer Zeit fehlen! Das ist die Folge davon, wenn er glaubt, jede seiner Handlungen selbst bestimmen zu müssen. Er muß endlich begreifen, welche Stellung ein König im modernen Verfassungsstaat hat und welche Verpflichtungen er dem Reiche gegenüber eingegangen! Wir müssen Se. Majestät mit allem Nachdruck und in aller Form darauf aufmerksam machen, daß es so nicht mehr weitergehen kann. Es wird ein Ton erforderlich sein, der Sr. Majestät zeigt, daß es diesmal nicht mehr Spiel oder Traum, sondern Ernst ist. Die Zeitgenossen und die Geschichte sollen uns nicht vorwerfen, wir wären für königlichen Wahnwitz anstatt für vaterländische Interessen eines Volkes eingetreten!"

„Und wenn der König wieder nicht darauf eingeht?"

„Dann gibt es noch andere Wege, die beschritten werden müssen, dann ist der König als Kind zu behandeln. Mit den äußersten Mitteln, mit Abdankung und Entmündigung wird man auch ihn noch bezwingen können!"

„Das kann nur einer, der ihn nicht liebt, der seine Bauwerke haßt und der ihn für geisteskrank hält!"

„Ich nenne Ihnen viele, die es sofort für Bayern tun!"

Damit war das Gespräch zu Ende. –

Eine andere Szene auf „Neuschwanstein", wo der Hoffourier Hesselschwerdt von den schwärzesten Sorgen mit dem Könige spricht:

„Ew. Majestät wissen, wie sehr man den König der Bayern bewundert, die geschaffenen Bauten ehrt und das Eintreten für Wagner richtig zu würdigen beginnt. Ew. Majestät dürfen keine Unvorsichtigkeit begehen, um das Volk außer sich zu bringen. Denn es gehen allerlei Gerüchte um, wonach bestimmte Kreise den Wunsch haben, Ew. Majestät – Verzeihung für das harte Wort – für unzurechnungsfähig zu erklären!"

Ein grausiges Lachen. Der König ist keineswegs empört, wie Hesselschwerdt erwartet, und kann doch nicht so meisterhaft wie sonst über seine gewisse Betroffenheit hinwegspielen:

„Wer kann das sein? Ich kann mir nicht vorstellen, daß es solche Leute wirklich gibt oder jemals geben könnte!"

„Es ist noch nichts Positives gestaltet, aber es könnte eines Tages doch dazu kommen. Ich möchte nur warnen, nicht einer neuen Versuchung zu verfallen.“ (Der König hatte kurz zuvor von seinem Plan für die Burg Falkenstein gesprochen.)

„Ich habe nur den einen Wunsch, daß mein Volk begreift, daß ich letzten Endes nichts um meiner selbst willen getan, daß ich bemüht war, es für Schönheit zu begeistern und ein Land zu hinterlassen, das Ewigkeitswerte birgt!“

Hier bricht Se. Majestät das Gespräch ab und redet kein Wort mehr den ganzen Abend.

So kam das schicksalsvolle Jahr 1886 heran. Ludwig erhielt von Bismarck, an den er sich wie übrigens sein ganzes Leben hindurch nun auch in seiner Geldnot vertrauensvoll gewandt hatte, folgenden Ratschlag: eine Vorlage ist sofort im Bayrischen Landtag einzubringen, um die Mittel zur Deckung des Defizits in der Kabinettskasse wie auch zur Vollendung der königlichen Bauten bewilligen zu lassen. Dieser Rat war zwar wohlgemeint, aber auch Bismarck hat scheinbar die „tüchtigen“ Regierungsleute von München nur halb gekannt. Denn die Minister führten gehorsamst vertrauliche Verhandlungen mit führenden Mitgliedern der beiden Landtagskammern und konnten schließlich, wie nicht anders zu erwarten war, nur feststellen, daß dies Geldbewilligungsgesuch überall auf Widerstände stieß! In Wirklichkeit hatten die Zentrumsführer dem Ministerpräsidenten von Lutz vertraulich erklärt, sie wollten aus verschiedenen Gründen den König Ludwig gar nicht mehr, sie hätten nichts mehr für ihn übrig und würden gegebenenfalls sich weigern, seine Schulden zu bezahlen. Und in Wirklichkeit wollten die betreffenden Minister ihrem in Not geratenen Herrscher gar keine Hilfe mehr bringen und haben so auch jeden weiteren praktischen Vorschlag arglistig hintertrieben. In jedem anderen Lande hätte ein solcher Zustand genügt, um sofort die Anklage gegen die bestehende Regierung zu erheben. In Bayern geschah nichts, man „wurstelte weiter" und brachte später den Mut auf, diese Handlung zu rechtfertigen und dafür den König anzuklagen!

Die Geldnot wurde immer größer.

Im Frühjahr berichteten die Zeitungen davon, daß sich der bekannte seelische Krankheitszustand des Königs verschlimmert habe. Als Ludwig von diesen widerlich erfundenen Berichten Kenntnis erhielt, war er dermaßen verärgert, daß er solche Schmähungen seiner Person durch die Tat zu entkräften beschloß. Ganz gegen seine Gewohnheit ging er mitten am Tage spazieren und unterhielt sich überaus herzlich mit jedermann, der ihm zufällig begegnete. Und was taten daraufhin die Zeitungen? Nichts von dem, was sie an Sensationen in die Welt posaunt hatten, wurde widerrufen. Als deutsche Zeitungen hielten sie es nicht einmal für nötig, Dementi-Nachrichten über einen deutschen König richtigzustellen!

Als der Abgeordnete Schels, ein selbständiger, unabhängiger Mann, die Wiedereinführung der Zahlenlotterie vorschlug, um die Schulden des Königs mit einem Schlage aus der Welt zu schaffen, wurde sein Antrag von der

Regierung und der Presse bekämpft und als „müßige Betrachtung“ hingestellt. Man ging zur Tagesordnung weiter und hätte doch so leicht helfen können!

Nachdem der Herr Finanzminister in aller Öffentlichkeit erklärt hatte, daß die Schulden des Königs nicht infolge unrichtiger Finanzoperationen entstanden wären, sondern durch die anhaltende Baulust, und daß Se. Majestät von vielen Seiten durch ungeheure Überteuerungen übervorteilt, um nicht zu sagen, betrogen worden wäre, begnügte man sich einfach mit der „großartigen“ Feststellung und tat nichts. Anstatt den armen König von den öffentlich anerkannten unverschämten Forderungen wilder Bauleute und Lieferanten zu befreien, die betreffenden Herren der Staatsanwaltschaft zuzuführen, ließ man alles laufen, „wie es halt ging“, um es schließlich zu verdunkeln.

Jeder normale Mensch würde sich über solche Tatsachen entsetzen. Als der König von Bayern auf all diese Vorgänge hin an den Minister Feilitzsch die Erklärung abgab: „wenn dieser schandmäßige Unfug nicht aufhört, bleibt mir nur die Wahl zwischen freiwilliger Verbannung oder aufgezwungenem Selbstmord!“, da lächelte man in München und sprach von „Geisteskrankheit“!

Eine Katastrophe schien bei einer solch untätigen Regierungsvertretung bald unvermeidlich. Klagen wurden eingereicht. Die Börsenblätter in Wien und Berlin sprachen über die Krise ganz öffentlich, und ausgerechnet diejenigen verfolgten den König am meisten, denen er höchste Gunst erwiesen hatte.

Schließlich wurde Sr. Majestät das Treiben in der Residenz zu bunt. In dieser Kette staatspolitischer Verwicklungen griff er endlich zum letzten Mittel:

„Entweder die Regierung geht mit mir und setzt meine Anordnungen durch oder sie ist wider mich, dann hat sie abzutreten, dann ist sie durch eine neue sofort zu ersetzen!"

Das hatte auf die Amtskleber und Postenjäger gewirkt. Man wandte sich hilfesuchend an Bismarck. Der gab den einzig vernünftigen Rat, den großen Einsamen auf ordnungsmäßigem Wege zur Vernunft zu bringen. Und so erstattete man an Se. Majestät einen Bericht als Antwort auf das „Entweder-Oder", der nichts anderes war als ein Ultimatum:

„Um die Gant (= Konkurserklärung) vermieden zu wissen, muß der König auf schnellstem Wege zur Sparsamkeit seines Erlauchten Vaters zurückkehren, alle weiteren Bauten, Separatvorstellungen und verschwenderischen Geschenke sofort aufgeben und die kostspieligen merkwürdigen Aufenthalte in den Bergschlössern abkürzen. Se. Majestät wird gebeten, unverzüglich nach München zurückzukehren, seine bisherige Umgebung abzuschaffen und den Verkehr mit den zuständigen Ressortministern, dem Landtag und der Welt wiederaufzunehmen!"

Es war, wie gesagt, ein allerletzter Versuch. Das Ministerium hatte es doch noch gewagt, einmal wenigstens dem regierenden Fürsten bittere Wahrheiten ins Gesicht zu sagen. War es eine gezwungene Rückendeckung für spätere drohende Rechenschaften oder wollte man sich wirklich ganz ehrlich mit dem längst unerwünschten König noch weiter auseinandersetzen? Sei dem, wie ihm wolle, der Versuch kam naturgemäß jetzt, im Frühjahr 1886, zu spät! Der Versuch schlug sogar in sein Gegenteil um.

Ludwig war außer sich vor Wut. Er befahl Hesselschwerdt, „seinem Generalvertrauten“, dieses Pack von Ministern aus München fortzutreiben, die Kammer aufzulösen, bei dem Fürsten Thurn und Taxis eine Anleihe von 20 Millionen aufzunehmen und auch den Kaiser Franz Joseph anzugehen. Dringend wünschte er einen neuen Ministerpräsidenten und Finanzminister.

Da wachte man in München auf und kam dem hohen Herrscher und Vorgesetzten mit Amtshandlungen (!) zuvor, die wohl einzigartig in der Geschichte dastehen und hier noch einmal an den Pranger gestellt werden sollen.

In der aufregenden Zeit dieser Tage war in engsten Bürgerkresien aus der Hauptstadt des Landes eine Adresse an den König im Umlauf mit folgendem Wortlaut:

„Die in tiefster Ehrfurcht Unterzeichneten richten an Ew. Majestät die tiefergebene Bitte, Ew. Majestät möge es gefallen, in Ihre Residenz zurückzukehren und wenn auch nicht bleibenden, so doch regelmäßigen Aufenthalt hier zu nehmen. In unserer Bitte vereinigt sich gleichzeitig ein Herzenswunsch der Gesamteinwohnerschaft Münchens. Die Treue zu Ew. Majestät ist es ferner, die es uns als angenehme Pflicht erscheinen läßt, jene Geldmittel Ew. Majestäts Kabinettskasse zu überweisen, die erforderlich sind zur Begleichung sämtlicher Außenstände und zum Ausbau des Schlosses Herrenchiemsee. In tiefster Ehrfurcht verharren ...“

Unterzeichnet war dieser Brief mit den Namen von fünf bekannten einflußreichen Herren, und zwar drei Geldaristokraten, dem Inhaber eines berühmten Metallwerkes und einem Juwelier.

Der König gelangte nie in den Besitz dieses *einzig rettenden* Schreibens, weil schon damals auf Befehl der Regierung alle an den König gerichteten Schreiben über das „schwarze Kabinett" der Polizeidirektion München geleitet werden mußten, woselbst die Adresse mit dem Geldangebot zurückgehalten wurde! Warum?

Hätte das Volk damals von einem solchen schändlichen Treiben eines Sonderkabinetts gehört, fürwahr, es hätte mit den Herren Regierungsvertretern eine ganz andere Sprache geredet und die ganze Gesellschaft vom deutschen Erdboden für immer entfernt, so oder so!

Als der König keine aktive Hilfe mehr von seinen Beauftragten erhoffen durfte, handelte er selbst und nahm in einer verzweifelten Stimmung früher abgebrochene Verhandlungen mit dem Hause Rothschild von neuem auf, und zwar mit Erfolg. Aber auch dieser Erfolg wurde im letzten Augenblick noch vereitelt!

Man hatte ein Darlehen von 30 bis 40 Millionen Francs gegen vier Prozent Zinsen versprochen, das innerhalb einer bestimmten Zeit zurückgezahlt werden sollte. Hoffourier Hesselschwerdt, der schon früher mit Rothschilds Sekretär vermittelt hatte, erhielt den Auftrag, mit einem Schuldschein des Königs nach Paris zu gehen und dort die Millionen des Geldfürsten in Empfang zu nehmen. Da trat der oberste Hofstallmeister Graf Holnstein als direkter Vorgesetzter des königlichen Hoffouriers dazwischen. Er hatte schon einmal von den Verhandlungen Sr. Majestät mit Rothschild gehört und drohend geäußert:

„Gehorchen Sie mir, Hesselschwerdt, sonst kann es Ihnen eine teure Geschichte werden!"

So kam es, daß sich der Generalvertraute des Königs mit dem Schuldschein nicht nach Paris, sondern zu Graf Holnstein wandte, diesem das versiegelte Schreiben überreichte und sich zunächst in München versteckt hielt. Holnstein, der große Verräter, und Hesselschwerdt, der kleine Judas, eilten zum Minsterpräsidenten, worauf eine Audienz bei Prinz Luitpold nachgesucht wurde, der infolge der unheilbaren Krankheit des Prinzen Otto als Onkel Ludwigs dem Throne am nächsten stand.

Solange das Ministerium Lutz ungestört weiterregieren konnte, hatte es niemals an eine Entmündigung des regierenden Königs gedacht. Erst als das Zentrum bei einer neuerlichen Anfrage im Landtag zu verstehen gab, daß es die zeitlichen Schulden des Kabinetts in Höhe von neun Millionen nur dann decken wolle, wenn der König entmündigt würde, erst da verlor Lutz den Boden unter seinen Füßen vollends. Die zusagenden Liberalen nützten ihm nicht viel.

Als kurz darauf dem Ministerpräsidenten auch noch bekannt wurde, daß Se. Majestät den Freiherrn von Franckenstein, Häuptling der katholischen Partei, mit der Bildung eines neuen Ministeriums beauftragen wolle, dieser bereits zugesagt habe und nach Neuschwanstein abreisen wolle, da erreichte die ganze Tragik um den hilflosen König ihren furchtbaren Höhepunkt.

Jetzt mußten die raschesten Entschlüsse gefaßt werden, um dem handelnden König zuvorzukommen. Irgendwie mußte man zu einer wenigstens scheinbar rechtlichen Unterlage greifen: das Gesamtministerium wünschte dringend und erhielt Audienz beim Onkel des Königs. Dort öffnete man den versiegelten Brief (!) und verbot Hesselschwerdt, die Reise nach Paris fortzusetzen. Dann operierte man mit einem triftigen Grund, den König für unmündig zu erklären, legte ein ärztliches Gutachten vor, zog drei weitere hervorragende Ärzte zur Beratung hinzu und ließ das Gutachten beglaubigen. Gleich darauf trat in München ein heimlicher Familienrat zusammen, in dem die Prinzen gegen zwei Stimmen beschlossen, den König in Pflege zu nehmen. Graf Holnstein wurde als Vormund bestellt. Freiherr von Franckenstein durfte nicht weiterreisen, nachdem ihn Luitpold davon überzeugt hatte, daß „eben nichts mehr zu machen sei“!

Das alles entscheidende Gutachten, welches von dem berühmten Obermedizinalrat Dr. von Gudden, Direktor der öffentlichen Kreis-Irrenanstalten Oberbayerns, ausgearbeitet worden war und dem bayrischen Ministerium schon seit dem 23. März des Jahres 1886 zur jederzeitigen gefälligen Bedienung vorgelegen hatte, war in dieser Kabinettssitzung von den Ärzten Dr. Hagen, Dr. Grashey und Dr. Hubrich gegengezeichnet und hatte folgenden grausamen Wortlaut:

„Se. Majestät sind in sehr weit vorgeschrittenem Grade seelengestört, und zwar leiden Allerhöchstdieselben an jener Form von Geisteskrankheit, die den Irrenärzten aus Erfahrung wohlbekannt mit dem Namen ‚Paranoia' (= Verrücktheit) bezeichnet wird. Bei dieser Form der Krankheit, ihrer allmählichen und fortschreitenden Entwicklung und schon sehr langen, über eine größere Reihe von Jahren sich erstreckenden Dauer ist Se. Majestät für unheilbar zu erklären und ein noch weiterer Verfall der geistigen Kräfte mit Sicherheit in Aussicht. Durch die Krankheit ist die freie Willensbestimmung Sr. Majestät vollständig ausgeschlossen, sind Allerhöchstdieselben an der Ausübung der Regierung als verhindert zu betrachten und wird diese Verhinderung nicht nur länger als ein Jahr, sondern für die ganze Lebenszeit andauern." –

Soweit der Inhalt des Gutachtens, wie er dem bayrischen Ministerium bereits seit dem 23. März 1886 vorgelegen hatte!

Geistig umnachtet! Unheilbar!

Das war schon kein Gutachten mehr, das war ein Todesurteil, gesprochen von einem Manne der Wissenschaft. Der große Einsame sollte auf einmal lebensgefährlich sein für jedermann? Endlich hatte man die längst gewünschte scharfe Waffe in der Hand. Nun arbeitete die Staatsmaschinerie Schlag auf Schlag.

Während Fürsten, Prinzen und verwandte Könige zusammen mit Ministern und hohen Adeligen über die Art einer Abdankung und Entmündigung Ludwigs II. berieten, während sich die Völker in Erstaunen über die Baulustigkeit des „phantastischen“ Bayernherrschers in ihren Zeitungen besprachen, während der Ministerrat in München überallhin seine großen Bedenken gegen eine weitere derartige Regierungsart verkündete, raste der einsame König selbst in immer eiligeren Reisen von Linderhof nach Neuschwanstein, von dort nach Herrenchiemsee und wieder zurück nach Linderhof. Es waren Inspektionsreisen, die lediglich den Bauausführenden galten. Ohne Überlegung hätte dieser König damals gern seine Krone und sein Land hingegeben, wenn er nur einen Weg gesehen hätte, all seine Pläne finanziell verwirklichen zu können. Aus den Erfahrungen jedes begonnenen Schloßbaues entsprang ein neues Projekt, eine neue Idee, eine neue Sehnsucht. War das wirklich nur krankhafte Flucht vor sich selber, wie einige Ludwig-Biographen behaupten wollen? Oder ahnte der Einsame jenes Schreckliche, was ihm bevorstand, und wollte seiner Mitwelt noch viel mehr sagen?

Während ihn das herbe Leben auch noch um das letzte stille Glück auf Erden, die selbstgewählte Einsamkeit, betrügen wollte, während die deutsche Presse dazu überging, seine ureigensten stimmungsvollen Gewohnheiten zu bekritteln, während er selbst den politischen Machenschaften seiner Minister ganz aus dem Wege ging und versuchte, seine Finanzmisere höchstpersönlich zu beenden, wuchs sein ganzes Denken und Wirken ins Gigantische. Die einzige Lebensfreude, die ihm geblieben war, die Baulust, kannte keine Grenzen und Hemmnisse mehr.

In der Glasveranda seines Wintergartens auf Schloß Neuschwanstein sitzt der König in seiner Einsamkeit, umgeben von duftenden Blumen, sinnt und sinnt...

Drüben hinter Füssen liegt höchst pittoresk an einem steilen Abhang die Burgruine Falkenstein, das Wahrzeichen des Pfrondtener Tales, die höchstgelegene Burgruine Deutschlands, hoch über dem Alltag des Lebens, ein Nachbar der Wolken, mit dem Blick auf die Welt der Bergriesen. Hier sollte das vierte und letzte Modell, welches in deutschem, gotischem Stile ausgeführt war, Vollendung werden, hier sollte das Bauen einen krönenden Abschluß erfahren. (Vgl. Bild Nr. 31.) Wegen dieser Idee war der Kabinetts-Sekretär Pfister, der Nachfolger Düflipps, gegangen, weil er sie für Wahnsinn hielt, und Hauptmann a. D. Gresser an seine Stelle getreten. Mit diesem neuen Kabinetts-Sekretär, der allerdings von Jus und Kameralia keinen Buchstaben verstand, war der König bei mondhellen Nächten, gezogen von schnaubenden Pferden, die steile Bergstraße hinangefahren und hatte dann traumverloren von der höchsten Höhe des Felsens die nächtlichen Schattenrisse seiner Bergwelt bewundert, die er so liebte.

Konnte oder wollte er nicht begreifen, daß jetzt, in der Stunde höchster persönlicher Gefahr, sein Platz nicht mehr in dieser Gebirgswelt, sondern im Regierungsgebäude zu München sein mußte?

Der Einsame wartete auf die Rückkehr Hesselschwerdts, auf die Ankunft des neu ernannten Regierungschefs, Baron von Franckenstein, und sann und sann...

11. Die „Gefangennahme“ eines Königs

Am 5. Juni 1886 sandte das Ministerium von München aus zwei Telegramme hintereinander an einen Karl Theodor Freiherrn von Washington, damals auf Schloß Poels in der Steiermark wohnhaft. Das erstere lautete:

„bitte in höchstem auftrag behufs besprechung dringender angelegenheiten morgen samstag früh sicher zu reisen. bin bis achteinhalb uhr in meiner wohnung um elf uhr bestimmt im palais zu treffen. gez. freyschlag oberst.“

Einen fast lakonischen Wortlaut hatte das nachfolgende Telegramm:

„bitte im höchsten auftrag zur erledigung einer dienstlichen angelegenheit sofort hierher zu kommen.“ Es trug dieselbe Unterschrift.

Washington war ein im Ruhestand lebender Oberstleutnant und zugleich königlich bayrischer Kammerherr. Seine Beziehungen zum Königshaus rührten wohl daher, daß sein Vater in erster Ehe mit einer Schwester der Königin von Griechenland verheiratet war.

Lange genug hatte Prinz Luitpold gezögert. Er konnte und wollte sich nicht zu dem Furchtbaren entschließen, dessen unberechenbare Folgen er fühlte. Mehrere Male war das Gesamtministerium bei ihm vorstellig geworden, aber immer wieder hatte er den letzten Entscheid hinausschieben müssen und wiederholt kurze Bedenkzeit gewünscht.

Ob er wollte oder nicht – nach einem furchtbaren Seelenkampf, von dem keiner wußte, mußte er zögernd nachgeben unter dem Druck der von außen gebotenen Verhältnisse. Die Proklamation einer Regentschaft sollte jedoch erst dann der Öffentlichkeit unterbreitet werden, wenn der regierende König in aller Form von dem zwingenden Grund der getroffenen Maßnahme in Kenntnis gesetzt war. Das war die Bedingung an das Ministerium. Deshalb durften die Ämter rings um Füssen nichts von den Entschließungen der neuen Landesregierung erfahren. Selbst das Volk in München wußte nichts Bestimmtes und ahnte nur Ungeheures. Nachrichten auswärtiger Zeitungen wurden energisch dementiert.

Montag, den 7. Juni, wurde Freiherr von Washington in aller Frühe von dem Obersten Freyschlag mit größter Liebenswürdigkeit empfangen und mußte sein Ehrenwort geben, in Anbetracht allerwichtigster Staatsgeschäfte strengstes Stillschweigen zu üben. Dann wurde ihm die Stelle des zukünftigen ständigen Begleiters Seiner Majestät des Königs angeboten, die Washington nach anfänglicher energischer Ablehnung nur in reiner Verpflichtung zu seinem armen unglücklichen Landesherrn schließlich doch annahm.

Die neugebildete Kommission war damit vollzählig. Sie bestand einerseits aus einem Staatsminister, einem Reichsrat, einem Legationsrat, einem Oberst und einem Oberststallmeister mit dem offiziellen Auftrag, dem König ein Handschreiben im Namen der neuen Regentschaft zu übermitteln, und andererseits aus zwei Irrenärzten und vier Irrenwärtern mit dem Befehl, anschließend an die Regierungserklärung die Behandlung Sr. Majestät durch die Ärzte „möglichst schonend" sofort einzuleiten. Die Abreise dieser Gesandtschaft verzögerte sich durch die erneute Unentschlossenheit Luitpolds um einen weiteren Tag.

Endlich, am Mittwoch nachmittag, reiste man über Markt Oberdorf nach Füssen ab. Es herrschte eine unheimliche Stimmung. Verschiedene Eisenbahnbeamte ahnten vielleicht, was im Gange war, denn sie machten sehr ernste Gesichter.

In Füssen angelangt, verabschiedete sich Baron Malsen, um über Reutte hinüber zur Königinmutter zu fahren und diese auf das vorzubereiten, was unumgänglich war.

Gegen 11 Uhr nachts traf die Kommission in Hohenschwangau ein. Wieder war die ganze Stimmung unheimlich. Die gegenüberliegende Burg Neuschwanstein war noch beleuchtet, der König also zu Hause, wie man richtig nach München gemeldet hatte. Es war eine sternenlose, regenschwere Vorsommernacht.

Vor zweiundzwanzig Jahren war es, als eine ähnliche Deputation hierher kam, um den damals achtzehnjährigen Kronprinzen von der Todeskrankheit des Vaters in Kenntnis zu setzen und ihn in Anbetracht des Ernstes der Lage in die Hauptstadt des Landes zu bitten. Damals war ein einzigartiger strahlender Jüngling den Herren bereitwilligst nach München gefolgt. Jetzt aber sollte derselbe Mensch als unglücklicher, einsamer Mensch für immer untertauchen in ewige Nacht, in lebenslängliche Gefangenschaft! 22 Jahre lagen zwischen diesen beiden Ereignissen, und was für Jahre!

Unter den von der Regenlast der letzten Tage gebeugten Bäumen rollten die Wagen hinauf zum alten Schloß. Das schien wie verzaubert zu schlafen. Hier und da schlug ein Hund an. Der Wind hatte sich gelegt. Die am Wege stehenden schweren alten Ahornbäume ließen von den herabhängenden Zweigen dicke Tropfen fallen, als ob sie Tränen hinter der Kommission herweinten.

Niemand zeigte sich am Fenster. Keiner der königstreuen Bewohner hatte eine Ahnung, was bevorstand, nicht einmal das Stallpersonal noch der Getreueste aller Getreuen, Kammerdiener Weber. Nur ein einzelner wußte Bescheid, was in den nächsten Stunden in Szene gesetzt werden sollte: der Lakai Mayr, der nach wiederholtem strengem Einzelverhör erst am Tage vorher von München zurückgekehrt war. Es liegt die Vermutung nahe, daß auch der Schloßdiener Anton Niggl zuletzt zum Kreis der „Gewonnenen" gehörte. Er sowohl wie Lakai Mayr haben es fertig gebracht, bis zur Abfahrt des Königs von Neuschwanstein als „hilfsbereite" Verräter an der Seite ihres Königs zu bleiben, obwohl sie sich in ihren Herzen längst von ihm abgewandt und reichliches Material der Regierung zur Verfügung gestellt hatten.

Der alte Burgwart von Hohenschwangau, Schramm,

hatte rechtzeitig von München aus den harmlosen Auftrag erhalten, im Kavalierbau Zimmer für die Familie eines Barons herzurichten. Freilich staunte er gar sehr, als die fremde Gesellschaft dieses „Barons" erschien. Gehorsamst, wenn auch äußerst mißtrauisch, wies er den Herren mit ihrem Ausweis vom Ministerium die einzelnen Zimmer an. Im Hausflur warteten vier schwarzgekleidete Männer.

„Die Herren sind wohl die Kammerdiener der Herrschaften?"

„Nein, wir sind Irrenwärter, sind mit Herrn Dr. Gudden gekommen!"

Da horchte der alte Schramm auf.

Was wurde da eben gefragt?

„Hast du weiße Handschuhe mit, wenn wir zum König hinein müssen?"

Was war das? Was sollte das bedeuten?

Der Alte war entsetzt, lief auf und davon, setzte sich mit dem Lakai Mayr auf Neuschwanstein in Verbindung.

„Ist alles ruhig bei euch droben?"

„Jawohl! Warum?"

„Es ist ja auf einmal ganz dunkel bei euch, das ist doch sonst nie Sitte?"

„Der König hat mehrere Tage nicht geschlafen, ist völlig erschöpft in seinem Bett eingenickt und ruht friedlich wie alle anderen Menschen ringsum."

„Weiß er denn nicht, daß man ihn in wichtigen Dingen wird sprechen wollen?"

„Ja –"

„Wann sollen die Herren denn kommen? Um vier?"

„Nein, um Gotteswillen, dann ist es zu spät, dann ist er doch schon fortgefahren. Um drei, wie ausge –!“

„Was?“

„Nichts weiter! Um drei!“

Während dies geschah, hielten die Herren auf Schloß Hohenschwangau hinter streng verschlossenen Türen eine letzte kurze Konferenz ab. Es mußte noch einmal in allen Einzelheiten festgelegt werden, wie man dem „Geisteskranken“ am geschicktesten mit der Proklamation begegnen und wie man seine eventuellen Fragen am harmlosesten parieren könne. Der Obermedizinalrat disputierte heftig mit Reichsrat Graf Törring. Letzterer wollte jede Unvorsichtigkeit in Wort und Handlung vermieden wissen, weil es sich um eine Majestät handele. Schließlich kam man zu folgender Einigung: Baron von Crailsheim sollte als Staatsminister und Führer der Kommission vorangehen; die beiden Kuratoren Törring und Holnstein sollten ihn zu beiden Seiten decken. Dann erst durften die beiden Ärzte mit Legationsrat Rumpler als Protokollant eintreten, während die vier Pfleger vor der Tür zu warten hätten, um bei einem plötzlichen Tobsuchtsanfall Sr. Majestät sofort zur Stelle sein und den König überwältigen zu können. Nur über die Frage, ob man bei der allgemein bekannten Stärke des übermannshohen Kranken vorsichtshalber eine Zwangsjacke mitnehmen müsse, konnte man sich nicht einigen.

Als Kurator Holnstein aus Prestigegründen nicht zulassen wollte, daß eine so hohe Persönlichkeit bei der Überführung nach dem „Linderhof“ mit zwei Pflegern zusammen in einem Wagen fahren sollte, wie das Dr. von Gudden vorgesehen hatte, und als er die alleinige Begleitung des neuen Adjutanten Freiherrn von Washington vorschlug, wehrte sich dieser mit der Begründung, daß zu einem König, einmal für wahnsinnig erklärt, zunächst der Arzt und nicht der Adjutant gehöre. Nach langem Hin und Her sollte nunmehr Se. Majestät allein im Wagen fahren, nur ein Pfleger auf dem Bock neben dem Kutscher Platz nehmen und die Ärzteschaft im nächsten Wagen folgen. Gudden verlangte außerdem, daß während der Fahrt die Tür des königlichen Wagens mit einem Riemen gesichert würde, so daß sie nicht von innen geöffnet werden könne. Dabei wies er aus seiner langjährigen Erfahrung im Umgang mit Irren auf Fälle von urplötzlichem Fluchtversuch hin.

Um diese Bedingung erfüllen zu können, mußte man notgedrungen nachts den Sattler im Schloß wecken. Dies wiederum erregte ein ganz unerwartetes Aufsehen. Die Bedienten kamen zusammen und besprachen etwas, obwohl sie sich nicht recht vorstellen konnten, was eigentlich los war. Diese einfachen Leute holten heimlich ihre befreundeten Bauern aus dem Dorf herbei und dachten schon an Raubüberfall, sprachen von Attentat, Entführung und ungeheuerlichen Folterungen.

Die „hohe" Kommission schien dies weniger zu stören, denn sie fand noch Zeit und Gelegenheit, sich kurz nach Mitternacht vollzählig im Hotel „Lisl" zu Hohenschwangau einzufinden und dort sieben Gänge(!) mit zehn Flaschen Champagner und vierzig Maß Bier zu vertilgen – eine Speisekarte mit der Überschrift „Souper de la Majesté le roi" hat diese staatsdienerliche Roheit der Nachwelt überliefert. Auf der Rückseite dieser berühmt gewordenen Speisekarte war flüchtig ein bestimmtes Zimmer von Schloß Linderhof skizziert, wo der König zunächst untergebracht werden sollte.

Unter dem Einfluß des etwas reichlich genossenen Alkohols hätte nun Graf Holnstein den ganzen ersten Plan seiner Kommission mit einer allzu großen Schneid beinahe ins Wanken gebracht. Als er auf die Straße trat, sah er, wie der Leibkutscher des Königs, Osterholzer, die Pferde gerade vor den Wagen spannte. Se. Majestät wollte wie gewöhnlich pünktlich drei Uhr ausfahren. Da befahl der Graf dem Kutscher, sofort wieder auszuspannen, und machte die unkluge Bemerkung, daß ein anderer Wagen instandgesetzt sei und auch ein anderer Kutscher fahren solle.

„Aber der König hat doch befohlen!"

„Der König hat überhaupt nichts mehr zu befehlen, sondern nur Se. Königliche Hoheit Prinz Luitpold, haben Sie mich verstanden?"

Damit war entschieden zu weit gegangen. Ludwig II. war von seiner bevorstehenden Absetzung überhaupt noch nicht in Kenntnis gesetzt, und hier wagte einer diese voreilige Antwort. Mit seinem vorlauten Mut muß es allerdings bei diesem Grafen nicht allzuweit her gewesen sein, denn schon nach einigen Stunden bangte er um sein bißchen Leben wie eine zertretene Kirchenmaus. Wenn er überhaupt mit heiler Haut davongekommen ist, so hat dies der wunderliche Graf nicht etwa seiner „Alkohol-Schneid", sondern der Dienerschaft des Königs zu verdanken.

Der Kutscher Osterholzer war sich jedenfalls jetzt über den wahren Stand der Dinge im klaren. Er führte die Pferde in den Stall zurück und eilte so schnell, wie ihn nur seine Beine trugen, auf einem steilen verborgenen Waldpfad durch die Finsternis der Nacht hinauf nach Schloß Neuschwanstein. Dort weckte er den auf einer Notruhebank schlafenden Schloßdiener Niggl, ließ durch diesen den Kammerdiener Weber verständigen und Se. Majestät wecken.

Als Osterholzer atemlos ins Zimmer trat, sich vor dem König auf die Knie warf und in seiner Aufregung nur einige zusammenhanglose Worte hervorstammelte, verstand ihn Ludwig nicht und mußte Weber fragen. Letzterer erklärte ihm, daß man sich drunten im Tal mit feindlichen Absichten gegen Se. Majestät trage.

Der König erschrak heftig und sprach laut mit seinem Diener Auge in Auge, nicht mehr wie im ganzen letzten Jahr nur durch die Tür. Und auch die Diener durften laut antworten und brauchten auf einmal keine Zeichen mehr mit den Händen zu geben, wie das sonst streng befohlen war. Osterholzer riet zur augenblicklichen Flucht. Weber erbot sich, in jeder Weise behilflich zu sein, komme, was da mag. Allein der König wies ihr Anerbieten zurück mit den Worten:

„Warum soll ich fliehen? Wenn mir wirklich Gefahr drohte, würde Karl es mir aus München geschrieben haben!"

Mit diesem „Karl" meinte er Hesselschwerdt, einen seiner kleinen Verräter, zu dem er ahnungslos immer noch größtes Vertrauen hegte.

Nach kurzer Überlegung ließ er die ganze Dienerschaft im Schloß zusammenrufen und ordnete an, sofort alle treuen Bauern aus der Umgebung und die Schwangauer Feuerwehr zu alarmieren. Das war gegen zwei Uhr nachts.

Ringsum hingen noch die Bergspitzen in den schweren Wolken. Wie geisterhafte Nebelgestalten zogen diese Wolken vom Westen heran und lagerten sich in tiefen Schleiern um den Kalksteinfelsen, als ob sie etwas vor den Augen der Welt verdecken wollten, was schandbar und unabänderlich vor sich gehen sollte. Von den Lärchen und Föhren des Zauberwaldes tropften auch hier oben in tausend Meter Höhe noch immer die Tränen eines dreitägigen Regens.

Der Wunderbau war wieder hell erleuchtet. Aber nicht nur droben im Schloß, auch drunten im Tiefland war auf einmal alles in Bewegung. Das heimliche Eintreffen einer Deputation aus der Residenz war verraten worden. Die Herren, welche sich eben in eine große Uniform geworfen hatten, hegten keine Zweifel mehr daran, daß sie durch die Unvorsichtigkeit des Grafen in eine besonders unangenehme Lage versetzt waren. Ein Schauer überlief sie alle, als sie sich nach kurzer Ruhepause auf den Weg machten und als jetzt Neuschwanstein wie ein riesiges leuchtendes Gespenst aus dem Nebeldunst hervorschimmerte.

Auf der breiten, vom Dorfe nach der Höhe des Felsens steil hinaufführenden Serpentinenstraße näherten sie sich der stolzen Burg. Sie wollten tatsächlich wagen, dem ersten offenen Verfechter einer deutschen Reichsgründung, dem glühendsten Verehrer und Wegbahner Richard Wagners, dem Erbauer der schönsten Kunstschlösser der Welt, dem größten Romantiker aller Könige der Erde ins Gesicht zu sagen, daß er den Händen von Irrenärzten übergeben werden müsse und nicht länger regieren dürfe. Die Stimme hätte diesen Schloßgesandten in der Kehle steckenbleiben sollen in dem Augenblick, als sie sich die Entmündigung eines Menschen anmaßten, der nicht nur körperlich, sondern vor allem auch geistig hoch über ihnen allen stand, in jenem Augenblick, als Spezialärzte einen Sonderling für verrückt erklären wollten, den sie noch nicht einmal untersucht hatten und der – bei Gott! – vielleicht vernünftiger über manches und manchen in der Welt dachte als die superklugen Gelehrten!

Sei dem, wie ihm wolle – die tieftraurige Tat geschah!

Mittlerweile war es drei Uhr geworden.

Am Tor des Schlosses hatten bereits acht Gendarmen zu Fuß und zwei zu Pferd Aufstellung genommen, mit aufgepflanztem Bajonett und geladenem Gewehr. Die „verrückte“ Majestät hatte die vorsorglichen Pläne einer hohen Kommission längst überrannt!

In kaum einer Stunde hatten die Stallknechte und Diener Lärm in allen umliegenden Dörfern geschlagen. In kaum einer Stunde wimmelte es in Hohenschwangau bis hinunter nach Füssen und hinüber nach dem Ort Schwangau von königstreuen Bauern, die, mit Messern bewaffnet, bereit waren, ihr Leben aufs Spiel zu setzen zum Schutze des Königs, als sie hörten, daß man einen Überfall auf den Einsamen plane. Füssen selbst hatte seine Feuerwehrmannschaft mit dem dort stationierten Polizeimeister losgeschickt.

Vor dem Tor von Neuschwanstein wurde der Kommission der Eintritt ins Schloß verweigert. Da erklärte Flügeladjutant von Holnstein, daß man im Auftrage des Prinzen Luitpold ein amtliches Schreiben zu überbringen hätte, und zeigte dabei die eigenhändige Unterschrift Sr. Königlichen Hoheit vor, was der sonst so schneidige Graf an dieser Stelle einer Burg bestimmt nicht nötig gehabt hätte. Der Hauptwachtmeister würdigte die schriftliche Vollmacht kaum eines Blickes und erklärte wörtlich:

„Ich brauche nichts Schriftliches! Ich kenne nur *einen* Befehl, und der kommt von Sr. Majestät dem König. Ich bin Familienvater. Sie können mich meinetwegen erschießen lassen. Aber vorerst kenne ich nichts anderes als den direkten Befehl Sr. Majestät. Ich lasse Sie nicht herein und werde mit Gewalt den Eingang bewachen!"

Wie peinlich der ganze Auftritt auch gewesen sein mag, so konnte doch keiner der Herren leugnen, daß diese wachthabenden Soldaten pflichtgetreu handelten, wenn sie ohne Rücksicht auf die glänzenden Uniformen der Hof- und Staatsbeamten unerschütterlich an ihrem „Unser König hat es befohlen, und ihm gehorchen wir!" festhielten.

Der Wachtmeister hatte kaum gesprochen, da kam ein Weib den Berg herauf und schrie:

„Ich lasse ihn nicht, meinen Ludwig, den ich liebe! Nein, ich lasse ihn nicht den Landesverrätern!"

Es war die russische Baronin Spera von Truchseß, die infolge einer gewissen Krankheit schon öfters Heilung im benachbarten Kaufbeuren hatte suchen müssen und seit langem für den bayrischen König in Liebe entbrannt war. Um immer in seiner Nähe zu sein, hatte sie sich an der Landstraße zwischen Füssen und Schwangau ein Schlößchen gebaut. Dr. med. von Gudden, in dessen Behandlung die wilderregte Russin einmal gewesen und der sie auch sofort wiedererkannte, meinte etwas sarkastisch zu einem seiner Begleiter:

„Die hat uns gerade noch gefehlt, diese Närrin!“ Auch die Baronin schien die Kommissionsmitglieder fast alle zu kennen, denn sie beschimpfte einen jeden von ihnen.

Was anderen nicht gelang, setzte sie durch. Mit ihrem Regenschirm wild um sich fuchtelnd, entwand sie sich bald den rauhen Armen der Irrenpfleger und Gendarmen und drang bis ins Vorzimmer Sr. Majestät. Dort beteuerte sie immer aufs neue, daß sie ihren geliebten Ludwig bis zum letzten Blutstropfen verteidigen wolle, berichtete genau, was sie am Toreingang alles gesehen hätte, und beschwor den König, sofort nach München zu reisen.

Der König reichte ihr an der Schwelle zu seinem Ankleidezimmer die Hand und erwiderte in gütigem Tone:

„Wollen Sie nicht Ihren Gatten kommen lassen und unter seinem Schutz in Ihre Villa zurückkehren?“

Die Baronin überhörte das und bot ihr ganzes Vermögen zur letzten Rettung an. Se. Majestät wehrte die russischen Millionen kühl ab, mit denen er seine Kabinettskasse leicht hätte retten können, nicht weil er verrückt war, sondern weil in diesem Augenblick sein deutsches Herz zu stolz schlug. Er rief einen Diener herbei und ließ die gute Baronin in ein anderes Vorzimmer hinausführen, weil ihr Geschrei ihn „langweilte".

Inzwischen wollten sich die Mitglieder der Kommission mit Gewalt den Einlaß erzwingen. Das nützte jedoch nichts, denn sofort erhob der Polizist sein Gewehr, die übrigen Gendarmen drangen vor, und ein Kolbenstoß traf einen der Krankenwärter. Dabei fiel ein Fläschchen zu Boden, das stark nach Chloroform roch. Der Hauptwachtmeister schrie:

„Zum letzten Male auf Befehl Sr. Majestät des Königs – keinen Schritt weiter oder ich gebe Feuer!"

„Wir werden uns nach Schloß Hohenschwangau zurückbegeben. Sie erhalten dann von München aus weiteren Bescheid!", war die recht kleinlaute Antwort Holnsteins.

In der Tat zog die hohe Kommission unverrichtetersache wieder ab. Aber welch ein Rückzug war das! Aus den Schluchten und Tälern des finsteren Gebirges eilten etwa 40 Feuerwehrleute bergan, welche der Bauer Josef Niggl mit seinem Fuhrwerk im Galopp bis nach Hohenschwangau gebracht hatte. Verbissenheit spiegelte sich in eines jeden Gesicht. Sie waren bis an die Zähne bewaffnet. Sturmlaternen blitzten aus dem Dunkel auf. Es war, als ob die Hölle zum Morden aufbrechen wolle. Welch ein Glück für die Kommission, daß sie unerkannt und vorläufig noch unbelästigt blieb!

Das Gerücht von einer Entführung des einsamen Königs hatte sich mit Windeseile im weiten Schwanengau verbreitet. Unten im Dorf von Hohenschwangau durchfluteten johlende Bauernburschen mit Dreschflegeln, Hacken und Beilen, Heugabeln und Messern die Hauptstraße. Zu ihnen gesellten sich Jäger, Holzer und Bauarbeiter, alle willens, vor ihren König zu treten! Die feinen Herren aus München hatten gar große Mühe, sich durch die burgwärts ziehende Menschenmenge hindurchzuflüchten und in rasender Fahrt ihr eigenes Leben bis zum gegenüberliegenden Schloß sicher zu wissen.

Diesmal, als es um die eigene Lebensrettung ging, beschloß man sofort einstimmig(!), nach München zurückzukehren, neue Befehle einzuholen und eventuell mit Gewalt des Königs habhaft zu werden. Aber Ludwigs maßlose Wut durchkreuzte diesen einstimmigen Angstbeschluß. Die „elenden Hochverräter" sollten nicht ohne die gebührende Strafe davonkommen, das „ganze Lumpenpack" sollte das schwere Verbrechen einer treulosen Insubordination furchtbar büßen!

Der einsame König kannte sein ganzes Leben hindurch nichts Schändlicheres als Untreue und Verrat. Ein finsterer Dämon beherrschte jetzt alle seine Sinne. War er noch ein König oder war er es schon nicht mehr?

Es war am frühen Morgen des noch jungen Tages. Gendarmeriewachtmeister Boppeler war von Se. Majestät befohlen worden und hatte den Auftrag erhalten, die Kommission geschlossen in Haft zu nehmen.

Die Herren waren gerade beim Umkleiden begriffen, als sie in ihren Zimmern überrascht wurden und abgeführt werden sollten. Minister Crailsheim fuhr auf Boppeler los und hielt ihm vor, daß er durchaus kein Recht habe, so zu handeln. Allein der biedere Mann antwortete schlicht:

„Ew. Excellenz! Ich befinde mich in einer peinlichen Verlegenheit. Nicht mit *einem* Worte hat man uns auf das vorbereitet, was hier geschehen sollte. Wir haben keinerlei Weisung darüber, wie wir uns unserem Herrn gegenüber zu verhalten haben. Ich habe Sr. Majestät so viele Jahre gedient und noch in dieser Stunde bin ich sein Beamter. Ich kann die Liebe und Treue der vergangenen Jahre nicht in ein paar Minuten vergessen und mich entschließen, als meines Königs Feind aufzutreten!"

Alle wurden verhaftet außer Legationsrat Rumpler. Der konnte recht bezeichnenderweise den Schergen des Königs entgehen. Man hatte ihn unten vor dem Marstall in seinem roten Staatsrock angetroffen und nicht für einen der wichtigen Minister aus München, sondern für einen der gerade in Hohenschwangau anwesenden Gaukler gehalten!!

Die Einholung der Arrestanten war noch unrühmlicher als ihr Rückzug vor wenigen Stunden. Graf Holnstein wollte durchaus fahren. Der Polizeimeister nahm aber keinerlei Rücksicht auf den verständlichen Wunsch. Jeder mußte zu Fuß durch die aufgeregte Volksmenge schreiten. Der Serpentinenweg zur Burg wimmelte von Leuten, die von überallher gekommen waren, um jeden Widersacher totzuschlagen. Es bedurfte einiger Energie der Feuerwehrleute und Gendarmen, die Bevölkerung davon abzuhalten, ihre Drohungen in Handgreiflichkeiten umzusetzen.

Am bedenklichsten wurde zeitweise die Lage der Dinge

für den Obermedizinalrat Dr. von Gudden. Denn der Volkshaufe hatte inzwischen erfahren, daß er allein es war, der den König von Bayern für geisteskrank erklärt hatte. Oben im Burghof stürzte man auf ihn los und drohte mit aller Macht, den „gemeinen Schandbuben“ in den nahen Pöllatfall hinunterzustürzen.

Keiner aus der Menge wußte etwas von der neuen Proklamation des Ministers Feilitzsch in München, weil dieselbe in Schwangau nicht eher verbreitet werden durfte, bis der König sie selbst in Händen hatte. War das wirklich der einzige Grund? Man kannte doch sonst solche edle Rücksichtnahme in der Residenz nicht, wenn man es auf der anderen Seite fertigbrachte, einen Menschen für verrückt zu erklären, den man noch nicht einmal einer Untersuchung für würdig erachtet. Oder war es gar die Angst vor den vielen Königstreuen? Und war das Gewissen in der Residenz letzten Endes doch nicht ganz so rein, wie man es hinzustellen beliebte?

Der König hatte nur ein einziges Mal seine urdeutschen Bauern rufen lassen, um mit ihnen seinen Thron zu verteidigen, den man ihm rauben wollte, und sie alle, alle waren gekommen, Treue um Treue für den geliebten Landesherrn. So standen sie jetzt da, zu drohenden Klumpen geballt, große Kinder in unschuldiger Wut, weil man ihnen ihr herrliches Wunder nehmen will! Unschädlich machen wollten sie diese „Pflastertreter aus der sündenschwangeren Hauptstadt“, „diese Lumpen in ihren hell leuchtenden Uniformen“, unschädlich für immer! Man wartete nur noch auf den höchsten Befehl Sr. Majestät.

Vielhundertstimmig brauste das „Heil unserem König!" über die Schwächlinge hinweg, die zunächst in einem kleineren Holzknechtszimmer eingesperrt wurden. Erst später, als der Bezirksamtmann von Füssen eingetroffen war und die Oberleitung des Schloßdienstes auf Neuschwanstein übernommen hatte, wurde angeordnet, daß die Gefangenen in drei Zimmern unter dem Schutz von vier Gendarmen im Torbau unterzubringen wären. Die Empörung der Menge war nämlich aufs höchste gestiegen, als man in einem Wagen der Kommission außer Betäubungsmitteln und Riemen zum Festschnallen auch noch Zwangsjacken vorgefunden hatte. Damit waren die geplanten Methoden offenkundig für jedermann geworden.

Die Lage wurde immer verwickelter, die Ungewißheit über das Kommende immer größer. Crailsheim schrieb hastig einen Zettel:

„Höchste Eile tut not; wir sind in größter Lebensgefahr. Der König hat befohlen, uns zu töten. Bringen Sie so schnell wie möglich Hilfe!"

Diener als heimliche Überläufer schmuggelten diesen Zettel nach Hohenschwangau an Legationsrat Rumpler durch.

Droben raste der wildgewordene Einsame in seinem Gemach und vergaß sich fast in einem grausamen Haß. Seine blinde Wut kannte keine Grenzen mehr, als ihm Kammerdiener Weber auch noch berichtete, daß sich der Freund seiner Kindheit und Jugend, Graf Holnstein, unter den Mitgliedern der Kommission befand. Da brauste er auf:

„Die Gefangenen sind in Ketten zu legen, bis auf die

Knochen zu verprügeln. Speise und Trank ist ihnen zu verweigern. Zuletzt sind ihnen die Augen auszustechen!"

Dieser furchtbare Befehl, den man nur verstehen und verzeihen kann, wenn man sich immer wieder der arglistigen Täuschung des Königs und der bodenlosen Gemeinheit einer Vorbereitung erinnert, wurde von Sr. Majestät niedergeschrieben und zur sofortigen Vollstreckung weitergegeben.

Als Crailsheim davon hörte, bot er ein hohes Lösegeld an. Holnstein besaß wenigstens größeren Mut und bat einen der Wächter, ihn niederzuschießen, um ihn vor einem noch erbärmlicheren Ende zu bewahren. Der Bezirksamtmann, dem es geglückt war, die Menge draußen zu beruhigen und nach Hause zu schicken, wußte sich bald keinen Rat mehr. Die Diener schauderten zurück vor solchen Befehlen.

Endlich – nach zwei Stunden bangen Wartens – kam für sie die entscheidende Lösung. Auf telegraphischem Wege war die Proklamation des Prinzregenten dem Bezirksamtmann von Füssen zugestellt worden. Dieser enthaftete daraufhin die Kommission, las den Feuerwehrleuten und Gendarmen den Inhalt des bedeutungsvollen Telegramms vor und ließ die Münchener Herren vorsichtshalber sich einzeln entfernen. Nach Eingang eines weiteren Telegramms zog sich auch der Amtmann wieder zurück, indem er sich auf seinen Beamteneid berief. Mit großer Mühe und Not, auf Schleichwegen um das nahe Dorf herum, auf weiten, aber desto sicheren Umwegen gelangte die Deputation unbehelligt nach der Residenz, wo sie von Ministerpräsident Lutz aufs neue empfangen wurde. –

Mit der scharfen, durch keinerlei Geisteskrankheit gestörten Logik seines Denkens, mit welcher Ludwig alle möglichen Widerstandspläne durch Feuerwehr und Gendarmerie gegen den bis ins einzelne vorbereiteten Überfall auf seine Person erwogen hatte, mit derselben Logik hatte er in der hinter ihm liegenden Nacht seinen Flügeladjutanten Graf Alfred von Dürckheim-Montmartin telegraphisch zu sich rufen lassen. Er hatte genau gefühlt, daß auf die Dienerschaft kein einwandfreier Verlaß mehr war und daß sich unter dieser einige Spitzel und Verräter befinden mußten. Auf jeden Fall hatte er eingesehen, daß es ihm zum Verhängnis werden könnte, in Stunden größter Not keinen einzigen Freund oder Vertrauten um sich zu wissen. Auf Dürckheim, der ihm seit Mai 1883 persönlich verpflichtet und besonders ergeben war, hatte er in jenem entscheidenden Stunden seine ganze Hoffnung gebaut.

Ruhelos schritt der unglückliche Wanderer zwischen zwei Welten in seinem hohen Thronsaal auf und ab, trat oft ans Fenster, überblickte schwermütig das wunderbare Bergpanorama seines Märchenlandes, gedachte der Tage berauschenden Glückes und herrlichster Einsamkeit hier oben, jener königlichen Erhabenheit über die kleinlichen Alltagssorgen vieler anderer Menschen. Wird Dürckheim kommen oder ist auch er ein Hochverräter, einer von den Schurken, die er noch gefangen auf seiner Burg wähnte?

Der Graf kam – schneller, als er sich's gedacht. Höchst sensationelle Drahtmeldungen hatten ihn auf dem Gute seines Vaters aufgestört. Mit zuschanden gerittenem Pferd war er nach Hohenschwangau geeilt, hatte sich in Hotel

„Alpenrose" in Uniform geworfen und stand nun als Ludwigs letzter Ritter vor seinem Herrn und König, nachdem er beim Eintreffen auf der Burg die versammelte Feuerwehr unter Worten der Anerkennung entlassen hatte.

Er erschrak heftig, als er mit einem vollständig zusammengebrochenen Menschen zusammentraf, der am Bettrand sitzend immer nur von Halunken, erbärmlichen Hunden und Affen sprach, bei der geringsten Regung sich wild aufbäumte und forderte:

„Solche Minister muß man in einen Käfig einsperren und dem ganzen deutschen Volke als Sehenswürdigkeit ersten Ranges vorführen lassen; auf jeder Volkswiese, bei jeder sich bietenden Gelegenheit müssen diese erbärmlichen Wichte als das öffentlich ausgerufen werden, was sie wirklich sind: Abschaum einer Menschheit!"

Dürckheim suchte zu beruhigen:

„Ew. Majestät sollten die Klugheit und starke Besonnenheit in diesen Augenblicken höchster Gefahr nicht ganz außer acht lassen!"

„Was meinen Sie damit? Wollen Sie mir etwa neue Schrecken einjagen? Reden Sie! Heraus mit der Sprache! Ich bin auf alles gefaßt und zu allem fähig, ich, der König!"

„Nun – die Haltung der Behörde von Füssen gibt mir doch zu denken. –"

„Was soll das heißen? Quälen Sie mich nicht länger! Hat man mich noch weiter hintergangen?"

„Wenn ich nicht irre, dann hat der Amtmann von Füssen eine telegraphische Anfrage nach München gerichtet."

„Warum? Wie ist das möglich? Woher wissen Sie?"

„Mir sagte es ein königlicher Postbeamter in strengstem Vertrauen!“

„Was denn für eine Anfrage?“

„Das wage ich nicht vor Ew. Majestät auszusprechen!“

„Dann befehle ich es!“

„Eine Frage, ob der Oheim Ew. Königlichen Majestät tatsächlich die Regentschaft –“

„Die Re – gent – schaft?“

Ludwig hallten diese Worte wie ein Echo nach. Er war leichenblaß geworden. Dürckheim schwieg.

„Die Regentschaft, wirklich? Soweit ist es also schon gekommen? Dann hat man mich in der Residenz hinter meinem Rücken um meine Krone bereits bestohlen?“

„Jawohl, Ew. Majestät!“

„Gut –!“

Der König war auf einen Sessel niedergefallen und blieb wie erstarrt eine Weile sitzen. Der Graf wagte nichts weiter auszusprechen.

„Und wenn der Amtmann von Füssen wirklich angefragt hat – und wenn die Antwort in bejahendem Sinne – und wenn ...“

Dürckheim konnte nicht mehr aufblicken und blieb eine Antwort schuldig. Nun wußte der König, wie alles stand. In seinen Augen zeigten sich Tränen. Ein furchtbares Schütteln ging durch seinen hohen Körper. Dann schluchzte er wie ein Kind. Denn jetzt erst ahnte und fühlte er das Ungeheure, das sich wie eine Lawine auf ihn mit voller Wucht herniederwälzte. Man hatte bereits zum letzten Schlage ausgeholt, noch ehe er es gewußt!

Mühsam redete endlich Dürckheim auf ihn ein, diesen Schlag zu parieren wie ein ganzer König, sofort in die Residenz zu eilen, sich dem treu ergebenen Volke zu zeigen und damit persönlich die gemeine Behauptung in alle Winde zu zerstreuen, daß er geisteskrank sei.

Zweifellos wäre die Verwirklichung des wohlgemeinten Rates das einzige Mittel zur Befreiung gewesen; das ganze bayrische Volk hätte sich um seinen Monarchen geschart wie eine Mauer. Der König aber sah das alles nicht gleich ein, vielleicht weil so vielerlei überraschend auf ihn einstürzte. Er erklärte, daß er im Augenblick allzu abgespannt sei, fügte jedoch hinzu, daß er am folgenden Tage reisen wolle. Wie aus einem matten Schlummer erwachend, halb um Hilfe flehend, meinte er zuletzt:

„Jemand Verläßlichen zu Bismarck!"

Die Regierung hatte es zwar unterlassen, die Beamten des Distriktes Schwangau von dem, was man vorhatte, zu benachrichtigen, war aber vorsichtig genug, die Postämter im ganzen Umkreis von einer bevorstehenden Umwälzung in Kenntnis zu setzen. Alle weiteren Telegramme Ludwigs konnten deshalb nicht mehr auf bayrischem Gebiete bestellt werden, sondern mußten über die nahe Grenze auf Tiroler Gebiet zur Aufgabe gelangen. Mit dem Telegramm an Bismarck machte sich der Adjutant persönlich auf nach Reutte, damit es von keinem Zwischenträger unterschlagen oder gar abgefangen werden konnte.

Bismarck gab antwortlich denselben Rat wie Graf Dürckheim. Der König erklärte nunmehr bestimmt, am nächsten

Tage in die Residenz eilen zu wollen. Daraufhin entwarf der Adjutant eine Proklamation an das bayrische Volk und die gesamte deutsche Nation, die er einen Tag zurückdatieren und vom König eigenhändig unterzeichnen ließ, folgenden Inhalts:

„Der Prinz Luitpold beabsichtigt, sich ohne Meinen Willen zum Regenten Meines Landes zu erheben, und Mein bisheriges Ministerium hat durch unwahre Angaben über Meinen Gesundheitszustand Mein geliebtes Volk getäuscht und bereitet hochverräterische Handlungen vor. Ich fühle Mich körperlich und geistig so gesund wie jeder andere Monarch, und der geplante Hochverrat ist so überraschend, daß Mir keine Zeit bleiben wird, Gegenmaßregeln zur Vereitelung der vom Ministerium beabsichtigten Verbrechen zu treffen. Falls die geplanten Gewaltakte zur Ausführung kommen und Prinz Luitpold ohne Meinen Willen die Regierungsgewalt an sich reißt, beauftrage ich Meine treuen Freunde, mit allen Mitteln und unter allen Umständen Meine Rechte zu wahren.

Ich erwarte von allen treuen Bayerischen Beamten, insbesondere aber von jedem ehrliebenden Bayrischen Offizier und jedem braven Bayrischen Soldaten, daß sie eingedenk des heiligen Eides, durch welchen sie Mir Treue gelobt haben, Mir auch in diesen schweren Stunden treu bleiben und Mir im Kampfe gegen die nächststehenden Verräter beistehen werden. Jeder königstreue Bayer wird aufgefordert, den Prinzen Luitpold und das bisherige Ministerium als Hochverräter zu bekämpfen. Ich fühle Mich mit Meinem geliebten Volk eins und bin der festen Überzeugung, daß Mein Volk Mich gegen den geplanten Hochverrat schützen wird."

„Gegeben zu Hohenschwangau am 9. Juni 1886

Ludwig,

König von Bayern, Pfalzgraf b. Rh. usw."

Diese Proklamation konnte leider durch die bayrischen Telegraphenämter nicht mehr verbreitet werden, sondern nur noch durch Flugblätter. Dürckheim, der letzte Getreue des Einsamen, arbeitete fieberhaft weiter, entwarf ein längeres Telegramm an den Kaiser von Österreich mit der Bitte, dazwischenzutreten und eine blutige Revolution zu vereiteln, gab einen Notruf ab an den Ministeranwärter Baron von Franckenstein mit dem Auftrag, umgehend ein neues Ministerium zu bilden, und schrie die Reiter an:

„Spannt an und fahrt so schnell, wie Ihr nur könnt, nach Reutte, wenn auch alle vier Pferde dabei zugrunde gehen!"

Gleichzeitig machte die Kaiserin Elisabeth, welche sich gerade auf ihrem Sommersitz Feldafing am Starnberger See aufhielt, die größten Anstrengungen, ihren Gemahl zu einer Intervention zu bewegen.

Leider ging die allerwichtigste und letzte Depesche, welche einen praktischen Erfolg gehabt hätte, durch die Hände des ungetreuen Lakaien Mayr; es war die Aufforderung an den General Muck und das Kemptener Jägerbataillon, sich sofort auf Neuschwanstein einzufinden und Se. Majestät zu beschützen. Mayr, der Verräter, brachte es fertig, einige Worte hinzuzufügen, die den Kommandanten wiederum veranlaßten, erst beim Kriegsminister einen zustimmenden Befehl einzuholen. München verneinte, das Jägerbataillon durfte nicht kommen. König und Adjutant warteten vergebens, weil sie nichts von der gemeinen, hinterlistigen Tat des Lakaien wußten.

Zögernd nur stand Dürckheim bei einem zweiten Gespräch mit dem König Rede und Antwort:

„Sind meine Befehle an der Kommission vollzogen?"

„Ew. Majestät ..."

„Sind sie vollzogen, ja oder nein?"

„Ew. Majestät – die Rückdepesche an den Bezirksamtmann von Füssen – man hat die Herren aus der Haft entlassen müssen –"

„Verräter!"

„Majestät – ich trage dieses harte Wort – ich nehme es auf mich, obwohl ich nichts mehr verhüten konnte – es war bereits geschehen, als ich eintraf ..."

Der König lachte grausig.

„Bin ich eigentlich noch Herr im Lande oder bin ich es nicht mehr?"

„Majestät – ich weiß es nicht!"

„Hahaha! Verräter, elende Hochverräter!"

Verzweifelt fuchtelte Ludwig mit beiden Händen durch die Luft und raufte sich sein reiches Haar. Erst als sich seine Wut gelegt, fiel er völlig mutlos in sich zusammen.

So verstrichen wieder zwei Stunden. Noch immer war das Kemptener Jägerbataillon nicht eingetroffen. Der König verlor seine allerletzte Widerstandskraft, zu der er sich aufraffen wollte, und erklärte seinem Adjutanten gegenüber, daß er sich außerstande fühle, ohne das Militär nach der Residenz zu fahren. In seinem übernervösen Zustand, bei seinem schlechten Aussehen könne er sich so unmöglich öffentlich zeigen.

Dürckheim war dem Verzweifeln nahe. Allmählich sah er selbst ein, daß eine Befreiung ausgeschlossen und daß das ganze Unglück über seinen geliebten Monarchen jämmerlich hereinbrechen würde. Er tat ein Allerletztes und riet dringend zur Flucht:

„Höchste Gefahr ist für Ew. Majestät im Verzuge. Fliehen Sie über die Grenze, suchen Sie Schutz beim Kaiser von Österreich und seiner hohen Gemahlin, es sind doch nur Stunden bis zum Gebiet des benachbarten Freundesstaates, nutzen Sie diese Stunden, ehe es zu spät, ich beschwöre Ew. Majestät; ich verbürge mich mit meinem Leben, folgen Sie mir zu Pferde über den Jägersteig durch das Hintertor der Burg, von da über den Paß nach Ammerwald, oder fliehen Sie wenigstens von hier weg nach Schloß Linderhof!"

Zweimal flackerte ein kurzes Leuchten über Ludwigs Züge, einmal, als der Graf von der Kaiserin von Österreich sprach, und das andere Mal, als das Wort „Linderhof" fiel. Aber nur ganz kurz war dieses Aufleuchten.

„Fliehen? Ich, der König, soll fliehen vor diesen Schurken? Nein und nimmermehr! Ich will ihnen die Spitze bieten, das Bataillon muß kommen, ich werde mich verteidigen, meine Burg ist fest, man soll es nur wagen, ich werde es ihnen allen heimzahlen, jedem einzelnen dieser Schufte!"

Man klopfte an die Tür des Gemaches. Ludwig schauderte zusammen.

„Da sind sie, Dürckheim, die Häscher! Alles hat sich gegen mich verschworen!"

Mayr trat ein mit einem Telegramm an den Grafen. Darin wurde letzterer aufgefordert, Neuschwanstein sofort zu verlassen und sich in München zu melden. Im Namen des Kriegsministeriums!

„Majestät – was soll ich tun? Wenn ich bleibe, begehe ich ein Verbrechen der Insubordination. Nur ein König kann diesen Befehl umstoßen! Majestät fühlen sich noch als König?"

„Ich gebe den Widerstand auf. Telegraphieren Sie doch an meinen Onkel und fragen Sie ihn, ob er Sie mir läßt."

Damit anerkannte Ludwig bereits die Vormacht der „Rebellen". Mit aller Mühe hatte er sich an den letzten Ritter zu klammern versucht, den man ihm noch gelassen. Nun mußte auch dieser recht bald wieder abziehen, als der neue Prinzregent im Namen der „vorgesetzten Behörde" antworten ließ:

„Es bleibt bei dem Befehl des Kriegsministeriums!"

Draußen regnete es unablässig weiter.

Dürckheim, viel zu spät gerufen, war gegangen, der König wieder allein.

Während der Einsame in seinen vielen Räumen wie ein verlorenes Kind umherirrte, während ihm das Grauen aus allen Ecken entgegenstierte, vollzog sich der große Staatsverrat in aller Heimlichkeit, Akt für Akt, Szene für Szene, wie nach einem Programm.

Drinnen in seiner Burg wartete noch immer ein König auf das Heranrücken der dreihundert Untertanen aus Kempten. Waren die denn in einer Minute allesamt zu Mitverrätern geworden?

Sie kamen nie! An ihrer Stelle tauchten draußen an der Biegung der Serpentinenstraße leuchtende Waffenröcke und funkelnde Gewehrläufe auf, es waren 48 neue regierungstreue Gendarmen aus München, welche den Bergkegel besetzten, die Burg umstellten und jeden Weg nach Österreich hinein versperrten. In aller Ruhe lösten sie die alte treue Schloßwache ab. Der König glaubte sie zu seinem Schutze gekommen, in Wirklichkeit war er von diesem Augenblick an ein Gefangener, ohne das Geringste zu ahnen. Die heilige Burg des Grals gehörte nicht mehr ihm, man hatte sie entweiht!

Erst als ihm die übliche nächtliche Ausfahrt strikte verweigert wurde, erhellte sich für ihn mit einem Schlage der ganze furchtbare Ernst seiner Lage, erst da erkannte er, daß man ihn in seinem eigenen Lande und auf seiner eigenen Burg machtlos gefangengesetzt hatte.

Totenstille herrschte in den Gemächern, die ein Ruheloser immer von neuem durchlief. Umsonst erhoffte der Einsame die Rückkehr Dürckheims aus der Residenz. Von jedem Verkehr schien er wie abgeschnitten. Und er wollte es immer noch nicht glauben, daß Undank doch der Welt Lohn blieb!

12. Die Endmündigung des Einsamen

Am 10. Juni hatte die Regierung ihrerseits eine Proklamation veröffentlicht, welche Kenntnis davon gab, daß der Oheim des Königs Reichsverweser geworden sei und daß der Landtag einberufen werden müsse.

Gegen elf Uhr vormittags war Ministerrat in der Residenz. Es wurde beschlossen, daß die beiden Irrenärzte mit den vier Pflegern allein Se. Majestät auf Neuschwanstein in Bewachung nehmen und nicht nach Linderhof, sondern direkt nach Schloß Berg bringen sollten wegen bestehenden Fluchtverdachts in das nahe Tiroler Gebiet.

Diejenigen, welche noch immer den König retten wollten, setzten sich von nun an der Gefahr aus, als Landesverräter von der neuen Regierung bestraft zu werden. In Hohenschwangau kümmerten sich allerdings nur wenige um eine solche Gefahr. Jenseits der Grenze standen 150 Mann bereit, alles zu wagen und den König seinen Häschern zu entreißen. Man erwartete auf das bestimmteste eine Flucht Ludwigs über den Jägersteig nach Tirol und von da Weiterfahrt im Wagen nach Wien zum Kaiser von Österreich. –

Der aufgeregte Zustand, in dem sich Se. Majestät am vorhergehenden Tage befunden hatte, wurde abgelöst durch innere Gefaßtheit und eine gewisse Gleichgültigkeit. Wollte er sich in sein verhängnisvolles Schicksal jetzt ohne jeden Widerstand ergeben?

Angesichts der Tatsachen, daß wieder dichter Nebel über der Gegend lag, man keine zehn Schritte weit sehen konnte, daß die neue Polizei weder Steg noch Stein am Schloßkegel kannte, erboten sich eine Anzahl mutiger Bergbewohner zu einer Entführung des königlichen Gefangenen. Zunächst mußte der Lakai Mayr gewonnen werden. Der aber wollte einen solchen Fluchtversuch unter keinen Umständen unterstützen und teilte dem König nicht einmal mit, was zu seiner Rettung im Gange war. Gleichwohl mußte der Kammerdiener Weber Sr. Majestät Kenntnis gegeben haben, als es schon zu spät war. Der König fragte Weber, ob eine solche Aktion ohne Blutvergießen bewerkstelligt werden könne. Als man ihm das nicht garantieren wollte, stand auch er davon ganz ab. Einmal angeregt, dachte er jetzt selbst an eine Flucht zu zweien, ließ den Leibkutscher Osterholzer rufen und mußte da erst erfahren, daß auch dieser bereits aus Hohenschwangau vorsorglich entfernt worden war, nachdem man sich von seiner königstreuen Ergebenheit genügend überzeugt hatte.

Als er kurz darauf von den Vorbereitungen neuer Sendboten und der geplanten Entmündigung durch Irrenärzte und Krankenwärter hörte, beherrschten ganz andere Gedanken unablässig sein Gemüt: Selbstmord. In schweren Schritten ging er im Thronsaal auf und ab, sprach mit sich, ließ Weber durch eine Glocke hereinrufen, bat ihn, bei ihm zu bleiben, las in einem Buch, starrte lange vor sich hin, fragte den Diener, ob er an eine Unsterblichkeit der Seele, an ein Jenseits, an eine Vergeltung glaube. Denn das, was man jetzt tun wolle, könne doch auf keinen Fall ungestraft bleiben.

„Daß man mich des Thrones beraubt hat, kann ich verschmerzen, daß man mich aber für irrsinnig erklären will, überlebe ich nicht. *Mein Blut komme über die, welche mich gerichtet haben und verraten wollen!* Von der Höhe des Lebens hinab in ein Nichts geschleudert zu werden! Ein vernichtetes Leben! Ich kann es nicht aushalten! Ich kann es nicht ertragen, daß man mich wie meinen Bruder behandelt, über den jeder Wächter befehlen darf und dem man mit der Faust droht, wenn er nicht gehorchen will!"

Er ging zurück in sein Arbeitszimmer, Weber mußte folgen. Im Schreibtisch suchte er das letzte Geld zusammen und übergab die zwölfhundert Mark in Gold dem Getreuesten von allen. Der weinte bitterlich. Dann griff er nach seinem Hut und löste die Diamantenagraffe:

„Nimm meine Agraffe sowie diesen Schuldschein. Sollte man dich zwingen, die Diamanten auszuliefern, so wird dir mein Dokument einen Schadenersatz von 25 000 Mark sichern!"

Gleichzeitig übergab er Weber sein Gebetbuch, das sehr abgenutzt war, mit den Worten: „Bete für mich!"

Der Gedanke an den Tod war mit aller Macht in den Vordergrund seiner Gedanken getreten. Wieder begab er sich auf den Balkon und starrte, das Haupt in die Hände gestützt, in die nächtliche Landschaft hinaus. Ruhe zum

Schlaf konnte er nicht mehr finden. Wartete er immer noch auf die Dreihundert aus Kempten?

Plötzlich trat er von den Fenstern zurück und gab den Befehl, ihm Zyankalium zu verschaffen. Fürchterliche Angst hatte ihn befallen.

„Ich will für alle Fälle bereit sein! Lebendig sollen sie mich nicht fangen können, in einen Kasten sollen sie mich nie und nimmer sperren, lebendig werde ich mich keinesfalls den elenden Häschern überliefern, das erträgt meine hohe Königswürde nicht!"

Die Diener im Schloß verweigerten der Reihe nach den ihnen aufgetragenen Dienst. Nun sollte Mayr den Schlüssel zum Turm bringen.

„Wenn mein Friseur morgen kommt, kann er meinen Kopf in der Pöllat suchen. Ich hoffe, daß mir Gott diesen Schritt gnädig vergeben wird! Meiner Mutter kann ich den Schmerz nicht ersparen, den ich ihr damit zufügen werde. Aber man treibt mich ja in den Tod!"

Mayr telegraphierte heimlich nach München: „hege große befürchtungen wegen selbstmord. gift wird vorzüglich verlangt."

Von der höchsten Zinne wollte der tiefunglückliche Schloßherr hinabspringen in die schauerliche Schlucht, wo sie seinen Geist suchen sollten. Aber der schlaue Lakai brachte wenigstens soviel Geistesgegenwart auf, den befohlenen Schlüssel zum Turm seinem Herrn längere Zeit vorzuenthalten unter dem Vorwand, daß er den Schlüssel nirgendwo finden könne.

Wie ein Geist, wie ein Gespenst schritt der Einsame in dieser entsetzlichen Nacht, die kein Ende nehmen wollte, an den hohen Spiegeln seiner Gemächer vorüber. Wirr hing das schwarze Haar auf seiner weißen Stirn. Er hatte es verzweiflungsvoll mehrmals durchwühlt. Seine großen Augen, die man immer und überall so bewundern konnte, glühten jetzt unheimlich.

„Will denn mein Volk nichts tun, um seinen König zu befreien?", rief er mehrmals laut klagend aus.

„Majestät, die Leute haben keine Waffen!" antwortete eine Dienerstimme.

Er wankte in das Speisezimmer, übernervös vom langen Warten. Er mußte sich mit Gewalt betäuben und bestellte Wein, Kognak und Zigaretten. Er, der nie im Leben ein Trinker war, suchte einen Ausweg und fand doch keinen. Um jeden Preis aber wollte er jenem fürchterlichen Manne entfliehen, dessen wissenschaftliche Autorität ihn aus der Sonnenhöhe seines einsamen Glücks in finsterste Nacht kaltlächelnd untertauchen wollte, und sei es um den Preis seines königlichen Lebens! Wird der Henker es überhaupt wagen, mit seinen Gehilfen noch einmal zu kommen und ihn, das Opfer, auf den Richtpflock zu schleppen?

Die neuen Sendboten waren gewählt: Irrenhausdirektor Dr. von Gudden, Dr. med. Müller als sein Assistent, acht Wächter und der Polizeichef von München. Sobald die Proklamation des Prinzregenten auch in Hohenschwangau veröffentlicht war, sollten diese Herren dem gefangenen König gegenübertreten. Lakai Mayr sollte einen Wink geben für den günstigsten Augenblick, in welchem man sich Sr. Majestät bemächtigen könne.

Wieder stand der Einsame auf dem Balkon, blickte hinaus in die arglose Welt, sah die friedlichen Berge ringsum. Drüben lag, in Nebelschwaden gehüllt, das väterliche Schloß. Dort war es, wo er sich eine hohe Aufgabe in seiner Jugendzeit ersonnen hatte: ein herrliches Reich reinster Schönheit zu schaffen! Und wie hatte man ihm das alles gedankt! Still und sorglos war Meister Wagner in eine Unsterblichkeit eingegangen. Und er, der König? In welcher Verzweiflung, in welcher Schande mußte er jetzt Abschied nehmen von der über alles geliebten Märchenburg, dem träumerischen Herrenchiemsee, dem zauberhaften Linderhof, den blauen Enziansternen seiner Matten, dem stillen Alpsee da drunten!

Alles draußen war noch in Regenstimmung getaucht. Und das war gut so, das machte den Abschied wenigstens leichter als Strahlen der ewigen Sonne. In dieser Stimmung konnte man schneller die Krone, den Purpurmantel und alle andere Pracht von sich werfen. Wegwerfen konnte man auch mutiger, wenn es sein muß, das Leben! Sie sollten einen Toten hier in den menschenleeren Hallen wiederfinden, wenn sie eindringen würden mit Gewalt, diese falschen Gesellen mit ihren Drahtpuppen!

Stundenlang spielte der Einsame mit solchen Gedanken. Nervös war er von einem Saal in den anderen gelaufen. Mit einem Male wurde das anders. In festem Entschluß zog er die Klingel. Mayr, der traurige Heuchler, trat ein.

„Hole noch mehr Wein, Bursche, viel Wein und Kognak dazu, Champagner, eiskalt, verstehst du mich, wir wollen lustig sein, Bruder, wir wollen die Sorgen hinunterspülen, wir wollen uns den letzten Gang leicht machen. Man soll mich aus meiner Gralsburg keinesfalls fortschleppen wie ein hilfloses Tier. Um halb eins bin ich geboren, um halb eins will ich auch sterben!"

Mayr entfernte sich und brachte kurze Zeit darauf den Champagner.

„Hast du gut gemischt, Bursche, etwas Gift, das rascher hilft und mir den grausigen Sprung in die Tiefe erspart!"

„Ma–je–stät!"

„Hahaha! Ma–je–stät! Großartig, Bursche! Glaubst du immer noch dran? Majestät – das war einmal, verstehst du mich recht? Die Zeiten sind vorbei! Es lebe diese Majestät!"

In hastigen Zügen trank der König drei, vier Kelche hinunter.

„Und nun schaff mir den Schlüssel, Bursche, schaff ihn sofort, sonst würge ich dich wie schon einmal – es ist mein letzter königlicher Befehl – den Schlüssel zum Turm!"

Dumpf lachte er vor sich hin. Königlicher Befehl! Und dabei sollte er schon längst kein König mehr sein, nur ein Geisteskranker! Lakai Mayr stand noch immer da und wußte nicht, was er antworten sollte. Seit über einem Jahre hatte er mit Sr. Majestät nur in der Zeichensprache verkehrt, ohne einen einzigen Satz laut sprechen zu dürfen. Erst seit zwei Tagen redete der König mit ihm wie mit einem Vertrauten.

„Den Schlüssel zum Turm – den Schlüssel zum Turm!" knirschte jetzt Ludwig verzweifelnd vor sich hin, daß Mayr vor Angst auf und davon lief.

Die Sendboten, berüchtigt geworden unter dem Namen „Fangkommission", waren zum zweiten Male mit dem Obermedizinalrat an der Spitze auf Neuschwanstein eingetroffen. Diesmal wehrte ihnen die neue Wache nicht den Eintritt in die Burg. Wie verabredet, meldete sich sofort der Lakai Mayr, berichtete hilflos von dem Schlüsselbegehr Sr. Majestät und fragte Dr. Gudden, wie er sich verhalten solle. Er könne doch den Schlüssel, den er bei sich trüge, unmöglich dem König überreichen.

Dem erfahrenen Nervenspezialisten gab ein solcher Zufallsbericht den großartigen Einfall, den König nunmehr gleich hinter der Tür zum Turmaufgang zu überraschen, ihn dabei auf seinen Zustand und sein teuflisches Vorhaben aufmerksam zu machen und sich notfalls gewaltsam seiner Person zu bemächtigen. Gendarmeriehauptmann Horn sollte als Zeuge fungieren und gegebenenfalls den sofortigen Schutz anordnen. Ausgerechnet ein Gendarmeriehauptmann und niemand anders! Es handelte sich ja auch nur um einen König!

Durch unfertige, nur mit Brettern belegte Gänge eilte man in aller Stille zur Wendeltreppe. Das Feld war frei!

Drinnen im großen Zimmer horchte einer auf. Was war das? Schritte fremder Männer? In den Marmorgängen seiner Burg?

Die Champagnerflasche war bis zur Hälfte geleert. Nun goß der Einsame sie bis auf den Rest hinunter. Seine Hände zitterten. Die Zigarette entfiel. Wer sprach da draußen? Ganz deutlich hatte er etwas gehört. Oh, man konnte ihn nicht so leicht täuschen! Was sollte dies alles?

Er ahnte etwas Furchtbares und wollte es doch nicht recht glauben. Gepeinigt von einem schrecklichen Verfolgungswahn eilte er ans Fenster und versuchte mit Mühe, den festverschlossenen Flügel zu öffnen, um sich von der Höhe seiner geliebten Burg ... In diesem Augenblick trat Mayr ein.

„Majestät! Majestät! Der Schlüssel zum Turm hat sich gefunden! Hier ist er!"

Der König sprach in kurzen, abgerissenen Sätzen etwas Unverständliches auf seinen Diener sein, der zum letzten Male in tiefer Verbeugung verharrte. Dann rannte er zur Flurtür, über die große Vorhalle, öffnete den Zugang zur Wendeltreppe – und stieß schon im nächsten Augenblick ein furchtbar schmerzliches *„Ach!"* aus. Der Anblick, der sich ihm bot, ließ ihn erstarren.

Es war verabredet worden, den König bei seinem Erscheinen schnell zu umringen und fortzuführen. Als aber die Gestalt des Monarchen in ihrer imponierenden Größe mitten in der Türöffnung stand und die Pfleger aus ihren Verstecken hinzuspringen wollten, um ihm den Rückweg abzuschneiden und ihn am Arm zu packen – da wagte niemand, Hand an ihn zu legen.

Dr. von Gudden war der erste, der die Fassung wiedergewann. Er trat einen Schritt vor und sagte wörtlich:

„Ew. Majestät! Dies ist der traurigste Auftrag, den ich in meinem Leben übernommen habe. Auf Grund des Gutachtens von vier Irrenärzten über die Gesundheit Ew. Majestät hat Se. Königliche Hoheit Prinz Luitpold die Regentschaft in Bayern übernommen. Ich habe Befehl erhalten, den gesundheitlichen Zustand Ew. Majestät zu beobachten. Dieser Augenblick zeigt mir, daß positive Gründe vorhanden sein müssen, die ein solches Verfahren im Interesse der Sicherheit Ew. Königlichen Majestät rechtfertigen!"

Der „Gräßliche", der „Verhaßte" hatte gesprochen und verbeugte sich demütig wie ein Schauspieler auf der Bühne. Der König stand vor ihm wie eine Majestät. Seine hohe Gestalt inmitten der vielfarbigen Zugänge traf der grelle Schein angezündeter Kerzen. Alles hinter ihm erschien noch ganz wie königliche Pracht.

Ludwig atmete tief auf und versuchte mit äußerster seelischer Kraftanstrengung, sich zu beherrschen. Es gelang ihm. Im Augenblick sah er wohl das Beispiel seines kranken Bruders wieder vor Augen. Im Geiste aber schwur er dem, der es gewagt hatte, ihm eine solch' traurige Botschaft zu überbringen, den Tod.

„Was wollen Sie von mir?" wiederholte er ruhig fragend, nur um sich zu sammeln. „Was bedeutet dies?"

Als nun die Pfleger ihn abführen wollten, wehrte er mit einer stolzen Handbewegung, noch immer jeder Zoll ein König, richtete sich hoch auf und sagte:

„Das ist nicht nötig! Ich gehe freiwillig!"

Als er sich zurück in das Schlafzimmer begab, schwankte

er leicht nach vorn und hinten; auch an seiner Sprechweise zeigten sich kleine Unsicherheiten. Er litt nicht nur unter dem starken Genuß von Alkohol, sondern er war durch das eben Mitgeteilte doch bis ins Innerste getroffen.

„Ich weiß, was Sie im Sinne haben, Herr Medizinalrat. Ist es schnelles oder schleichendes Gift? Heraus mit der Sprache!"

„Aber Ew. Majestät! Nichts von alledem! Im Gegenteil! Se. Königliche Hoheit Prinz Luitpold wie auch das ganze bayrische Volk bedauern Ew. Majestät aufs tiefste. Bei allen herrscht nur *ein* Wunsch, Ew. Majestät recht bald wieder geheilt zu wissen. Und dazu ist es unbedingt nötig, Neuschwanstein zu verlassen und nach Schloß Berg überzusiedeln. Nur aus Gesundheitsgründen, wie gesagt –".

„Berg gefällt mir! Das ist mir schon recht!"

„Am besten erscheint es mir, wenn die Fahrt gleich vorgenommen wird. Die Wagen stehen bereit."

„Nun, Sie werden wohl noch soviel Zeit lassen, daß ich mich umziehen kann und mit Ihnen kurz einmal ganz allein sprechen darf?"

„Bitte sehr, Majestät, ich bitte darum –".

Und so begann der König ein grausiges Spiel mit dem, der so ehrerbietig-falsch vor ihm stand. Keiner von ihnen allen sollte ahnen noch merken, was er eigentlich im Sinn hatte.

Im Schlafzimmer hatten die Pfleger sofort die Fenster gesichert, jeder einzelne mußte ein solches bewachen. Gudden hatte an alles gedacht. Erst auf seine Anordnung hin entfernten sich die Wärter für einige Minuten, damit der neue „Seelsorger" mit Sr. Majestät allein sein konnte.

„Ew. Königliche Majestät?"

„Lassen Sie das! Diese Worte klingen absurd in meinen Ohren. Langweilen Sie mich bitte nicht. Was wollen Sie denn? Was soll denn das alles? Wollen Sie mit mir etwa Komödie spielen? Sagen Sie lieber ganz offen, welche Verschwörung gegen mich im Gange war. Hat man diese lächerlichen Gründe suchen müssen, um mir die Regierung entziehen zu können?"

Gudden mußte einen Augenblick überlegen, wie er diese recht geschickten Fragen eines angeblich Geisteskranken ebenso geschickt parieren konnte. Er war in der Tat überrascht. Seine langjährige Erfahrung im Umgang mit Irren bestimmte ihn dazu, auch diesen Mann mit der schroffen Wahrheit rücksichtslos zu überfallen. Denn das könnte nach seiner Ansicht den Purpur nur irgendwie einschüchtern.

„Ew. Majestät sind geisteskrank, sind nicht mehr Herr Ihres Willens. Vor einigen Minuten noch wollten Ew. Majestät Selbstmord verüben, gestern sich noch in München zeigen, vorgestern mich und meine beauftragten Kollegen ins Burgverließ einkerkern lassen. Wir sollten dort geschlagen werden bis auf die Knochen, dann sollten uns die Augen ausgestochen werden –".

„Das ist nicht wahr! Denn eine edle Himmelsgabe ist das Licht des Auges, sagt doch Schiller in seinem ‚Tell'!"

Der König war aufgebraust, fand aber sofort die gespielte Ruhe wieder. Gudden benutzte nun die Gelegenheit, sich und die einzelnen Herren vorzustellen, was er in seiner bisherigen bedrängten Lage ganz vergessen hatte.

Drauf der König:

„Jawohl, ich entsinne mich Ihrer Audienz aus dem Jahre 1874 sehr genau. Sie sind kein Bayer. Ich habe Sie angestellt."

Das sollte nun die Antwort eines Geisteskranken sein! Eine solche Klarheit des Gedächtnisses trifft man selbst bei geistig sehr frischen Menschen nur sehr selten an!

Als der Assistenzarzt Dr. Müller, der bisher den königlichen Bruder behandelt hatte, vorgestellt wurde, merkte man dem König an, wie er sich nur mühsam beherrschte. Er wies auf den Tisch, wo der letzte ärztliche Bericht über den Zustand des armen Otto tatsächlich offen dalag. Er fragte kurz, wie man ihn behandele. Und wieder stieg das Gespenst des unheilbaren Bruders vor seinen Augen schicksalhaft auf. Dann aber fiel er dem berichtenden Arzt plötzlich mitten ins Wort, schnitt seine Rede ganz ab und wandte sich erneut an Gudden:

„*Wie können Sie mich für geisteskrank erklären? Sie haben mich ja vorher gar nicht angesehen noch untersucht!*"

„Majestät, das war nicht mehr notwendig. Das Aktenmaterial ist sehr reichhaltig und vollkommen beweisend, es ist geradezu erdrückend!"

„Und wie lange wird die Kur wohl dauern?"

„In der Verfassung steht: wenn der König länger als ein Jahr durch irgendeinen Grund an der Ausübung der Regierung gehindert ist, dann tritt die Regentschaft ein, also würde ein Jahr vorläufig der kürzeste Termin sein."

„Nun, es wird wohl rascher gehen, man kann es ja machen wie mit dem Sultan; es ist ja leicht, einen Menschen aus der Welt zu schaffen."

„Darauf zu antworten, verbietet mir die Ehre!"

Der König betonte jetzt Dr. Müller gegenüber, daß er dessen ärztliche Berichte über den Zustand des Bruders immer sehr genau gelesen habe. Dann wurden die Pfleger über ihre Personalangelegenheiten einzeln verhört. Regelmäßig schloß die Unterredung ab mit den Worten: „Warum gehen Sie denn nicht aus dem Zimmer? Ich möchte allein sein, es ist doch zu unangenehm!"

Die Leute erwiderten, aufgezogen wie Papageien: „Der Herr Obermedizinalrat hat es so angeordnet!"

„Soll ich mich in Berg immer in solcher Umgebung befinden, Herr Dr. von Gudden?"

„Das wird ganz davon abhängen, ob und bis wann sich Ew. Majestät genügend beruhigt haben. Es wird sich späterhin bestimmt ermöglichen lassen, daß sich Ew. Majestät frei und unbewacht im Schloßpark werden ergehen können."

„Besteht überhaupt die Möglichkeit, daß ich wieder gesund werde?"

„Vor anderthalb Jahren läßt sich nichts Genaueres sagen. Eine vollständige Genesung möchte ich aber schon jetzt nicht in Abrede stellen."

„Anderthalb Jahre! Ich danke, danke. So lange wird es schwerlich dauern, Herr Professor, so lange bestimmt nicht. Aber wir beide, wir werden noch einmal sehr gute Freunde werden, Sie und ich, verlassen Sie sich darauf, Sie fahren doch mit nach Berg?"

„Es ist der Befehl Sr. Königlichen Hoheit des Herrn Prinzregenten."

Im Begriff, noch etwas anderes zu fragen, lächelte Ludwig plötzlich müde vor sich hin und zog sich auf das wunderbare Prunkbett zurück. –

Die beiden Irrenärzte waren gegangen. Auf ihren Wink hin hatten sich auch die Wärter entfernt, damit sich der König ungeniert umkleiden könne. Das Gemach wurde auf allen Seiten fest abgeschlossen.

Von drinnen drang ein unsagbar trauriges Schluchzen eines alternden Mannes heraus ...

Es dauerte ziemlich lange, bis der Einsame sich bereit meldete, gemessenen Schrittes aus dem Zimmer trat, im dunklen Mantel und schwarzen Filzhut. Der Morgen graute, die Scheidestunde war da. Pünktlich, wie angeordnet, rollte ein Vierspänner unter das hohe Portal der Märchenburg Neuschwanstein.

Dr. von Gudden ließ sich wieder sehen. Feierlich schritt Ludwig an seinem allerkühnsten Traum, dem Modell zur Burg Falkenstein, vorbei über das Vestibül. An Guddens Seite ging er die lange Freitreppe hinunter. Es hätte dabei nur der bekannten Löwenkraft bedurft, die man Ludwig nachrühmte, und der Medizinalrat wäre nach einem einzigen Stoß die vielen Treppen hinuntergetaumelt, um sich nie wieder zu erheben. Aber nichts geschah. Ohne die geringste Handbewegung schritt der König vorwärts, ohne jeglichen Widerstand, ohne jede Gegenrede. Dann stieg er in jenen Wagen, an dessen Türen keine Drücker mehr waren – einsam und allein wie sein ganzes Leben hindurch. Auf dem Bock saß an Stelle von Osterholzer ein fremder Kutscher und anstatt des königlichen Leibwächters neben diesem der Oberpfleger.

Als Ludwig in seiner Equipage Platz genommen hatte, meinte er zum Arzt:

„Sie haben wohl nichts dagegen, daß ich von meinem Diener Abschied nehme?"

Mayr schritt an den Wagen heran, sprach noch lange mit Sr. Majestät dem König, der heimlich Zyankali verlangte, und trat dann laut weinend wieder zurück. Dr. med. Müller war mit zwei Irrenwärtern vorausgefahren, ein Polizeioffizier und mehrere Wächter folgten mit Dr. Gudden zur weiteren Bewachung (!) hinterher. Es fiel kein Wort mehr.

Es regnete in Strömen. Nur wenige Menschen umsäumten die steile Serpentinenstraße hinab nach Hohenschwangau. Ihren Gruß erwiderte freundlich wie immer ihr eingesperrter König. Unten an der ersten Wegbiegung wischte der Gefangene die betaute Scheibe ab, um noch ein letztes Mal hinaufzublicken zu seinem Wunder von Stein, zu dem Werk seiner ungestillten Sehnsucht, zu dem Zeugen seines rastlosen Schaffens und Suchens. In diesem wehmütigen Augenblick hat er wohl nur den einen Gedanken gehabt: „Wird eine andere Welt nach mir verstehen wollen, was ich, der König, schuf, und wird man das Geschaffene aus Künstlerhand anstaunen und meinen Geist bewundern?"

Der stolze Burgherr war gegangen für immer. In seinem Wolkenheim hatte man ihn treulos verraten, gefangengenommen und entmündigt. Er war nicht mehr König, nicht mehr Märchenprinz. Man hatte ihn angeschuldigt der „geistigen Umnachtung“, für die es nur noch lebenslängliches Gefängnis gab.

Auffallend ruhig, mit einem beherrschten Willen hatte er alle Anordnungen und Befehle über sich ergehen lassen, hatte sein Kreuz auf sich genommen wie der Märtyrer einer guten Sache. Und war doch zertreten in seinem königlichen Stolz, besudelt in seiner Ehre als Deutscher, wurde behandelt wie ein Taugenichts, vor dem man die Menschheit schützen müsse!

Keiner derer, welche ihn für wirklich verrückt erklärt hatten, konnte ahnen, wie klar, planvoll und listig sich dieser Einsame die Vollstreckung einer Gegenstrafe ausgedacht hatte und wie seine Blutrache brütete unter dem Mantel einer bewundernswert gespielten Selbstbeherrschung.

Rauheste Wirklichkeit hatte den romantischen Träumer hinausgestoßen in die Welt, die kein Mitleid kennt. Der König sah noch einen weiteren Tag dem widerlichen Schauspiel zu, um dann urplötzlich selbst auf die Bühne zu treten und den Vorhang fallen zu lassen!

13. Die Tragödie am Starnberger See

Volle acht Stunden dauerte die letzte Fahrt von Neuschwanstein nach Schloß Berg. Für den König war sie in einem geschlossenen Landauer bei dem sommerlichen Klima am Tage eine Strapaze. Dazu durfte keiner mit ihm sich unterhalten; er blieb der Einsame, der er immer war.

Dreimal mußten unterwegs die Pferde gewechselt werden. In Seeshaupt bat er nur um ein Glas Wasser. Als die ihm bekannte Wirtin des Gasthauses an den Wagen trat, Se. Majestät ehrerbietig grüßte und das Glas reichte, sagte er nur dreimal hintereinander: „Danke – danke – danke!" Die Wirtin mußte unwillkürlich zurückdenken an Jahre höchsten königlichen Glanzes in dieser Gegend, wollte etwas erwidern, konnte aber dem davoneilenden Wagen nur weinend nachrufen: „B'hüet Gott, Majeschtät!"

Von einer nahen Kirche schlug es gerade zwölf Uhr mittags, als der Vierspänner am östlichen Ufer des Starnberger Sees entlang fuhr.

„Hier hat mein eigentliches Leben begonnen – und hier wird es vielleicht bald ein Ende haben!" muß wohl der arme König bei sich gedacht haben.

Die „neue" Regierung hatte absichtlich den Plan mit Linderhof aufgegeben, weil sie durch Spitzel in Erfahrung gebracht hatte, daß tatsächlich 150 Mann in der Nähe von Reutte durch einen der königstreuen Leibjäger zusammengetrommelt waren, die Ludwig über die Tiroler Grenze verhelfen wollten. Wenn von Dr. Gudden nicht eine andere Fahrtrichtung eingeschlagen worden wäre, hätten sie ihren König bestimmt befreit. Sie sind erst nach zwei Tagen vergeblichen Wartens wieder abgezogen.

Daß man nun ausgerechnet Schloß Berg zum Gefängnis bestimmte, wo ein Ludwig II. seine ersten, schönsten Regierungsjahre mit Wagner, Prinzessin Sophie und der österreichischen Kaiserin verlebt hatte, war alles andere als eine glückliche, wohldurchdachte Wahl.

Noch verkehrter war der Entscheid, den Irrenhausdirektor der öffentlichen Geisteskrankenanstalten Oberbayerns mit der persönlichen Behandlung des Kranken zu betrauen. Man hätte wissen müssen, daß dieser durch die zeitweilige Behandlung des Prinzen Otto dem älteren Bruder längst bekannt und dazu noch höchst unsympathisch war. Mehrmals soll nämlich früher Ludwig zur Oberhofmeisterin seiner Mutter geäußert haben:

„Der sonderbare Herr betrachtet mich immer auf eine so mißtrauische Weise. Ich wünsche nur, daß er nicht auch über mich etwas zu sagen findet!“

Der andere Teil der sogenannten Fangkommission war längst in Berg eingetroffen und hatte alles Notwendige für den Empfang vorbereitet. Man hatte die Klinken von den Türen, die Wirbel von den Fenstern abschrauben, Gucklöcher zur Überwachung einbohren, Fenster im zweiten Stock vergittern und schwere Gegenstände entfernen lassen. Das Schloß war über Nacht in eine kleine Anstalt verwandelt.

Gespannt beobachteten die Herren die Ankunft der drei Wagen. Sie hatten ihren Chef vor bald fünfzehn Jahren in noch voller Jugendfrische blühend auf einem Thron von Purpur gesehen!

Jetzt entstieg ein seelisch ganz gebrochener, sichtlich nervöser Mensch dem Vierspännerwagen und klagte sofort über Müdigkeit und Schmerzen am Hinterkopf. Welch furchtbarer Anblick für alle! Tiefstes Mitleid und eine gewisse Angst beschlich einen jeden der Herumstehenden, die sich da noch „königlich" verbeugen wollten. Unter ihnen war ein neuer Fremder, Professor Grashey, weltbekannter Irrenarzt und Lehrer für Psychiatrie an der Universität Würzburg, der Schwiegersohn Guddens, der das Gutachten über Se. Majestät mit unterschrieben hatte. Liebenswürdig wie in seinen früheren Jahren begrüßte der König eigentlich nur den diensttuenden Polizisten mit den Worten:

„Es freut mich, Sauer, daß Sie wieder auf diesem Posten stehen!"

Beim Eintritt ins Schloß gewahrte er zunächst nichts, was sich geändert haben könnte. In einem der ersten Zimmer fiel sein Blick sofort auf ein großes Gemälde (vgl. Bild Nr. 8), das seine erste Landung bei Berg mit dem Dampfer „Tristan" kurz nach seiner Thronbesteigung darstellt. Welch' ein Unterschied zwischen jenem Tag und dem heutigen! Zu seiner großen Freude traf er auch den alten Diener Wenzel wieder an.

Kaum war er aber in die beiden oberen Zimmer eingetreten, die für seinen zukünftigen Aufenthalt bestimmt waren, da schüttelte er immer wieder seinen Kopf und murmelte etwas vor sich hin wie: „nicht mehr lange, kleiner Professor, nicht mehr lange ...!“

Er stand am Eckfenster und blickte gedankenvoll über die Fläche des Sees. Weiß schimmernde Schwäne zogen darüber, verträumt, lautlos. In der Ferne leuchteten die zackigen Spitzen des Karwendelgebirges und des Wettersteingebirges, als wären sie dem blauverhangenen Südufer entstiegen. Auf den niederen Höhenzügen in kräftigem Grün lugten die roten Dächer einiger idyllischer Landhäuser hervor. Da drüben lag Possenhofen, wo zufällig die frühere Verlobte, Herzogin von Alençon, anwesend war, ohne daß der König es wußte. Wie in einem Märchenschlaf träumte die Roseninsel, wo er sich sooft mit der anderen Kusine getroffen. Ob die Kaiserin, die wie jeden Sommer in Feldafing weilte, seinen letzten Brief „an die Taube“ dort abgeholt hat? Ob sie gar schon „an den Adler“ gewantwortet? Keiner wird das wissen, weil kein Dritter den Schlüssel zu diesem Schreibtisch auf der Roseninsel besitzt! Nur das eine wissen alle, daß jene unglückliche Herzogstocher ihre Mädchenliebe zu Bayerns schönstem König auf dem österreichischen Kaiserthron vergessen mußte!

Noch immer stand Ludwig am Fenster. Ihm war heute alles wie eine Symphonie von Leben und Tod. Die Sonne warf gerade ihre leuchtenden Strahlen auf die gleißende Fläche des Sees. Friedliche Sommergäste lachten und scherzten, waren noch glücklich und frei! Ihm war das nicht mehr vergönnt! Noch einmal loderte vor seinen Augen alle vergängliche Schönheit empor, und schon sah er einen unheimlichen Weg in dunkelste Tiefe. Trieb da nicht ein Totenschiff am schwarzen Strand?

Drückende Schwüle und muffiger Geruch lagen in den Zimmern. Er wollte die Fenster öffnen, um frische Luft hereinzulassen – da bemerkte er das Ungeheure, das man gewagt hatte. Er biß die Zähne fest aufeinander, um sich zu beherrschen:

„Verdammt! Sie halten mich wirklich für den leibhaftigen Narren!"

Im Mittelzimmer des zweiten Stockwerkes war ein Tisch für drei Personen gedeckt. Ludwig befahl den bereitstehenden Wächtern, diese Gedecke sofort wieder wegzunehmen, da er gewohnt sei, allein zu speisen. Man folgte diesem Befehl und ließ nur Schüssel und Löffel zurück. Messer und Gabel waren zu gefährlich, der König war ja ein „Kind"!

Späterhin forderte ihn der Arzt auf, sich zeitig zur Ruhe zu begeben. Auch diesmal gehorchte der König. Als er sich zu Bett gelegt hatte, nahm man ihm sogar die Kleider weg. Er verbrachte zunächst eine ruhige Nacht. Erst gegen zwei Uhr erwachte er aus tiefem Schlaf und wollte aufstehen, wie auch das all die letzten Jahre seine Gewohnheit war. Da legte man ein erstes „Veto!" ein. Erst nach vieler Mühe konnte einer der Wärter überredet werden, einige Kleidungsstücke zu reichen. Notdürftig bekleidet, schritt nun der König Stunde auf Stunde ruhelos im Eckzimmer auf und ab, blickte in den großen dunklen Wald beim Schloß und träumte von einer goldumsponnenen Zeit, da er noch nichts vom Leide dieser Welt wußte, von der märchenfrohen Lust seiner stillen Kindheit ...

Bezirksamtmann von Wobel und Gendarmeriehauptmann Horn verteilten inzwischen den gesamten Wachtdienst in der weiteren Umgebung. Mit peinlichster Genauigkeit besprach man die Notwendigkeit weiterer bestimmter Vorkehrungen längs des Sees. Auf den Rat Professor Grasheys hin sollten leichte eiserne Stangen in schiefer Richtung angebracht und bis zu einer Höhe von zwei Metern mit Spitzendraht verbunden werden, damit ein Übersteigen unmöglich und andererseits die Aussicht zum See nicht verdorben würde.

Dem auffallend königstreuen Schloßpersonal wurde aufs strengste untersagt, irgendwelche Befehle Sr. Majestät auszuführen, ohne einen der maßgebenden Herren vorher genau in Kenntnis gesetzt zu haben, und die einzelnen Herren wiederum sollten in jedem Falle die Genehmigung des Obermedizinalrates oder seines Stellvertreters einholen.

Das Schlimmste aber für die hohen Herren war nicht der bevorstehende Dienst am Kranken, sondern etwas ganz anderes. Stillschweigend hatte man eingesehen, daß der „geistig Umnachtete“ eigentlich recht lichte, logische Gedankengänge aufwies und seit der Stunde seiner Entmündigung unverändert ein liebenswürdiger, auffallend ruhiger Mensch geblieben war!

So war es Pfingstsonntag, 13. Juni des Jahres 1886 geworden!

Morgens gegen sechs Uhr bat der König einen Wächter, ihm zu einem Bade zu verhelfen. Als er nach seinem Kammerdiener und seinem Friseur verlangte, wurde ihm der Wahrheit gemäß bedeutet, daß die zwei nicht mit nach dem neuen Aufenthaltsort gekommen wären. Als zwei Stunden später der bescheidene Wunsch geäußert wurde, am Gottesdienst in der nahegelegenen Kirche teilnehmen zu wollen, schlug dies Gudden ab, weil er befürchtete, daß das Volk nimmermehr glauben werde, sein König sei geisteskrank, sobald dieser sich öffentlich zeige!!

Vormittags elf Uhr lud der König seinen Chefarzt zu einem ersten Spaziergang ein. In Begleitung zweier Pfleger ergingen sie sich am See. Die beiden Aufseher folgten zunächst ganz dicht, erhielten aber bald einen Wink, den Abstand zu vergrößern. Dann nahm man auf einer Bank Platz, die etwa fünfzehn Schritte vom Ufer des Sees entfernt war. Ludwig unterhielt sich auffallend freundlich und sehr ruhig, war nicht im geringsten aufgebracht über die „Großtat" seines Onkels, vertrat sogar die Ansicht, daß eine elende Verschwörerclique den Prinzregenten mißbraucht habe. Luitpold wäre immer ein sehr ehrenhafter Mensch gewesen und hätte sich leider zu schwach gezeigt, heimliche Machenschaften richtig zu durchschauen. Die Bestallung des Grafen Törring zum Kurator fand sein volles Einverständnis, während ihm die Wahl eines Grafen Holnstein, der „roten Pferde-Exzellenz", seines Jugendfreundes, zum Vormund unfaßbar erschien. Daß dieser Graf eine solche Berufung überhaupt angenommen habe, spreche jedem Anstands- und Ehrgefühl Hohn.

Gudden schnitt nun zum ersten Male vorsichtig die Art der neuen Behandlungsweise an und meinte beiläufig, daß die stete Abgeschlossenheit Sr. Majestät auf keinen Fall weiter fortgesetzt werden dürfe, sonst könne sich der jetzige Krankheitszustand eher verschlimmern anstatt bessern. Als der Arzt davon Mitteilung machte, welche beiden Herren zur ständigen Begleitung ausersehen wären, antwortete der König müde:

„Mir ist schon einer zuviel!"

Gudden sah ein, daß es wohl noch harter Kämpfe bedürfe, um seinem Patienten die ewige Abgeschlossenheit abzugewöhnen, und lenkte rasch ein:

„Zunächst wird es die Kur erlauben, wenn Ew. Majestät allein bleiben; nur zeitweise müssen Kavaliere mit dabei sein, so vor allem beim Spazierengehen im Schloß und bei gelegentlichen Ausfahrten."

„Ja, aber der Arzt und die Pfleger?"

„Arzt und Pfleger werden jedesmal anklopfen, bevor sie ins Zimmer treten."

„Das ist mir unerträglich, Herr Medizinalrat! Ich bitte darum, nur mit Ihnen allein sein zu dürfen. Ich glaube, wir verstehen uns ganz gut, nicht wahr?"

Gudden fühlte sich geehrt und geschmeichelt zugleich, ohne zu ahnen, welcher große Spieler sich in der gebrochenen Seele seines Gegenübers verbarg, ihn fein umgarnte und ihn bis ins Unfaßbare betörte!

Und der sonst so sachverständige Irrenhausdirektor drahtete, kaum von seinem ersten Spaziergang mit dem König zurück, von Schloß Berg beglückt nach München:

„hier geht alles wunderbar gut; der könig ist folgsam wie ein kind."

Das war das erste offizielle Telegramm an das Ministerium!"

War der gute Medizinalrat noch zu erregt von den Ereignissen der letzten Tage oder hatte er eine gewisse Scheu vor dem königlichen Purpur oder aber glaubte er selbst nicht mehr an die Wahrheit seines Gutachtens von der angenommenen „Verrücktheit", so man „Paranoia" nennt? Die heutige Gelehrtenwelt wird wohl zu einer Bejahung der letzten Frage gelangen, sofern sie nicht vor einem Rätsel stehenbleiben will.

Als Professor Grashey seinen ersten Bericht über die Beobachtungen des Gesundheitszustandes Sr. Majestät in die Akten eintragen wollte, meinte er ganz beiläufig:

„Für rettungslos halte ich den Zustand des Königs nicht!"

„Darüber sprechen wir ein anderes Mal!?" war die recht merkwürdige Antwort des heftig erschrockenen Herrn Schwiegervaters.

Beim Mittagessen kündigte Dr. Gudden an, daß er einige Tage nach München verreisen wolle, um darauf die Kur mit den nötigen Vollmachten beginnen zu können.

„Schon jetzt kann ich sagen, daß ich mich persönlich an den Zustand Sr. Majestät sehr gewöhnt habe, so daß ich mit dem König bald ganz allein ausfahren werde und mit ihm sogar allein auszugehen wage!"

„Ich würde das nicht tun. Zudem erschweren Sie mir dadurch meinen eigenen persönlichen Dienst!" erwiderte der Assistenzarzt Dr. Müller sichtlich erstaunt und gereizt.

Besaß der viel jüngere Arzt kühlere Nerven als sein Vorgesetzter? Schon während der Fahrt von Neuschwanstein nach Berg hatte er eine ständige Angst davor, daß der König plötzlich ein Fenster im Wagen einschlagen und sich dabei die Pulsadern öffnen würde. Eine Katastrophe wäre eingetreten, ehe menschliche Hilfe rechtzeitig hätte Rettung bringen können. Aus der Behandlung mancher Irrer wußte er zuviel von plötzlichen Selbstmordgedanken. Und hatte nicht auch sein Chef und Lehrer in seinen Kollegs immer wieder auf die übergroße Vorsicht im Umgang mit Geisteskranken hingewiesen, ja sogar vor einem Alleinausgehen mit solchen Personen direkt gewarnt? Wie konnte man jetzt seine eigenen Lehren und Gedankengänge so über Bord werfen? Was war das auf einmal?

Eine furchtbare Tragik waltete über Schloß Berg, von der keiner etwas wußte noch ahnte! –

Gegen vier Uhr nachmittags speiste der König wieder allein zu Mittag. Ehe er sich zu Tisch setzte, fragte er den Wächter, ob Dr. Gudden an seine Speisen gerührt habe. Er befürchtete, der Arzt wolle ihn in einen bewußtlosen Zustand versetzen, um ihn dann dem Volke zu zeigen und auf diese Weise den Leuten zu beweisen, daß ihr Monarch wahnsinnig sei.

Nach Tisch wurde Dr. med. Müller gerufen.

„Wo haben Sie studiert?“

„In Würzburg.“

„Sie sind Irrenarzt?"

„Jawohl, Ew. Majestät!"

„Sind Sie es gern? Sie sind bei meinem Bruder? Wie geht es ihm?"

„In den letzten Jahren ist keine bemerkenswerte Veränderung eingetreten."

„Nicht wahr, ebenso wie Sie Berichte *an* mich gemacht haben, so schreiben Sie jetzt *über* mich? Dann schreiben Sie nur, es ginge mir recht schlecht! Man freut sich doch, wenn man hört, es ginge mir schlechter!"

„Majestät, ich bin fest überzeugt, daß man nur Freude empfinden wird, wenn man hört, daß es dem König von Bayern wieder besser geht!"

„Sagen Sie mal, es ist doch eigentlich recht leicht, dem König ein Mittel in die Suppe zu schütten, daß er nimmer erwacht?"

(Müller schweigt.)

„Was gibt es für Schlafmittel?"

„Es gibt deren eine Reihe: Opium, Morphium, Chloralhydrat, Bäder, Waschungen, gymnastische Übungen."

„Sie tragen eine Brille, sind Sie kurzsichtig?"

„Auf dem einen Auge bin ich kurzsichtig, auf dem anderen astigmatisch."

„Was ist das? Sie haben wohl zuviel studiert?"

„Meine Augen waren schon auf dem Gymnasium sehr schlecht."

„Gudden sagte mir, Sie wollten meine Bibliothek ordnen. Können Sie französisch sprechen?"

„Soviel man auf dem Gymnasium lernt."

„Womit haben Sie sich auf der Schule meistens beschäftigt? Sie bleiben immer hier?“

„Ich werde mit noch einem zu bestimmenden Kollegen monatlich wechseln.“

„Wer kommt in Frage?“

„Es ist noch niemand Bestimmtes vorgesehen.“

„Nun, der wird schon ein Mittelchen wissen, mich unbemerkt aus der Welt zu schaffen!“

„Majestät, ich kann für meinen Kollegen bürgen wie für mich. Die Pflicht des Arztes ist es, zu bessern und zu heilen, nicht aber zu vernichten.“

„Ja, Ihnen traue ich, aber den anderen?“ –

Die harmlosesten, vernünftigsten Fragen eines Menschen, der jahrelang ganz für sich zurückgezogen gelebt hatte, wechselten ab mit eigenartigen Verfolgungsideen, die nicht ehrlich waren, sondern nur vorgetäuscht wurden.

Der König nickte schließlich gnädig, und Dr. Müller war entlassen. Mit langen Schritten ging die hohe Gestalt im Zimmer auf und nieder, breitete öfters die Arme weit aus, als ob sie die Kraft ihrer Muskeln prüfen wolle, und bewegte sich auch sonst recht eigenartig. Eine Wandlung mußte mit dem König vorgegangen sein.

Er verlangte jetzt, mit seinem alten Bekannten, dem Stabskontrolleur Zanders, sprechen zu dürfen. Gudden erlaubte ein Gespräch von einer halben Stunde unter der Bedingung, daß Zanders in Ludwig keinerlei Hoffnung erweckte auf eine Wiedergewinnung seiner Freiheit.

Der König trat seinem Bekannten ganz anders entgegen als sonst, nämlich äußerst herrisch, lebhaft und bestimmt, so wie er in den ersten Jahren seiner Regierungszeit immer gewesen war, jedenfalls nicht so, wie er sich die letzten beiden Tage gezeigt hatte.

„Sehen Sie die Gitter vor den Fenstern, sehen Sie die häßlichen Gucklöcher in den Türen, wissen Sie von den ständigen Verboten gegen mich? Das ist einfach unerhört!"

Zanders versuchte vergeblich, ihn zu beruhigen und irgendwelche Entschuldigungsgründe vorzubringen. Der König lenkte das Gespräch unauffällig auf etwas anderes.

„Wieviel Polizei befindet sich im Parke, um mich zu bewachen?"

„Sechs oder acht Mann, Ew. Majestät!"

„Werden sie gegebenenfalls auf mich schießen?"

„Wie können Ew. Majestät nur so etwas denken!"

Als nun der Monarch versuchen wollte, den Stabskontrolleur in eine Ecke zu ziehen, verabschiedete sich dieser unter einem Vorwand. Mürrisch blickte ihm sein Herr nach.

Dr. Müller war schnurstracks zu seinem Chef gegangen und berichtete von der sonderbaren Fragestellung.

„Es liegt für mich etwas Unheimliches in dem Wesen Sr. Majestät, eine finstere Entschlossenheit, etwas planvoll Durchdachtes, Herr Obermedizinalrat, ich möchte immer wieder warnen!"

„Aber junger Kollege, lassen Sie den König ruhig denken, er habe mich und die anderen alle ‚eingeseift'. Ich besitze genug Erfahrung und habe noch immer meine Patienten am Gängelbande geführt, ohne daß sie es im geringsten merkten. Das ist ja gerade das Wunderbare, daß ein nur scheinbares Eingehen auf ihre Wahnideen diese Kranken alle beruhigt, auch den König. Mit kühler Vernunft oder gar heftigem Widerspruch erreichen wir gar nichts. Ich freue mich fast, daß alles so wunderbar geht!"

Der Koryphäe der Wissenschaft schien kraft seiner Unfehlbarkeit auch weiterhin mit Blindheit von der Vorsehung geschlagen zu sein. Unbekümmert um das, was Dr. Müller ganz ernstlich nahegelegt hatte, traf der Chefarzt seine Anordnungen für das Unterbringen des Königs im Kavalierhaus, bis die eisernen Gitter vor den Fenstern überall angebracht wären und der Zutritt zum See genügend abgedichtet sei.

Professor Grashey fuhr mit Hauptmann Horn hinüber nach Starnberg, um einige Besorgungen zu machen. Baron von Washington wurde von Gudden nahegelegt, als Begleitung Sr. Majestät ebenfalls ruhig allein auszufahren oder im Park spazierenzugehen, wenn das der König so wolle! Der Zustand des Kranken sei noch keineswegs im Kriterium der Lebensgefährdung für seine Mitmenschen. Washington wehrte sich ganz energisch gegen eine solche Zumutung und regte sich sehr auf, als ein Diener eintrat und um die Erlaubnis bat, im Auftrage Sr. Majestät nach München fahren zu dürfen und dort neue Bruchbinden für den König zu besorgen. Er wurde entlassen mit dem Bemerken, sich auf jeden Fall am anderen Morgen sofort nach seiner Rückkehr persönlich wieder zur Stelle zu melden.

Gudden sprach dann dem Freiherrn gegenüber seine angenehme Überraschung darüber aus, daß der König alles so folgsam hinnehme, auf jeden seiner Vorschläge schnell eingige und die recht bedenkliche Anordnung eines Umzugs in das Kavalierhaus sogar ohne das geringste Murren hingenommen habe. Er scheine in dem Glauben zu leben, als solle das Schloß neu vorgerichtet werden, und das sei gut so!

Washington fragte nach den Gründen dieses sonderbaren Verhaltens. Da meinte der Irrenspezialarzt recht sorglos, daß sich der hohe Patient zwar sehr krank fühle, zeitweilig über die bekannten Kopfschmerzen am Hinterkopf klage, daß er aber andererseits doch die feste Hoffnung in sich trage, wiederhergestellt zu werden. Sein ganzes Denken und Sinnen sei auffallend klar und logisch durchaus korrekt!

In ähnlicher Weise berichtete der Obermedizinalrat einem amerikanischen Reporter. Als dieser die Frage an ihn richtete, ob es wahr sei, daß der König am Pfingstmontag früh in München erscheinen wolle, erwiderte Gudden:

„Dummes Zeug! Wer schwätzt denn solchen Unsinn?"

„Die Bauern im Wirtshaus zu Leoni!"

Gegen Spätnachmittag traf der Chefarzt endlich Anstalten, seine kurze Reise nach München vorzubereiten. Ihm war kaum zum Bewußtsein gekommen, daß man überall in Deutschland Pfingsten feierte! Er freute sich darauf, nach all den ereignisreichen Stunden und Gängen ein paar Tage ausspannen zu können, bevor er den schweren Dienst ganz auf eigene Schultern übernahm. Er meinte beiläufig, daß er ein zweites Mal dieses Amt nicht antreten würde und daß er nur in strengster Pflichterfüllung und steter Opferbereitschaft für den bayrischen Staat handele.

Da wurde wieder der Wunsch von Sr. Majestät laut, mit Dr. Gudden allein eine Stunde vor dem Abendbrot ausgehen zu dürfen. Dem Arzt war das sichtlich unangenehm, denn er sagte:

„Wenn mich der König nur von dem Spaziergang künftig weglassen würde! Der Herr strengt einen so fürchterlich an mit seinen vielen Fragen. Das ist ja kein Wunder bei einem Menschen, der bald sechzehn Jahre in freiwilliger Einsamkeit und Abgeschlossenheit dahingelebt hat!"

In Gegenwart des Pflegers Mauder hatte sich Ludwig ein zweites Mal angezogen. Er trug einen schlichten Zivilanzug, darüber einen leichten Sommerpaletot und jenen weichen Filzhut, von dem er die kostbare Diamantenagraffe als Geschenk für Kammerdiener Weber entfernt hatte.

Draußen war es sehr trübe, der Himmel ringsum bewölkt, ein leichter Regen ging gerade nieder. Trotzdem befahl Ludwig, den Regenschirm wieder einzuwickeln und ihm zu reichen.

Der König war keine fünf Schritte vorausgegangen, als Gudden dem Pfleger zuraunte:

„Es darf kein Pfleger mitgehen!" Und so blieben die beiden Wächter zurück.

Die Herren schlugen wieder den Weg ein, den sie bereits am Vormittag gegangen waren. Damit hatte die Vorsehung den Arzt endlich ganz in die Hände des kräftigen Königs gespielt. Es war genau 6 Uhr und 25 Minuten, als die hohe Gestalt Sr. Majestät mit dem 62jährigen alten Herrn zum letzten Male lebend gesehen wurde, wie sie im Dickicht des

Waldes verschwanden. Spätestens um acht Uhr wollten beide wieder zurück sein.

Ludwig kannte die Ufer des Starnberger Sees von Jugend auf. Es ist wahrscheinlich, daß er schon am Vormittag diejenige Stelle ausgewählt hatte, wo er über Leben und Tod entscheiden sollte.

Es wurde acht Uhr. Die beiden Spaziergänger waren noch nicht zurück, obwohl der eine abends nach München abreisen wollte.

Professor Grashey weilte mit dem Gendarmeriehauptmann in Starnberg, der Diener des Königs in der Residenz, die beiden Kuratoren mit Baron Malsen gingen ihren Amtsgeschäften in München nach. Freiherr von Washington als vorgesehener neuer persönlicher Adjutant und Dr. med. Müller als Assistenzarzt waren die einzigen Anwesenden auf Schloß Berg, wo der König von Bayern in völliger geistiger Umnachtung gefangengehalten werden sollte!

Gegen neun Uhr trat die Dunkelheit ein, es regnete stärker, die beiden Spaziergänger blieben noch immer fern.

Was war auf einmal los?

Dr. Müller war aus dem Kavalierhaus aufgeregt ins Schloß hinübergelaufen, um den Medizinalrat endlich zu holen, hatte aber erst dort erfahren müssen, daß Se. Majestät überhaupt noch nicht zurück war!

Ein Geisteskranker draußen in der Dunkelheit bei diesem Regenwetter allein mit einem 62jährigen Mann, umgeben von einem Wald und einem weiten See – dieser Gedanke war einfach fürchterlich! Gudden konnte doch un-

Bild 32: Todesstelle im See mit Denkmal
Memorial Cross, in the lake at the spot where the drowned King was found

Bild 33: Das Todeszimmer in Schloß Berg
The Death Chamber in Berg Castle

möglich zugelassen haben, daß ein Spaziergang am Abend weiter als gewöhnlich ausgedehnt würde. Er mußte doch wissen, in welche Unruhe das ganze Schloß gebracht würde. War ihm ein Unglück im dunklen Park zugestoßen, war der König auf und davon gelaufen oder waren doch beide durch den Park hindurch bis zum Dorfe Leoni weitergegangen? Was dann, wenn die beiden von den dortigen Bauern erkannt wurden?

Der Assistenzarzt ließ sofort den ganzen Park absuchen und beteiligte sich mit dem Schloßverwalter sogar selbst daran. Niemand dachte zunächst an den Starnberger See!

Der nunmehr ganz allein im Schloßbau zurückgebliebene Freiherr von Washington behielt die Nerven, vermied jede unnötige Aufregung und verhütete, daß irgendeine Nachricht nach München unter das Volk drang. Er dachte im stillen an die angeheiterten Leute in den Nachbarorten, die ein fröhliches Pfingstfest feierten. Sie würden doch gleich von einer Ermordung sprechen und alle greifbaren Beamten totschlagen – so liebten sie immer noch ihren König! Und in der Residenz könnte durch irgendeine Katastrophennachricht eine Revolution ausbrechen! Nicht nur die Kuratoren und Minister würden dann einer Volkswut zum Opfer fallen, sondern auch das Leben Sr. Königlichen Hoheit des Prinzregenten stände auf dem Spiel!

Die Suche führte zu keinem Resultat und mußte vom ganzen Schloßpersonal fortgesetzt werden. Jeder sollte sich sofort verstecken, sobald er Sr. Majestät ansichtig würde.

Es vergingen Minuten größter Qual. Auch die zweite Suche blieb vergeblich. Jetzt erst faßte der Gedanke Fuß:

ein Unglück am Seegestade! Dr. Müller wollte mit einigen Fischern den See absuchen lassen, allein Washington befürchtete, daß dann zuviele Menschen auf die Sache aufmerksam werden könnten. Auch wollte er sich nicht recht vorstellen, daß im Wasser ein Unglück geschehen sein könne, da er von einem Fenster aus zufällig immer einige kleinere Schiffe von und nach Leoni ohne die geringsten auffälligen Zeichen vorbeifahren sah. Die hätten doch bestimmt etwas gemerkt oder Hilferufe gehört!

Zanders ließ das Dienstpersonal mit Fackeln und Lampen versehen, um wenigstens das Ufer genauer absuchen zu können. Wieder verging eine bange Viertelstunde. Niemand konnte die Gesuchten finden.

Washington sah nunmehr den Augenblick für gekommen, Sr. Königlichen Hoheit dem Prinzregenten und den Herren Ministern unverzüglich Nachricht zu geben. Zuerst depeschierte er an seinen direkten Vorgesetzten, Oberst Freyschlag, dann an die Minister selbst, und zwar ganz vertraulich, nicht offiziell.

Kaum waren diese inoffiziellen Depeschen abgegangen, als einige Gendarmen meldeten, eine frische Wagenspur entdeckt zu haben, und zwar mitten von einer Wiese weg in Richtung nach München führend, obwohl das Mitteltor geschlossen war.

Was sollte das bedeuten? War der Fluchtgedanke von Neuschwanstein doch noch Wirklichkeit geworden? Hatte dieser „verrückte“ Leibkutscher Osterholzer, der schon in Hohenschwangau das erste Erscheinen der Fangkommission dem König heimlich gemeldet hatte, jetzt ebenso heimlich zusammen mit seinen Konsorten die unglückliche Majestät aufgefordert, nach der Residenz zu eilen? War ihm gelungen, durchzusetzen, was einem Grafen Dürckheim nicht glückte? Der König schien zwar so krank, daß er von selbst so etwas nie unternommen hätte. Aber wenn fremde Helfershelfer Dr. Gudden von seiner Seite geschlagen und in irgendeinem Dickicht liegen gelassen hätten – würde dann noch der König gezögert haben, die bestellte Kutsche zu besteigen? Am Ende war er jetzt in München, dort schon die Revolution ausgebrochen und das Leben aller bedroht! Warum fragte der amerikanische Reporter so merkwürdig, ob der König wirklich am Pfingstmontag in seiner Residenz erscheinen wolle?

Der Freiherr stand vor einem Rätsel und wußte nicht mehr, was zu tun war. Welch' fürchterliche Verwirrung könnte die kleinste Falschmeldung in München verursachen. Endlich wurden seine sorgenvollen Gedanken von einem gewissen Druck befreit, als Dr. Müller erschien und versicherte, der Leibkutscher Osterholzer wäre längst wegen grober Disziplinlosigkeit im Amt verhaftet worden, denn er allein hätte die unangenehme Affäre des Gefangensetzens und Wiederabreisens der ersten Kommission auf dem Gewissen.

Und so telegraphierte jetzt Washington vorsichtshalber an den Polizeidirektor Pechmann in München:

„seine majestät mit dr. gudden um 6½ uhr ausgegangen – bisher nicht zurückgekehrt – der park wird durchsucht."

Das war das zweite offizielle Telegramm von Schloß

Berg. Man wollte eigentlich noch Pechmann den dringenden Rat geben, alle Straßen gegen Starnberg mit reitenden Gendarmen patrouillieren zu lassen, besann sich aber eines Bessern. Pechmann als Polizeidirektor der drittgrößten Stadt Deutschlands würde schon wissen, was er aus dem Wortlaut der ersten beiden Sätze herauszulesen hätte und was daraufhin zu tun und zu lassen wäre.

An Baron Crailsheim wurde wieder privat depeschiert: „heute abend von einem reporter befragt, ob es wahr, daß seine majestät morgen früh in münchen erscheinen würden, kammerdiener heute abend erlaubnis erbeten, nach münchen fahren zu dürfen, was genehmigt wurde."

War es immerhin nicht recht auffällig gewesen, daß ausgerechnet dieser Leibdiener so spät abends noch Bruchbinden für den König besorgen sollte? Man hätte ihn verfolgen sollen, ob er wirklich nach München fuhr oder nur Fluchtpläne vorbereiten würde, womöglich hinüber zur Kaiserin von Österreich nach Feldafing geeilt war, um als Unterhändler zu fungieren und recht nützliche Kurierdienste zu leisten.

Kaum waren die beiden Depeschen fort, als sich ein wirrer Lärm erhob. Ein Lakai brachte den Hut des Königs, den man am Ufer des Sees gefunden hatte, der an seiner Krempe einen ganz frischen Einriß zeigte und vollständig durchnäßt war.

Wenige Minuten später stieß man auf weitere untrügbare Anzeichen eines entsetzlichen Unglücks, das nicht mehr ungeschehen zu machen war: ein zweiter Diener meldete, daß man auch Guddens Hut sowie den Rock und Überzieher des Königs ganz durchnäßt gefunden hätte, ebenfalls dicht am Ufer. Merkwürdig und auffallend blieb von vornherein, daß Guddens Hut auf eine Art zusammengedrückt war, als hätte man sich daraufgesetzt, und daß diese Kleidungsstücke nicht im See, sondern am Gestade lagen. Einige Schritte entfernt stieß man auf den Regenschirm, nicht weit von der Bank, auf der Ludwig mit seinem Begleiter am Morgen gesessen hatte.

Ein namenloses Unglück mußte geschehen sein. Die Gewißheit davon brachte zugleich eine ernste Beruhigung dafür, daß anderer Leben nun nicht mehr gefährdet war. Es war ein schwacher Trost!

Der Schloßverwalter Huber sprang mit Dr. Müller in einen Kahn, um das Ufer entlang dem See abzusuchen. Plötzlich schrien beide in heller Verzweiflung auf:

„Da! Da! Und dort –!!“

Nicht weit vom Lande hatten sie Dr. Gudden in halbsitzender Stellung leblos schwimmend entdeckt, den Rücken unter das Wasser geneigt, und ein paar Schritte weiter draußen im See fand man den entseelten Körper des Königs, sein Gesicht nach unten und die Arme vornübergebeugt, ebenfalls an der Oberfläche des Wassers schwimmend. Die Beine der beiden schienen sich in dem schlammigen Grund versackt zu haben. Der König war nur noch in Hemdsärmeln. (Vgl. Bild Nr. 32.)

Atemlos stürzte der Oberbereiter Wolb ins Schloß mit der schicksalhaften Meldung: „Die Leichen Sr. Majestät und des Arztes im See gefunden!“

Vorbereitet und doch im ersten Augenblick tief erschüttert gab Baron von Washington diese Meldung sofort an Oberst Freyschlag, die Minister und den Oberamtsrichter von Starnberg weiter. Es war das dritte offizielle Telegramm.

Dann eilte er ans Seegestade. Unterwegs begegnete ihm der Kellermeister mit dem Koch und schrie:

„Se. Majestät und Gudden geben noch Lebenszeichen von sich!"

Hoch und teuer beschworen sie, mit ihrem Kopf für die Wahrheit dieser Meldung einzustehen, da sie es mit ihren eigenen Augen gesehen hätten. Washington machte kehrt, lief ins Schloß zurück und sandte die wortgetreue Meldung mittels Telegraph ebenfalls nach München.

Es war die vierte Depesche an das Ministerium.

Man hatte die beiden schwimmenden Körper ans Land gebracht. Die Uhr des Königs hing aus der Weste heraus und war bereits um 6 Uhr und 54 Minuten stehengeblieben. Zwischen Glas und Zifferblatt war Wasser eingedrungen.

Während zwei Gendarmen Wiederbelebungsversuche bei Gudden anstellten, tat Dr. Müller mit einem dritten Gendarm sein Menschenmöglichstes, um den König zu retten. Die Brust jeder Leiche wurde vom Unterziehzeug befreit. Der treue Zanders schnitt sofort den unteren Teil seines Rockes ab, damit die notwendigen Tuchreibungen ausgeführt werden konnten. Dann erst schickte man nach wollenen Decken ins Schloß. Bei dem Regen und Wind drohten die Lampen jeden Augenblick auszugehen. Die Stimmung unter den Umstehenden war entsetzlich.

Vergebens bemühte sich Dr. Müller um Se. Majestät, vergeblich blieben die Versuche der Gendarmen. Da man die Sterbenden nicht gern in einem Kahn an das Schloßgebäude heranbringen wollte, wurde ein Wagen zur Stelle befohlen.

Mitternacht 12 Uhr erhob sich der Assistenzarzt und gab seinen letzten Bericht an den neben ihm stehenden Baron von Washington:

„Herr Oberstleutnant, ich konstatiere den Tod Sr. Majestät und meines Chefarztes. All' unsere Wiederbelebungsversuche sind mißlungen!"

Die Worte fielen wie Bleigewicht auf die Anwesenden in dieser schaurigen Nachtstimmung am aufgeregten Ufer des Starnberger Sees. Die bittere Wahrheit war nun ausgesprochen, die keiner sich ausdenken konnte noch wollte. Die große Tragödie hatte sich vollzogen.

Der Freiherr gab sofort eine entsprechende Depesche an den Prinzregenten auf, weil er annehmen mußte, daß zur selben Zeit sein direkter Vorgesetzter, Oberst Freyschlag, wie auch sämtliche Minister bei Sr. Königlichen Hoheit zum Ministerrat versammelt wären.

Kein Wagen fuhr mehr aus dem Schloß. Statt dessen näherte sich ein Todeskahn ganz langsam dem Ufer bei Berg. An den beiden Enden dieses Kahnes lag je eine Leiche: Seine Majestät mit dem Gesicht gegen den geliebten Park und Dr. med. von Gudden mit dem Antlitz gegen den mörderischen See.

Armer Gudden, bemitleidenswerter Mensch trotz allem!

So mußtest du dein verantwortungsloses Gutachten und deine falsche Gutgläubigkeit, deine fachwissenschaftliche Weisheit und deine langjährigen Erfahrungen mit dem Tode bezahlen!

Armer, noch unglücklicherer König! So also hatte man dich aus deinem schönen, goldenen Traum deiner Einsamkeit herausgerissen und in den Tod getrieben! Nun war alles aus, nun war auch deine Seele eingegangen in das ersehnte Walhall ewiger Reinheit!

Der Anblick der beiden Opfer, die jetzt so friedlich im Kahne sich gegenüberlagen und noch vor Stunden einen ganz mörderischen Kampf ausgefochten haben mußten, soll herzzerreißend gewesen sein.

Tot waren sie nach Schloß Berg zurückgekehrt, wurden in Decken gehüllt und schliefen in den Morgen eines sonnigen Pfingstmontags hinein, um nie wieder zu erwachen.

Die vielen Vorbereitungen, Sicherungsmaßnahmen, Versteckspiele wegen eines einsamen Träumers sahen jetzt aus wie ein grausiger Totentanz, den dieser große Einsame selbst frühzeitig abgebrochen hatte. Der Tanz war aus!

Man hatte viermal offiziell nach München und mindestens ebenso viele Male inoffiziell an verschiedene Minister der Residenz depeschiert. Die Residenz aber schwieg!

Um zwei Uhr nachts kam vielmehr eine Gerichtskommission von Starnberg, bestehend aus dem Oberamtsrichter, dem dortigen Gerichtsarzt und einem Bader. Sie stellte an den Leichen folgendes fest:

„An Guddens Gesicht, auf seiner Stirn und Nase eine Anzahl Kratzwunden; eine schwere Narbe mitten auf der Stirn, von einem Stockschlag herrührend; über dem rechten Auge eine nicht unbedeutende blutunterlaufene Stelle, verursacht durch einen schweren Faustschlag; eine heftige Verletzung der rechten Wange; einen fast abgelösten Nagel am rechten Mittelfinger und auffällig starke Strangulationszeichen an dem verhältnismäßig breiten Hals. Keinerlei Verletzungen am Körper Sr. Majestät, dafür einen merkwürdig finsteren, fast tyrannischen Gesichtsausdruck –."

In vollständigem Widerspruch zu diesem Endbericht über das Aussehen des Königs schrieb Fürst Philipp zu Eulenburg, damals Sekretär bei der preußischen Gesandtschaft in München:

„... ich trat mit klopfendem Herzen in das Zimmer, wo der mythosumsponnene König, ein wahnsinniges Lächeln auf den verblaßten Lippen, die schwarzen Locken kühn um die weiße Stirn wallend, soeben tot auf sein Bett niedergelegt worden war."

Was ist nun wahr? Der finstere, tyrannische Zug oder das wahnsinnige Lächeln?

Nicht die geringste Nachricht kam aus der Residenz. Der Adjutant des Toten erfüllte dessenungeachtet auch weiterhin pflichtgetreu seinen schweren, traurigen Dienst; er depeschierte an die Gräfin von der Mühlen, Oberhofmeisterin Ihrer Majestät der noch lebenden Königinmutter in Elbingenalp:

„Bereiten Sie Ihre Majestät auf den Tod des Königs vor!"

Dieser standhafte Freiherr von Washington ertrug Furchtbares und wankte nicht einen Augenblick. Er hatte depeschiert und depeschiert, sich bei jedem Wortlaut und Satzende die größten Gedanken gemacht, ob alles dem Sinne und der Ausdeutung nach richtig und zu verantworten war. Niemand aber in München fiel es ein, auch nur die kürzeste Antwort zurückzudrahten, kein Wort des Bedauerns, keinerlei Anweisungen – gar nichts!

Auf eine Anfrage hin teilte das Münchener Postamt mit: „alles expediert!" Vorsorglich hatte man einen Wagen nach Fürstenried schicken lassen in der bestimmten Annahme, daß wenigstens Graf Holnstein erscheinen würde. Aber auch das umsonst!

Endlich – gegen 5½ Uhr früh – traf Graf Törring ein und löste den Adjutanten des Hohen Toten ab. Und erst drei Stunden später erschien Malsen mit einem Hofrat Klug und dem Sekretär der Königinmutter. Washington fragte beiläufig:

„Was hat denn der Prinzregent zu meiner Depesche gesagt? Ich weiß gar nicht mehr recht, was ich eigentlich telegraphiert habe!"

„Man hat ihn geweckt!", war Malsens lakonische Antwort. Sie paßte so recht zum Wesen dieses eigentümlichen Hofmannes, der es besonders liebte, von oben bis unten „zugeknöpft" zu bleiben, um nichts Unbedachtes ausplaudern oder verraten zu müssen. Washington war empört über dieses so frech dahingeworfene: „Man hat ihn geweckt!" und wandte sich brüsk von Malsen ab zu Hofrat Klug:

„Wann hat denn Oberst Freyschlag meine erste Depesche erhalten?“

„Um 12½ Uhr kamen alle drei Depeschen auf einmal zu ihm!“

„Ich finde das einfach unerhört! Der Adjutant Sr. Majestät des Königs von Bayern telegraphiert an den ersten Adjutanten Sr. Königlichen Hoheit des Herrn Prinzregenten um 9½ Uhr, um ihn in Kenntnis zu setzen von einem Vorfall, der für das ganze Land Bayern von lebenswichtiger Bedeutung sein konnte, und eine solche Depesche braucht von Berg nach München über drei Stunden? Das verstehe einer, der mag – ich niemals! Ich werde mich darüber beschweren und fordere strengste Untersuchung. Eine derartige Nachlässigkeit des Bahnpersonals erscheint mir zunächst unglaublich!“

„Herr Oberstleutnant, ich muß doch bitten ...“

„Nun gut, die Depeschen gelangten eine halbe Stunde nach Mitternacht endlich zu Oberst Freyschlag. Was tat dieser?“

„Er sandte mich gleich nach Einlauf der drei neuesten Nachrichten in den Ministerrat, der ohne den Prinzregenten zu dieser späten Stunde noch tagte.“

„Und wer hat dann Se. Königliche Hoheit geweckt?“

„Der Ministerrat ging gegen 1½ Uhr auseinander, um in der Frühe gegen sieben Uhr wieder zusammenzukommen, und beauftragte mich, von hier aus über verschiedene andere Sachen sofort Aufklärung zukommen zu lassen.“

„Man hielt es mit anderen Worten also noch nicht einmal für nötig, den Prinzregenten zu einer solch wichtigen

Ministerratssitzung hinzuzuziehen? Das, was hier geschehen, ist wohl für die Herren alles eine Bagatelle? Das ganze Volk ist in höchster Aufregung, und inzwischen hat man wohl auch endlich den Prinzregenten aus dem Schlafe geweckt, nicht wahr?"

„Exzellenz! Ich muß doch nochmals sehr bitten –".

„In der Tat – auf solche Antworten eines Abgesandten aus München war wohl kein Mensch gefaßt, am allerwenigsten der Adjutant des toten Königs. Er hatte immer noch angenommen, die Herren würden sich von der Ministerratssitzung aus direkt und persönlich an ihn wenden, um nähere Einzelheiten zu erfahren. Anstatt dessen schickten sie einen Hofrat Klug, der noch vor einigen Wochen obskurer Theaterintendant gewesen.

Zu verstehen war in einer solch peinlichen Lage nur noch der Freiherr selbst, der sich weigerte, in dieser Stimmung mit den Herren aus der Residenz noch weiter zu verhandeln, und abtrat. –

Um zehn Uhr morgens waren die beiden Leichen in zwei Zimmern aufgebahrt, die durch einen kleinen Salon getrennt und bereits übervoll mit Blumen bedeckt waren. Draußen stand eine Menge Menschen, und zwar Touristen, Sommerfrischler und viele Landleute, die ihren geliebten König noch einmal sehen wollten, so daß die Gendarmerie absperren mußte.

Als eine der ersten und nächsten war Elisabeth von Feldafing herübergekommen. Der tragische Tod des lieben Freundes, an dessen „Geisteskrankheit" sie nie geglaubt hatte, erschütterte sie aufs tiefste. Als sie das Schreckliche mit eigenen Augen sah, rief sie wie wahnsinnig aus:

„Er ist nicht tot, er stellt sich nur, als ob er tot wäre, mein geliebter Ludwig! Er will in Frieden gelassen und nicht mehr gequält werden!“

Sie befahl dem Gefolge, sie allein bei dem Totenbett zu lassen, wo sie eine rote Rose auf das Bettkissen legte. (Vgl. Bild Nr. 33.) Als man nach längerer Zeit keinen Laut mehr vernahm und wieder in das Totengemach eintrat, lag Elisabeth ohnmächtig am Boden. Freiherr von Washington wurde von ihr später beauftragt, einen prachtvollen Kranz an der Grabkapelle niederzulegen.

Es war Pfingstmontag Mittag geworden, und noch immer war kein einziger Minister anwesend!

Erst nachmittags vier Uhr traf Crailsheim mit einigen Herren im schwarzen Frack ein, welche die letzten Vorbereitungen für eine Überführung nach München anordneten.

Der König hatte sich nicht mehr verstellt wie so oft in seinen letzten Tagen – er war wirklich tot. Vier Stallbedienstete trugen ihn, der sein ganzes Leben hindurch soviel auf Etikette gehalten hatte, recht formlos die Treppe herunter und legten ihn erst unten in den Sarg. Das Königliche Haus und der Oberzeremonienmeister blieben bei dieser Überführung noch immer unvertreten.

Unter einer laut schluchzenden Menge setzte sich der traurige Zug mit der Geistlichkeit in Bewegung. Vorüber ging es an Fürstenried, wo der irrsinnige Bruder Otto in der Blüte seines Lebens dahinsiechte, bis nach Sendling, wo eine Eskadron Chevaulegers das Ehrengeleit übernahm. Große Scharen der Landbevölkerung folgten dem Sarge.

Als der Tote einkehrte in die ihm verhaßten Mauern seiner Residenz, erschauerte eine schweigende Menge. Unzählige kamen dann in die Alte Kapelle, wo der Verewigte so viele Kandidaten des Georgiordens zu Rittern geschlagen hatte, um einen letzten Blick auf das rätselhafte Antlitz zu werfen. Dort, auf einem ziemlich einfachen Katafalk, ruhte der große Tote, dem man das Kostüm des Hausritterordens vom heiligen Hubertus (siehe Bild 35) angelegt hatte. Eine seiner schönen vornehmen Hände stützte sich auf das Schwert, während die andere auf der stark angeschwollenen Brust ruhte und einen kleinen Strauß Jasminblüten hielt, welche Elisabeth eigenhändig gepflückt hatte. Sie allein wußte, daß neben Lilien und Rosen Jasmin die Lieblingsblume ihres Ludwig gewesen, sie hat aber wohl nie die eigentliche Bedeutung des persisch-arabischen Wortes gekannt, hat wohl nie erfahren, daß „Jasmin“ nichts anderes hieß als: Verzweiflung! (Vgl. Bild 35.)

Unzählige gaben das letzte Geleit zur Fürstengruft bei Sankt Michael, unter klingenden Glocken, beim Gesang der Priester. Versöhnt schritten hinter dem Sarge Prinzregent Luitpold, Kronprinz Rudolf von Österreich und der deutsche Kaisersohn Friedrich von Preußen.

Dumpf tönte vom Turme der Frauenkirche die Bennoglocke. Das bayrische Volk, die ganze deutsche Nation weinte um diesen edelsten aller Fürsten, der in die Unsterblichkeit eingegangen war. Nicht nur die einfachen Leute aus dem Volke, die in Ludwig noch immer den strahlenden Jüngling im Purpurgewande über alles liebten, der er noch vor zwei Jahrzehnten gewesen –, nein, auch die Münchener Gesellschaft, die der König so gern gemieden und zuletzt so gehaßt hatte – hoch und niedrig, reich und arm hatte tiefstes Mitleid erfaßt.

Von allen Bergeshöhen, vom hochragenden Säuling, vom Felsen des heiligen Magnus, überall flammten Johannisfeuer, die Scheiterhaufen des Lichtgottes Baldur. Still lagen die beiden Schlösser Hohenschwangau und Neuschwanstein. Trauerflaggen wehten über dem Linderhof und auf Herrenchiemsee. Der Einsame kehrte nie wieder, seine Einsamkeit wurde nie mehr gestört. Das stille Glück dieser Schlösser war zu Ende. Frauen- und kinderlos war Ludwig II. aus dieser Welt gegangen.

Während man ihn in die Gruft seiner Väter legte, sangen draußen im Lande alle Glocken das Grabeslied.

Und ein letztes Mal donnerten die Geschütze ihm zu Ehren!

14. Legende und Wahrheit

Nach dem Ende Ludwigs II. von Bayern trug man folgende Sätze in die Deutsche Geschichtschronik ein:

„Der zweite Ludwig hat im Wahnwitz sein und seines Volkes Vermögen in krankhaften Passionen und in kostbaren Bauten vergeudet; im Irrsinn hat er sein und seines Arztes Leben geendet. Sein Nachfolger, der König Otto, sitzt ebenfalls geisteskrank unter Bewachung, und ein Regent verwaltet das Land. In einem modernen Staate ist niemals der Wille des Königs, sondern das Wohl des Volkes oberstes Gesetz!"

Unzählige Legenden sonderlichster Art sind leider hinzugekommen und haben die harten Tatsachen der *wirklichen* Geschichte so stark angefressen, daß es heute bestimmt nicht mehr leicht ist, Dichtung und Wahrheit auseinanderzuhalten.

Die beiden Kardinalfragen, um die es dabei ging und auch heute noch geht, sind: Wie war das Ende und war Ludwig wirklich geisteskrank?

Wie war das Ende? *Was* war und *wie* war es geschehen?

Augenzeugen fehlen. Wir können uns deshalb nur auf Indizien verlassen und dürfen nur von diesen allein un-

Bild 34: König Ludwig II. schlägt einen Georgiritter
Nach einem Aquarell von F. Eibner
King Ludwig II conferring the Knighthood of St. George
König Ludwig II. Museum in Herrenchiemsee

Bild 35: Der tote König Ludwig II. auf dem Paradebett als Hubertusritter *Nach dem Pastell von J. A. Koppay*
King Ludwig II lying in state in the uniform of the Knights of St. Hubertus
König Ludwig II. Museum in Herrenchiemsee

sere Vermutungen ableiten bei einem neuerlichen Versuch, das Für und Wider bis ins einzelne genau abzuwägen.

Hat der König nur Selbstmord versucht? Hat er fliehen wollen, irgendwohin, nur weg aus der Gefangenschaft? Hat er den Leibarzt gepackt und mit in den See gerissen, um ihn bei voller Überlegung zu erwürgen oder zu ertränken? Ist Dr. von Gudden nur nachgesprungen, lediglich, um den angenommenen Selbstmordversuch seines Königs zu verhüten? Ist er dabei selbst ein Opfer durch Herzschlag geworden? Ist der König natürlich gestorben oder bei vollem Bewußtsein ertrunken?

Zunächst steht einwandfrei fest, daß vom Beginn der eigentlichen Tragödie an dreierlei Gedankenspiele in Ludwigs Seele einander abwechselten: Widerstand bis zum Äußersten (Hilferufe an die umliegenden Ortschaften, Verhaftung der ersten Kommission, Befehle an Graf von Dürckheim und das Kemptener Jägerbataillon, die letzte Proklamation an das bayrische Volk), dann Flucht (Besprechung mit Dürckheim, verspäteter Befehl an den Leibkutscher Osterholzer) und schließlich Selbstmord (Gespräche mit den Dienern, Zyankali, Schlüssel zum Turm und versuchte Fensteröffnung bei Eintritt des Lakaien Mayr).

Erst im Augenblick der heimtückischen Überrumpelung an der Wendeltreppe zum Turm trat ein vierter, viel furchtbarerer Gedanke beim Anblick Dr. von Guddens hinzu: die Rachsucht. Allerdings wurde der Rachegedanke in einem meisterhaften Spiel vor der Außenwelt verborgen gehalten und nur bei Zornesausbrüchen leise angedeutet. So wurde die Frage des Königs an den Arzt: „Wie können

Sie mich für verrückt erklären, wo Sie mich doch noch nicht einmal untersucht haben?" auf Schloß Berg recht bedeutungsvoll wiederholt. Ebenso bleibt sein Ausspruch recht eigenartig: „Ich mache meine Rechnung mit dem Himmel *und dem Vogt*!?" Wen sollte er anders meinen mit dem Wort „Vogt" als seinen „bestallten Bändiger": Dr. von Gudden?

Der erste Gedanke des Widerstands bis zum Äußersten wurde aufgegeben mit der Abreise des Grafen Dürckheim nach der Residenz und dem Nichteintreffen der dreihundert Mann aus Kempten, mit denen er seine Burg anfangs rücksichtslos verteidigen wollte. Der Widerstand war auch aufgegeben worden bei dem mehrmaligen Verzicht auf eine sofortige Abreise in die Residenz.

Der Selbstmordgedanke dagegen wurde erst fallengelassen mit dem endgültigen Abschied von Neuschwanstein, also nach dem Überfall durch die Ärzte und Irrenwärter. Wenn er nämlich dann noch Selbstmord vorgehabt hätte, dann wäre es für ihn ein leichtes gewesen, sich beim Umkleiden im unbeaufsichtigten Schlafzimmer zu erhängen oder sich während der Fahrt nach Berg in der verschlossenen Equipage beide Pulsadern an den Fenstern aufzureißen. Menschliche Hilfe wäre in beiden Fällen zu spät gekommen, was auch Dr. med. Müller zugegeben hat. Denn der König hätte sich bei seiner herkulischen Stärke gegen die letzten Rettungsversuche mit Erfolg gewehrt.

Mit der Ankunft am Starnberger See blieben die Gedanken an Rache und Flucht allein noch übrig. Sie erhielten sogar neue Nahrung und drängten entschieden zu einer

Verwirklichung, als Ludwig in seinem lieben, alten Schloß alle jene tieftraurigen, demütigenden Veränderungen beobachtete. Da hatte er nur noch das Bild seines unheilbar kranken Bruders vor Augen, und da verfolgte ihn nur noch ein einziges Ziel: *allein mit Gudden!*

Am Pfingstsonntag morgens war ihm das bereits halb gelungen, was er im Sinne trug. Bei diesem ersten Spaziergang durch den Park störten allerdings die dicht folgenden beiden Wärter und die Helle des Vormittags. Man mußte also die Abenddämmerung abwarten und ganz unauffällig den Wunsch aussprechen, auch ohne die lästigen Pfleger spazieren gehen zu dürfen. Der Wunsch ist denn auch ausgesprochen und erfüllt worden. Dr. von Gudden andererseits muß geglaubt haben, damit Sr. Majestät einen ganz besonderen Gefallen zu tun und für sich eine Erleichterung in der schweren Behandlungsweise des Königs gewinnen zu können.

Wenn nun in der Zwischenzeit Ludwig nach keinem seiner vielen Verwandten verlangte, nichts mehr niederschrieb, wenn er fortwährend um Zyankali bittet und sich erkundigt, wie man ihn beseitigen könne, wenn er nach der Dauer der Kur fragt und Spezialwünsche für eine zukünftige Behandlungsart äußert, wenn er schließlich im recht geschickten Spiel seiner Ablenkungsmanöver einen Diener nach München schickt, um Bruchbinden besorgen zu lassen, so bleibt unverständlich, daß ein Koryphäe der Wissenschaft, der Dr. von Gudden auf seinem Gebiete ganz zweifellos war, derartige auffällige Symptome überhaupt nicht in Erwägung zog.

Und so ging der König gegen Abend ein zweitesmal mit seinem „Vogt“ aus, unterhielt sich vielleicht über die verschiedensten Dinge der Welt, sprach vom frühzeitigen Abendessen und der bevorstehenden Reise des Arztes nach München, erteilte vielleicht kleine persönliche Aufträge und lenkte dabei ganz unauffällig seinen Begleiter wieder an diejenige Stelle des Seeufers, die er von früher her als geübter Schwimmer genau in Erinnerung und die er sich morgens genau ausgesucht hatte, wo der See nur halbmannstief war. Ob die beiden sich dann auf der in der Nähe befindlichen Bank wieder wie am Vormittag niedergelassen haben, kann nicht nachgewiesen werden.

Ludwig muß längst beobachtet haben, daß diesmal tatsächlich keine Wärter folgten, und wird sich bei Dr. von Gudden für ein solches Entgegenkommen bedankt haben. Sicherlich wird er auch den Arzt, wie einige Stunden zuvor Zanders, nach der Postierung der Gendarmeriekette an den Grenzen des Parkes, ihrer Stärke und Entfernung gefragt haben. Es liegt nahe, daß eine diesbezügliche beruhigende Antwort erteilt wurde.

Urplötzlich wird er auf die Schande des Gutachtens und die Beweise seines gesunden Geistesverstandes hingewiesen haben. Herrisch, wie er nun einmal veranlagt war, wird er im Anschluß daran seine sofortige Freilassung von dem Arzt gefordert haben. Naheliegend ist weiterhin, daß Gudden, zu Tode erschrocken, das ganze drohende Unheil ahnte und auf Grund seiner praktischen Erfahrungen sehr energisch widersprach. Bei dem gesunden Verstand des Königs erreichte er das genaue Gegenteil, während bei dem

„kranken“ Ludwig der energische Widerspruch apathisch gewirkt haben würde.

Ebenso plötzlich, wie das „Entweder-oder“ gefordert wurde, wird gehandelt worden sein. Der König muß im nächsten Augenblick unter einem furchtbaren Fluch zum vernichtenden Schlag ausgeholt haben. (Beweis: die schwere Narbe auf der Stirn Guddens.)

Der Arzt ist gar nicht mehr dazu gekommen, um Hilfe zu schreien. Ihm fiel der Hut vom Kopf. Vollends überrascht und wie erstarrt brach er halb ohnmächtig zusammen und kam dabei auf seinen eigenen Hut zu liegen. (Beweis: der vorgefundene recht eigenartig zusammengedrückte Hut, als ob jemand darauf gesessen hätte.)

Der Befreiung war widersprochen, die Rache an dem „Vogt“ war gekühlt, der König von seinem Widersacher zunächst befreit. Sollte nun doch aus irgendeinem Versteck ein Wärter kommen, so mußte auch der sofort bewußtlos geschlagen werden.

Kein Pfleger kam. Es blieb unheimlich still ringsum. Nur der am Boden liegende Arzt röchelte. Da er keinen Hilferuf abgeben konnte, ließ sich auch kein Gendarm blicken. Der König sah ein, daß er nur teilweise wieder frei war, denn ein Fluchtversuch durch den Park, mit dem er anfangs gespielt haben muß, war nun ohne Guddens Mithilfe zu einer Unmöglichkeit geworden; die Gendarmen hätten ihn nie die Grenzen des Parkes allein passieren lassen.

Ein leichter, dünner Regen ging vernehmbar nieder. Da vorn plätscherten die leicht erregten Wellen an das Ufer des Sees. Nach seinen urplötzlichen anfänglichen Erfolgen (Befreiung von Arzt, Wärter und Gendarm) mußte bei diesem klar denkenden König kurz vor seinem Ende der allerletzte und vielleicht stärkste Wille zum Weiterleben wie eine Lawine anschwellen. Seine noch ungebrochene Löwenkraft hatte er mit nur einem Schlage an Gudden bewiesen. Jetzt den See durchschwimmen, er, der Meisterschwimmer von früher, jetzt einen letzten Versuch auf Leben und Tod! Drüben lag die Roseninsel, dicht dabei Possenhofen; an der engsten Stelle war die Entfernung knapp 1,9 Kilometer, wie er genau wußte! Wie oft hat er früher den gleichlangen Alpsee bei Hohenschwangau durchschwommen, ohne die geringste Müdigkeit zu verspüren! Drüben hielt sich gerade die Kaiserin Elisabeth auf, wie man ihm mitgeteilt hatte. Hilfsbereit, wie die Kusine immer war, wird sie ihm auch jetzt helfen und ihn, wenn es sein muß, hinüberretten nach Österreich!

Gudden liegt noch immer röchelnd am Boden. Der König zieht den schweren Mantel aus, wirft den Hut vom Kopf. Auch der Rock muß herunter. Ohne es zu merken, tritt er auf die Krempe seines Hutes, sieht sich noch einmal um und watet hinein in den See.

Im selben Augenblick muß der Arzt seine Besinnung wiedererlangt und klar erkannt haben, was sich vor seinen Augen abspielte, im selben Augenblick muß er mit letzter Kraftanstrengung aufgesprungen sein und nur noch den einen Gedanken in eiserner Pflichterfüllung verfolgt haben: den König packen auf Leben und Tod! Er konnte da nicht erst lange überlegen, konnte sicher nicht den für ihn unmöglichen Fluchtversuch Sr. Majestät klar ausdenken, sah nur das furchtbare Bild eines Selbstmörders und sprang nach.

Wohl sechs Meter vom Ufer weg erreicht er den König. Dieser versetzt ihm in unbändiger Wut und Selbstverzweiflung einen heftigen Schlag ins Gesicht. (Beweis: die blutunterlaufene Stelle oberhalb des Auges bei Gudden.) Aber der Arzt läßt nicht gleich nach, klammert sich wie ein Vampyr an seinen Herrn, um das Grausigste zu verhüten. Der aber kennt nur noch einen Entschluß, aus der Notwehr geboren: Vernichtung des Hauptschuldigen, endgültige Vernichtung des „Elenden“, welcher ihm die halb gelungene Flucht auch noch vereiteln will. Jetzt muß er ihn erwürgen! Der Arzt hat es nicht anders gewollt und verdient, nun soll er sterben durch die Hand seines Königs! In blinder Raserei greift er wieder und wieder nach Guddens Gesicht, kratzt ihm in die Wange. Immer tiefer geraten beide in den See und wehren sich verzweifelt. Keine Hilfe kommt. Im Handgemenge reißt der König seinen Widersacher den halben Fingernagel ab, packt ihn wie ein Löwe an der Kehle und versucht, dem Gegner die Luft abzudrücken.

Halb hatte er ihn erwürgt, halb hatte er ihn ertränkt – da griff das Schicksal unerbittlich ein. Mit einem Male ließ der König von seinem Opfer. Eben noch aufgebäumt wie ein wildes Tier, das man zu Tode gehetzt, den man eine Fallgrube gelegt hatte und das man noch an einer Angel einfangen wollte, sank plötzlich der über die Wasserfläche hinausragende hohe Oberkörper in sich zusammen – vom Schlagfluß getroffen! Der letzte Akt des Dramas ist nicht durch eine willkürliche Handlung des Königs herbeigeführt worden, wie die meisten glauben, sondern der König ist an der Vollendung seines Fluchtversuches durch den ihn im Wasser ereilenden Tod gehindert worden. Er hatte unmittelbar vorher gegessen, wie nachgewiesen worden, sein Magen war noch voll, wie der Sektionsbefund ergab, das Regenwasser des Sees war ziemlich kühl, der König aber durch die starke Muskelanstrengung bei dem fast unmenschlichen Kampf anormal erhitzt. Was ein gesunder Körper kaum aushalten kann, hätte nie die kranke Konstitution des 41jährigen Königs überstehen können!

Beide waren tot. Beide lagen im Wasser und konnten weder untergehen noch fortgeschwemmt werden, weil sie sich im sandigen Boden des Sees allzufest mit ihren Beinen versackt hatten. Man fand sie in der bereits geschilderten Lage: mit dem Oberkörper an der Wasserfläche schwimmend. Ertrinken oder sich freiwillig ertränken an derjenigen Stelle des Sees, an welcher man einige Stunden später die Leichen fand, ist vollkommen ausgeschlossen, weil das Wasser dort einem großen Manne höchstens bis zur Hüfte reicht.

Ebenso ausgeschlossen ist und bleibt ein Selbstmordversuch des Königs. Abgesehen davon, daß die meisten Selbstmörder nie so offenkundig von ihren Plänen sprechen, wie es Ludwig in den letzten fünf Lebensjahren immer wieder getan hat, abgesehen davon, daß geübte Schwimmer sich am allerwenigsten die furchtbarste Überwindungsqual, einen Tod im Wasser, bei Selbstmordversuchen auswählen und daß der König es vorher auf seiner Burg Neuschwanstein viel leichter gehabt hätte, sein Leben zu beenden, sprechen noch ganz andere Momente gegen einen solchen Versuch. Warum hat Ludwig, wenn er sich wirklich ertränken wollte, vorher Mantel und Rock sowie Hut abgelegt? Warum hat er erst einen Diener in die Residenz geschickt, um Bruchbinden besorgen zu lassen, wenn er gar nicht mehr weiterleben wollte? Warum hat er sich so eingehend nach der genauen Postierung der Gendarmeriekette an den Grenzen des Schloßparkes erkundigt? Warum hat er sich überhaupt erst noch nach Berg transportieren lassen wie einen Schwerkranken?

Daß Ludwig sich nicht sofort wie ein gewöhnlicher Selbstmörder von dem Uferweg oder von der Bank weg in den See stürzte, beweisen einwandfrei die am Ufer gefundenen Oberkleider. Daß er nicht urplötzlich wie ein Geisteskranker ohne jede lichte Momente von seinem Begleiter auf- und davongesprungen ist, beweisen die hinterlassenen Fußspuren, die auf einen kurzen Zweikampf hindeuten. Daß wiederum ein solcher Überfall noch vor dem Sprung ins Wasser stattgefunden haben muß, erklären der zusammengedrückte Hut Guddens und die Narbe auf der Stirn, die nur mit einem Stockschlag, in diesem Falle mit dem Regenschirm des Königs, beigebracht sein konnte. Im Wasser fliehend hatte der König nichts mehr bei sich, denn die Diener haben den zusammengewickelten Regenschirm am Ufer gefunden!

Andererseits erscheint sehr unglaubhaft, daß Ludwig den Arzt gepackt und mit in den See gerissen hat, denn er mußte bis zum letzten Augenblick mit dem Auftauchen von

Wärtern rechnen, zumal dann Gudden dauernd um Hilfe gerufen hätte. Offen bleibt nur die eine Frage, ob der Arzt seinen Tod durch Erwürgen oder Ertrinken gefunden hat. Kein Mensch wird je diese Frage beantworten können, weil man merkwürdigerweise eine Sektion von Guddens Leiche überhaupt nicht vornehmen ließ! Warum? Wenn wir an Hand der vorgefundenen recht starken Strangulationsmale am Hals des Arztes ein Erwürgen mit Recht annehmen, so müssen wir das verstehen und menschlich verzeihen unter dem Gesichtspunkt, daß ein stolzer Herrscher von seinem Untergebenen tief beleidigt und gedemütigt worden ist und daß dieser Herrscher in seiner letzten Lebensminute aus Notwehr so handeln mußte.

Feige war jedenfalls in der Sterbestunde keiner von beiden, denn auch Gudden hat sein eigenes Leben nur für den Staat eingesetzt. Um ein ihm anvertrautes Leben zu retten, hat er das eigene geopfert! Das sei zu seiner Ehre nicht verschwiegen!

Beim Bekanntwerden der Ereignisse vom 13. Juni 1886 sprach man in ganz Deutschland allgemein nur davon, daß der König seinen Tod in den Wellen gesucht und auch gefunden habe. Wenn man heutzutage mit dem urgesunden Volk von Oberbayern über einen Selbstmordversuch Ludwigs II. spricht, dann schüttelt jeder den Kopf. Fast alle Ludwig-Biographen lehnen die Fluchttheorie energisch ab; einzelne versuchen dieselbe folgendermaßen zu entkräften: „wenn der König hätte fliehen wollen, so hätten ihm die wohlbekannten Wege in Gebüsch und Wald am Seeufer entlang Möglichkeiten genug geboten, sich der Begleitung Guddens bis zur Erreichung der behaupteten Hilfe von außen zu entziehen – warum eine solche Flucht ins Blaue durch den See?"

Wenn man derartiges behaupten wollte, dann müßte man allerdings voraussetzen, daß der König gar nichts von Wächtern und Gendarmen gewußt habe, die im ganzen Park verteilt waren und ihn bestimmt gepackt hätten! Nun trifft aber eine solche Voraussetzung nicht zu, denn zufällig hat sich der „Gefangene" sehr genau erkundigt, wie es um die Postenkette steht! Wäre zweitens der Versuch eines Durchschwimmens des Starnberger Sees, wenn geglückt, nur eine Flucht ins Blaue gewesen? Gewiß, Herzog Ludwig hat das Gerücht, er habe mit seinem Wagen den König am Seeufer erwartet, auf das bestimmteste in Abrede gestellt. Aber wie ist es mit dem anderen Gerücht, „die Kaiserin Elisabeth habe ihrem Vetter einen Kahn von Feldafing entgegengesandt?" Ist die Kaiserin jemals einem solchen Gerücht entgegengetreten? In ihrer Stellung wäre sie verpflichtettet gewesen, eine solche Hilfeleistung als Lüge in aller Öffentlichkeit erklären zu lassen – sie hat das nie getan! Warum? Sollte der Diener wirklich Bruchbinden in München besorgen? Und was war von Hohenschwangau aus im Gange? Haben die 150 Mann an der österreichischen Grenze nur zum Zeitvertreib volle achtundvierzig Stunden auf eine Handlung gewartet? Warum endlich haben österreichische Behörden in der Nähe der Grenzen die Möglichkeit einer Flucht des Bayernkönigs ganz ernstlich erwogen und genaue Anweisungen für einen solchen Fall aus Wien erbeten?

Fuhren die vielen kleinen Boote beim Regenwetter nur zum Vergnügen alle über den See?

Gewiß die Biographen haben in einem Teil recht: es liegen keinerlei Beweise vor. Man muß nur hinzufügen, daß die neue Regierung einen jeden wegen Hochverrats ins Gefängnis gesperrt hätte, wenn solche Beweise vorgefunden worden wären und nur einer unter den vielen die Wahrheit zu Protokoll gegeben hätte!

Nicht jeder ist berufen, in diesem ganzen Streit Stellung zu nehmen. Historisch interessant ist auf jeden Fall das abschließende Urteil einer der ersten Autoritäten auf dem Gebiete der Psychiatrie, nämlich des Berliner Universitätsprofessors Geheimrat Dr. Fritz Jolly, das da lautet:

„Bezeichnend für den Zustand des Königs ist, daß er in den Gesprächen mit Müller eine gewisse Schlauheit zeigte, denselben auf Umwegen auszuholen suchte, ob kein Giftmord geplant sei, und ihm dann die Versicherung gab, daß er ihm traue, aber den anderen nicht. Dieselbe Versicherung wird er wohl auch Gudden abgegeben haben. Daß der König beim Verlassen des Schlosses entweder *Flucht* oder Selbstmord geplant hat, halte ich für absolut sicher. Wenn also auch nur ein Fluchtversuch vorlag, *was ich nicht für ausgeschlossen halte,* so wurde der König . . . usw.!“

Lügenhaft bleibt ein für allemal die Legende, der König sollte von der Regierung aus mit Gewalt um die Ecke gebracht werden, und der gemeine Klatsch, sein neuer Adjutant, Freiherr von Washington, wäre nur dazu ausersehen gewesen, Sr. Majestät zur Flucht mit allen erlaubten Mitteln zu verhelfen. Gerade das Gegenteil ist der Fall gewesen: Washington hat sich mit seinem vielen Depeschieren nach der Residenz beinahe übergewissenhaft in seinem neuen Amt verhalten und die Regierung selbst hat sich wohl „verboten gleichgültig" gezeigt gegenüber dem nahenden Ende ihres unschädlich gemachten Monarchen. Das ist die Wahrheit, so bitter sie auch für ein Ministerium klingen mag!

Damit kommen wir zu der anderen Kardinalfrage: War denn Ludwig II. wirklich geisteskrank oder litt er nur zeitweise unter einem Wahn, der ihn zum Sonderling stempelte?

Der König ist bekanntlich nicht von seinem bayrischen Volk für verrückt erklärt worden, sondern kraft des Gutachtens eines beamteten Arztes durch sein eigenes Ministerium. Dieses Gutachten aber bleibt der Höhepunkt in der ganzen Königstragödie! Man stelle sich nur einmal sein Zustandekommen und den Hergang der Verhandlungen objektiv vor! Was jedem Menschen in einem kultivierten Staate, was sogar einem Mörder vor einer Gerichtsverhandlung auf Wunsch gewährt wird: die Beobachtung auf seinen Geisteszustand – das wird dem mächtigsten König nach dem deutschen Kaiser, dem Herrscher über alle Bayern versagt. Prinz Luitpold hatte sich ausdrücklich für eine persönliche Untersuchung des kranken Monarchen ausgesprochen, allein vier Irrenärzte erklärten eine solche angesichts des vorhandenen erdrückenden Materials für nicht erforderlich! Die Quellen für die angenommene Geisteskrankheit stammen aus dem zusammengetragenen Aktenmaterial der Ärzte und aus eidlichen Zeugenaussagen der Bediensteten. Das hatte zu genügen!

Während Professor Grashey den Zustand des Königs für heilbar hielt, wenn mit einer energischen Kur viel früher begonnen worden wäre, erklärte Hofrat Hagen eine Heilung für vollkommen ausgeschlossen bei Mitgliedern einer Familie, die erblich belastet sei!?

Irrenhausdirektor Dr. Hubrich erblickt in dem äußerst schlechten Befund des Mundes und der Zähne eine recht auffällige Erscheinung, während jeder Zahnarzt dabei auf Blutarmut schließen würde. Blutarme Leute klagen auch sehr häufig über Kopfschmerzen und Schlaflosigkeit wie der König, gegen Schlaflosigkeit nehmen solche Menschen auf Verordnung der Ärzte noch heute Morphium und Chloralhydrat ein. Weil König Ludwig II. dies tat, mußte er irgendwie der Narretei anheimgefallen sein. Dr. Hubrich meint weiter, der König mit seiner geringen musikalischen Begabung habe sich für die Musik Richard Wagners nur deshalb begeistern können, weil die Wagnerschen Opern so märchenhaft seien und nur seine Phantasie angeregt hätten. –

Und nun erst die Zeugenaussagen von Bedienten, an ihrer Spitze natürlich diejenige des Lakaien Mayr, der folgendes vorzubringen hatte: „Se. Majestät haben schon die Gewalt über seinen Leib verloren, in dämonischer Wut können seine Glieder einen grausig verrenkten Tanz aufführen, irre fuchtelt er wie ein Wilder mit den Händen in der Luft herum, in der Langeweile kann er stundenlang mit der Haarlocke spielen und mit einem Kamm durch die Locken fahren, er beschmutzt das Tafelgeschirr mit Tunken wie ein kleines Kind, im stärksten Verfolgungswahn befiehlt er, ein Messer wegzulegen, welches gar nicht da war und doch da sein sollte; bei einigen Grad Kälte ißt er im Freien, bei wärmstem Wetter geht er mit Sommermantel und Regenschirm spazieren, Befehle werden im letzten Jahre nur noch durch die geschlossene Tür erteilt, Diener dürfen sich nur noch in tiefgebückter Haltung durch Zeichen verständlich machen und kein Wort laut sprechen, das Nichtverstandene aber nur draußen im Vorzimmer zu Papier bringen; ein Diener, der sich etwas zuschulden kommen läßt, muß sich in hündischer Ehrenbezeugung nach chinesischem Hofbrauch platt auf den Bauch legen; weder beim Speisenauftragen noch beim Anziehen darf jemand den Herrn ansehen." Mayr bezeugte weiter, daß er selbst ein volles Jahr lang nur mit einer schwarzen Maske vorm Gesicht erscheinen konnte, weil der König in seinen geheiligten Räumen den Anblick eines derben Gesichts nicht mehr vertrug.

Der Diener Buchner sagte aus, daß er ein Siegel als Zeichen seiner Begriffsstutzigkeit und geistigen Unzugänglichkeit vor der Stirn tragen mußte.

Der Diener Sauer sollte einmal in einem grellen Gewande auf einen Esel gesetzt und auf den Landstraßen zur Schau gestellt werden „wegen tierhafter Dummheit". (Es ist natürlich nie dazu gekommen!) „Wer in den Nächten, in denen der König wachte, einschlief, dem wurde ins Gesicht gespien." –

Derartiges und noch schlimmeres Material wurde dem Hauptsachverständigen lediglich aus Kreisen ungebildeter oder halbgebildeter Bediensteter, unter denen sich auch noch zwei ehemalige Hofsekretäre befanden, zur Verfügung gestellt. Entweder waren die betreffenden Zeugen bei Sr. Majestät in Ungnade gefallen oder sie waren „gewonnen“. Das meiste in ihren Berichten war, wie man heute sicher weiß, entstellt übertrieben oder ganz unrichtig aufgefaßt. Hier nur einige Beweise:

Ludwigs wilde Befehle an die Diener wurden nie Wirklichkeit, sondern wirkten sich meist nur in seiner Phantasie aus. Mitunter sind es sehr verständliche Wutausbrüche oder nur vorübergehende Wahnvorstellungen gewesen, weiter nichts. Wenn einer erregt auf den Boden stampft, verärgert auf und ab läuft, in blinde Wut über etwas gerät oder ganz ruhig und bestimmt einem festen Gedanken nachspürt, ohne seinen Blick überallhin schweifen zu lassen, so war das für die Diener abnorm. Wenn der König im Zorn oder übermütigem Spaß die merkwürdigsten Drohnungen und Verwünschungen ausstieß, die dem Durchschnittsmenschen unverständlich schienen, so meinten die Diener, daß nur ein Wahnsinniger derartiges aussprechen könne. Weil ihr Herr Gespräche mit sich führte, war er geistig umnachtet, obwohl der Irrenhausdirektor Dr. Hubrich so ehrlich ist und wenigstens zugibt, daß auch Gesunde Halluzinationen haben. Als Se. Majestät plante, mit einer Flugmaschine einmal über den kleinen Alpsee fahren zu wollen, bekamen es die Diener mit der Angst zu tun! Was hätten sie wohl zu Graf Zeppelin gesagt?

Gudden glaubte fast wörtlich dem widerlichen Dienergeschwätz und faßte alle Entgleisungen und Torheiten eines einundvierzigjährigen Lebens zu einem wilden Knäuel zusammen, der das Gutachten beweisen mußte. Wenn man das bei jedem Menschen so machen würde, dann müßten wir wohl eine Unzahl Irrenanstalten errichten, um alle diese an sich harmlosen Menschen unterbringen zu können! Wie viele Menschen allein leiden gleich Ludwig II. zeitlebens an großer Schüchternheit und an beständigen inneren Hemmungen im Verkehr mit ihren Mitmenschen! Müssen sie denn alle geisteskrank sein oder fehlt da nicht vielmehr ein Spezialbegriff in unserer Psychiatrie?

Die verantwortlichen Minister hatten sich von dem persönlichen Verkehr mit ihrem Chef so gut wie abgeschnitten und ausgeschaltet. Der Kreis der intimen Lebenszeugen war ein immer engerer geworden. Jeder nur greifbare Belastungszeuge wurde schleunigst vernommen, von seiner Schweigepflicht im Amt entbunden, seine Aussage zu Protokoll genommen. Andere Stimmen im Volk wurden absichtlich überhört. Zeugen, die ebenfalls jahrelang in der näheren Umgebung des Königs geweilt, wurden überhaupt nicht geladen noch vernommen. Warum? Die Zentrumsführer, die ja gar nichts mehr von ihrem König wissen wollten, befürchteten günstige Entlastungen für Se. Majestät. Bleiben diese Tatsachen für erfahrene Psychiater recht bedenklich, so ist auf jeden Fall strafwürdig, wenn Amtsärzte nur auf Grund von belastenden Aussagen einseitiger Zeugen, ohne jede Beobachtung, ohne jeden Gedankenaustausch mit dem Angeklagten, ohne jede Vorhaltungen und ohne die ärztliche Untersuchung, wie sie sonst sogar vorgeschrieben ist, schlankweg ein solches Gutachten zustande bringen, um es nach dem Tode des Königs auch noch zu verteidigen!

Da ist z. B. Hofrat Dr. Hagen folgender Ansicht: Wenn Ludwig II. auf die Vorstellung des Gesamtministeriums vom 5. Mai 1886 nur erwidert hätte, „es habe in der Sache nichts zu sagen“, so sei das ein ganz bestimmtes Zeichen von Narretei! Wie viele Fürsten, Präsidenten und Direktoren müßten dann wegen ähnlicher lakonischer Bescheide in ein Narrenhaus gesteckt werden!

Das gute Gedächtnis Ludwigs als besonderes Kennzeichen gesunder geistiger Anlage ist für die Herren „Begutachter“ merkwürdigerweise von ganz untergeordneter Bedeutung! Man legte nicht einmal besonderen Wert darauf, daß das königliche Gedächtnis in letzter Zeit, wie die Diener meinten, kleinere einzelne Lücken aufgewiesen habe. Ob das scheinbar bei normalen Menschen auch manchmal vorkommt?

Eine Anklage aber hat man in dem berühmten Gutachten entweder vergessen oder absichtlich totgeschwiegen, die Tatsache nämlich, daß ein Ministerium nicht das geringste versuchte, seinen Herrscher zur rechten Zeit aus seinem Traumwandel in die Wirklichkeit zurückzuführen, daß dieses Ministerium sogar die Absperrung des Königs vom Volke begünstigste, dem geliebten Volksherrscher die Furcht vor den gefährlichen Sozialisten und geplanten Attentaten förmlich einträufelte, sich selbst zwischen dem König und seinem Volke absperrte und daß schließlich so die Vertreter dieses Ministeriums als Bediente von Bedienten verantwortungslos weiterregierten, ihr König nur noch gegenzeichnete, daß der Finanzminister einem in Not geratenen Herrscher überhaupt keine finanzielle Hilfe bringen wollte und dieser einsame Herrscher direkt in die Enge einer Verzweiflung getrieben wurde.

In Bayern geschah nichts. In Bayern wurden nach dem Tode des Königs vielmehr alle diejenigen eingesperrt, welche es wagten, die moralische Ehre des Königs zu retten, für den geliebten Monarchen eine Lanze zu brechen und dabei das Ministerium mit durchaus sachlichen Beweisen anzugreifen. Man denke nur an die Behandlung des tapferen Redakteurs Memminger!

Das sind alles keine Legenden, sondern bittere Wahrheiten! Und nun betrachte man einmal die Kehrseite der Medaille: den für geisteskrank erklärten König selbst!

Unbeschwert und unbelästigt herrscht dieser König in goldener Freiheit, mit gigantischen Bauvorhaben in seiner Brust: die gotische Ritterburg auf dem „Falkenstein“ und ein Schloß in feenhafter indischer Pracht am Gestade des stillen Plansees. Da kommt eine ihm zum Teil unbekannte, höchst unerwünschte Kommission ebenso unerwartet wie unangemeldet an, teilt dem noch Regierenden urplötzlich mit, daß er entmündigt sei, daß sein Oheim als Regent seines Landes eingesetzt sei, daß er gefangengenommen werden müsse, weil er geistig umnachtet wäre, und daß er sich den weiteren Anordnungen der unbekannten Herren und der ständigen Aufsicht von Pflegebefohlenen bedingungslos unterwerfen müsse, sonst drohe die Zwangsjacke!

Was tat Ludwig, als er das alles in einem Redeflusse mitanhören mußte? Tobte er wie ein Geisteskranker, schlug er um sich, mußte er überwältigt werden und eine Spritze erhalten? Er tat das, was jeder vernünftige Mensch zunächst überlegen würde: er erwog einen Fluchtversuch. Nur einen Augenblick vor Schreck erstarrt über das Unfaßbare, fügte er sich schnell in die neue furchtbare Lage, überwand mit bewundernswerter Selbstbeherrschung seinen schroffen Absturz aus königlicher Höhe in einen häßlichen Abgrund und trat ohne den geringsten Widerstand die Gefangenschaft an. So und nicht anders verhielt sich der für „verrückt" erklärte Ludwig. Wer da behaupten will, so benehmen sich eben „Geisteskranke, Irre, geistig Umnachtete", fürwahr, der muß sich doch an den Kopf fassen und fragen, warum und für wen es dann noch sogenannte Irrenanstalten, abgesperrte Zellen und Zwangsjacken überhaupt geben soll!

Nachdem man den Gefangenen nach Schloß Berg geschleppt und dort alle üblichen Demütigungen schon am ersten Tage genügend angedeutet hatte, erwartete man, daß sein Stolz wild aufbrausen würde und sich nie in solche persönlichen Eingriffe fügen könnte. Geschehen ist nichts! Das war schon den Irrenärzten so merkwürdig, daß sie an der Anschuldigung der Geisteskrankheit bereits am ersten Tage zu zweifeln begannen!

Bürkel, der letzte Hofsekretär, mit dem der König noch persönlich verkehrte, ist einer der wenigen anständigen Menschen gewesen, die schon aus Dankbarkeit zu ihrem Herrn jede gewünschte belastende Aussage strikte verweigerten. Wie ihn, so haben auch Bedienstete im engsten Kreis von Ludwigs Umgebung starke Zweifel an dessen Geisteskrankheit davon abgehalten, Zeugnis gegen ihren Monarchen abzulegen.

Alexander Schneider, der mit am längsten im Kabinett tätig gewesen, ließ dreihundert Befehle zusammenstellen, welche Se. Majestät in den letzten drei Jahren schriftlich durch das Dienstpersonal an das Kabinett gesandt hatte. Keiner von diesen Befehlen trug auch nur im geringsten Spuren geistiger Störung. Schneider selbst hatte auch sonst persönlich nie bei dem König Geisteskrankheit beobachten können, insbesondere nicht anläßlich der letzten Audienz, die ihm im Mai 1885 gewährt wurde. Er hatte darauf gewartet, zur Zeugenschaft von der Regierung aufgerufen zu werden – es geschah nicht! Soll man da immer noch fragen: Warum?

Alle befreundeten Personen des Königs haben die Frage, ob ihnen im intimeren Verkehr mit dem Monarchen Spuren von geistiger Störung aufgefallen wären oder ob sie in dem König je so etwas wie einen „Irren“ gesehen hätten, glatt verneint. An ihrer Spitze steht derjenige, der einer der letzten vertrauten Freunde gewesen und es unbedingt hätte wissen müssen: Hofschauspieler Josef Kainz, der mit Sr. Majestät nicht nur Stunden, sondern Tage der Einsamkeit in der Schweiz und auf Schloß Linderhof zugebracht hat und mehr als einmal des Nachts mit seinem Zauberer in der blauen Grotte geweilt! Es wird nur gesagt, daß der König sehr reizbar gewesen, daß er mit einem unbedachten, unzarten Wort leicht verletzt werden konnte und daß sein besonders gesteigertes Majestätsgefühl bei ihm von vornherein sich zu einem unüberwindbaren Hindernis ausbildete für jeden, der sich ihm nahte.

Der letzte Brief, den Ludwig zwölf Tage vor seinem Tode aus Schloß Linderhof an seine Mutter schrieb, zeigt nicht die geringste Spur einer Geisteskrankheit. An die ferne Mutter, die nicht wußte, daß ihr Sohn einer Schuldenlast von 21 Millionen gegenüberstand und die einmal ihren gesamten Schmuck im Werte von mehreren Millionen anbot, erinnerte sich der treue König bei seinem schweren Abschiedsgang von Neuschwanstein.

Die engste Vertraute, Kaiserin Elisabeth, hat auch über den tragischen Tod des geliebten Freundes hinaus nie an dessen Geisteskrankheit geglaubt.

Graf Dürckheim-Montmartin, der sich als letzter schützend vor seinen noch regierenden Herrn gestellt und dem man nach dem 13. Juni verweigert hatte, seinen toten König noch einmal sehen zu dürfen, hat bis zu seinem Tode als Kommandierender General im Jahre 1912 energisch jede Spur von anormalem Denken seines über alles verehrten Monarchen abgestritten.

Und auch Bismarck hat den Bayernkönig ernst bis fast an das Ende seines Lebens genommen und zögerte, an die angeschuldigte Krankheit zu glauben. Erst das häßliche Bedientengeschwätz in den Protokollen hat auch ihn umgestimmt. Ludwig hatte es ihm angetan. Er war der einzige Souverän außer seinem eigenen, dem Bismarck in seinen „Erinnerungen“ ein besonderes Kapitel gewidmet und dessen Briefe er veröffentlicht.

Die Bauherren an den Schlössern waren über die Richtigkeit des königlichen Urteils oft überrascht und haben betont, daß die hinterlassenen Bauwerke keinerlei Störungen im einzelnen erkennen lassen.

In der Frage der Entthronung hat eigentlich nur der Staatsmann Bismarck mit seiner bewundernswert klaren Einsicht die ganze Situation richtig begriffen. Nach seinem Rat sollte sich das bayrische Ministerium wegen der Schuldenlast des Königs direkt an den bayrischen Landtag wenden. Wenn es auch sehr zweifelhaft erschien, daß dieser „königsfeindliche" Landtag die zu fordernden Mittel bewilligt hätte, so wäre doch andererseits die heikle Persönlichkeitsfrage um Ludwig II. auf diese Weise durch die Volksvertretung und nicht durch die Agnaten ins Rollen gekommen. Das Ministerium befolgte nicht den Rat des großzügigen Reichskanzlers. Als dann Bismarck die dringende Notwendigkeit einer Regentschaft erkannt hatte, drang er darauf, daß Preußen ganz aus dem Spiele blieb, und riet, verschiedene Bundesfürsten, auch den Kaiser von Österreich, vorher zu verständigen, da es sich um eine rein bayrische Angelegenheit handele. Auch hier ging das Ministerium einen anderen Weg. Sein König mußte dafür mit dem Leben büßen, das Ministerium mit dem ewigen Makel einer Schuld und eines tiefen Volkshasses.

Schließlich hat es sich dem Ausland gegenüber noch lächerlich gemacht und das patriotische Gefühl eines jeden bayrischen Staatsangehörigen stark geschwächt durch eine Tat, die für die ganze Welt eine Überraschung bedeutete:

Ludwig II. war als irrenkrank erklärt, gefangengenommen, wegen geistiger Umnachtung für regierungsunfähig erachtet und entmündigt worden – und der wirklich umnachtete, für unheilbar bezeichnete Bruder Otto wurde dem Volke als neuer König von Bayern repräsentiert! König von Bayern konnte nach der Verfassung nur ein Prinz werden, der einen Eid zu leisten vermag. Prinz Otto konnte nie mehr eine rechtsgültige Handlung vornehmen noch viel weniger einen Eid auf die Verfassungstreue schwören, so, wie es der Wortlaut der Eidesformel ausdrücklich verlangt. Ludwig durfte nicht mehr König bleiben wegen seiner angeblichen Krankheit, Otto aber konnte König werden trotz derselben Krankheit! Diesen Zusammenhang verstehe logisch, wer will – es bleibt nur *eine* Lösung übrig: Wäre Luitpold zum König ausgerufen worden, dann hätte es passieren können, daß dieser in der Wahl seiner Ratgeber doch etwas vorsichtiger gewesen wäre und mit anderen Regierungsvertretern das hohe Amt übernommen hätte. Als Prinzregent blieb er nur das erste Mitglied eines Ministeriums, die „Kleber" konnten bleiben, und aus den großen Überschüssen der auf den eingesperrten neuen König fallenden Zivilliste konnte man leicht die Schulden des verstorbenen Bruders bezahlen! Das Ministerium blieb, der Prinzregent blieb Prinzregent, sie alle hatten ihre Köpfe bei der Umwälzung riskiert, und man mußte ihnen sogar noch dankbar sein, wenn auch nichts weiter geschehen war. Was im Juni 1886 vollständig unmöglich geworden war, blieb in demselben Monat Juni auf einmal doch möglich: das Ministerium sah einen Weg zur

Schuldendeckung und brauchte sich gar nicht groß zu bemühen!

Beim Ende des Königs Ludwig stand Deutschland vor der unerhörten Tatsache, einen seiner regierenden Könige gepfändet zu sehen. Und heute noch gibt es durchaus ernsthafte Zeitgenossen, welche sowohl Ludwig I. wie seinen Enkel deswegen für ausgesprochene Narren halten, weil beide die ihnen zur Verfügung stehenden Summen in wilder Baulust „zum Fenster hinausgeworfen“ und damit eine unverantwortliche Schuldenpolitik getrieben hätten!

Wann sind denn je in der Welt große Kunstwerke ohne hohen Kostenaufwand entstanden? Will man etwa die ägyptischen Pharaonen und römischen Imperatoren als Vorbilder einer Menschheit hinstellen, welche Sklaven, Kriegsgefangene und verurteilte Christen als Arbeiter ohne Lohn benutzten? War es wirklich Verschwendungssucht, wenn ein König alle größeren Festlichkeiten jahrelang absagen ließ und das für nichtige Eintagsfeste unverausgabte Geld Unsterblichkeitsbauten zugute kommen ließ? Ist das Geld zum Fenster hinausgeworfen worden, wenn ein Bauherr aus Sparsamkeitsgründen an den Säulen seines Thronsaales den kostbaren Lapislazuli aus dem Ural durch blaue Farbe und den Porphyr durch braunroten Anstrich vortäuschen läßt, wenn er Gobelins durch Malereien auf grober Leinwand nachzuahmen versucht? Wie kann man überhaupt von gefährlicher Vergeudung sprechen, wenn ein Herrscher ganze Scharen von Künstlern und Handwerkern im eigenen Lande jahrelang aus eigener Schatulle für die

Schönheit seines Gebietes beschäftigte, gut lohnte und reich verdienen ließ? Und wie hat gerade dieser Ludwig die Schaffensfreudigkeit in seinem Volke belebt, die Wirtschaft angeregt, das eigene feste Geld im eigenen Lande kursieren lassen! Noch im Jahre 1882 lieh er zwei großen Ausstellungen, der gewerblichen in Nürnberg und der elektrotechnischen in München, seinen Schutz, weil er in der Förderung aller gemeinnützigen Arbeiten nicht nur eine Aufgabe, sondern die Pflicht eines Königs sah! Welche Liebe sprach aus seinem Herzen zu seinem Volk und welche Einwendungen, Widerstände und Heucheleien hat man hinter seinem Rücken immer wieder vorgebracht!

Die Kleingläubigen ließen sich nicht überzeugen. Hätten sie damals gewußt, welche Bedeutung einmal Wagner und seine Werke für die folgenden Zeiten bekommen würden, sie hätten es nie abgelehnt, nach seinen Vorschlägen die Musikschule umzugestalten und ein Festspielhaus in München zu erbauen. Goethe bedurfte des Herzogs Karl August von Sachsen-Weimar nicht, um dermaleinst neben Schiller der größte Dichter Deutschlands zu werden. Wagner aber hätte ohne seinen Lebensretter Ludwig II. bestimmt Schiffbruch erlitten. Er selbst hat einmal an seinen hohen Gönner geschrieben:

„Ohne Sie blieb vor allen Dingen mein Nibelungenwerk unvollendet, denn ward ich dem Kampf um die Existenz nicht vollständig entrissen, so konnte ich nie einen solch ausschweifenden Plan wieder aufnehmen ...!"

Trotz 77 Proben in Wien ist „Tristan und Isolde" niemals dort zur Aufführung gekommen; ohne die königliche

Hilfe wäre diese Oper auch in München nach einem schwachen Versuch glatt in die Versenkung des Unmöglichen verschwunden. Das weiß heute alle Welt!

Ludwig I. hat mit seinen Bauten das neue München geschaffen, und Ludwig II. hat aus der früher so armen Gegend um Füssen und Schwangau einen blühenden Flecken Erde, hat ganz Oberbayern weltberühmt gemacht. Dazu geben seine Schlösser dem Lande Bayern einen enormen laufenden Gewinn! Und die Summen, die zum Fenster hinausgeworfen waren, um München zur Wagnerstadt zu machen und Wagner an Bayern zu fesseln, sind eine der besten Kapitalsanlagen geworden, die man je in Süddeutschland gemacht hat. Das ist die Wahrheit!

Allerdings, wenn sich der Historienmaler August von Heckel für das Grottenbild „Thannhäuser im Venusberg" eine Summe von 40000 Mark auszahlen ließ, wenn der König für einen Schreibtisch im Stil Louis XIV. aus Paris 65 000 Mark, für ein Schreibzeug mit den Emailbildern der beiden französischen Ludwige 28000 Mark und für die goldbestickten Vorhänge eines einzigen Gemaches 65 000 Mark entrichten mußte, so hätte ein tüchtiger, wachsamer Finanzminister die Pflicht gehabt, gegen solche ungerechten Überforderungen ganz energisch einzuschreiten. An das acht Millionen Mark betragende Vermögen des in Fürstenried internierten Prinzen Otto konnte der Bruder nicht heran, weil ein Vormund nach bayrischem Recht kein Darlehen bei seinem Mündel aufnehmen durfte. War das nun ein Grund für das Ministerium, die Hände in den Schoß zu legen und untätig zuzusehen, oder war ein Finanzminister nicht dazu da, Mittel und Wege zur Beschaffung der flüssigen Gelder auszudenken? Wollte oder sollte ein solcher Finanzierungsplan gar nicht gefunden werden?

Man komme nicht immer wieder mit der legendenhaften Einwendung: „Ja, aber einundzwanzig Millionen – das war einfach unmöglich!" Bayern hatte im Jahre 1866 für einen verlorenen Krieg von *einem Monat* Dauer (!) an der Seite Österreichs gegen Preußen dreißig Millionen Gulden Kriegskosten zahlen müssen. Der Krieg war gegen den Willen des Königs von Bayern geführt worden, Felder und Wälder wurden verwüstet, in Tausende von Herzen war Tod und Verwundung geschlagen. Damals freilich wagte keiner, gegen seinen König Stellung zu nehmen, ihm diese dreißig Millionen Kriegskosten vorzuhalten. Im Gegenteil, die Summe wurde schnell vom Ministerium wie Landtag genehmigt und bezahlt. Das Geld hatte da zu sein und war auch pünktlich da. Zwanzig Jahre später war der königliche Haushalt mit über zwanzig Millionen Mark verschuldet, kein Wald und Strauch verwüstet, das Land sogar bedeutend verschönert, das Volk mit Aufträgen reich gesegnet, kein Verlust durch Tod oder Verwundung angerichtet worden. Nicht in einem Monat waren die Schulden angewachsen, sondern im Verlaufe von Jahren. Keine Werbetrommel rührte sich, kein Geld war auf einmal aufzubringen, kein Ausweg konnte gefunden werden. Machtlos ließ man eine Katastrophe hereinbrechen. Das sind doch alles recht merkwürdige, höchst bedenkliche Tatsachen, mit denen man sich bekanntmachen muß!

In die Deutsche Geschichtschronik hätte man lieber eintragen sollen:

„Ludwig II. von Bayern, der geborene Repräsentant des großen Zeremoniells, wurde als Retter Richard Wagners und Miteiner des deutschen Kaiserreichs zu seiner Zeit arg mißverstanden und nach vielen persönlichen Enttäuschungen in eine Art Weltflucht getrieben. Als einsamer König war er vielleicht einer der größten Romantiker aller Zeiten. Als Sonderling seltenster Prägung litt er zwar stark unter stimmungsmäßigen Wahnvorstellungen, die man fälschlicherweise mit „Geisteskrankheit“ verwechselte. Daß er aber bei seinem Tode einen blühenden Staat zurückließ und in Deutschland die schönsten Schlösser der Welt erbaute, beweist wohl zur Genüge, daß dieser zweite Ludwig einer der bedeutendsten Menschen des neunzehnten Jahrhunderts gewesen sein muß!“

Noch nie sind um einen Herrscher so viele Frauentränen vergossen worden wie um den einundvierzigjährigen König. Noch nie haben aber auch Männer so viele Legenden um Romantik, Tragik und Tod gesponnen oder erfunden wie gerade bei dieser Majestät.

Wie sagte doch eine Dame aus der Münchener Gesellschaft?

„Seltsam – solange der König regierte, hielt ihn alle Welt für verrückt, und nun, da er tot ist, will niemand mehr daran glauben, daß er es war!“

Die Königin-Witwe Marie, die unglücklichste Mutter Bayerns, überlebte ihren ältesten Sohn nur um drei Jahre. Als sie auf Hohenschwangau ihre müden Augen für immer schloß, waren ihre letzten Worte:

„Gott schütze Bayern, Gott schütze Preußen!“

Kaiserin Elisabeth von Österreich fiel im Jahre 1898 durch Meuchelmord in Genf.

Derjenige aber, dem ein frühzeitiger Tod die Erlösung von grausamer Qual gebracht hätte, mußte bis zu seinem 68. Lebensjahre als Unheilbarer ausharren: König Otto!

Kann es noch größere Tragik unter den Menschen geben? Hier schweigt die Legende. Hier hat auch die Geschichte ihr Ende erreicht. Weiterleben soll nur die Wahrheit um einen einsamen König und die Erinnerung an seine unvergeßlich schönen Werke!

Quellen-Nachweis

Gottfried von Böhm: Ludwig II., König von Bayern, Sein Leben und seine Zeit. Berlin 1924, Engelmann.

Anton Memminger: Der Bayernkönig Ludwig II., Würzburg.

Clara Tschudi: König Ludwig II. von Bayern. Reclam, Leipzig.

Hans Steinberger: Der Romantiker Ludwig II. auf dem Königsthron. Kaufbeuren, Vereinigte Kunstanstalten.

Fritz Linde: Ich, der König, der Untergang Ludwigs II. Kummers Verlag, Leipzig.

Walter Rummel: König und Kabinettschef. München 1919.

Carl Franz Müller: Die letzten Tage König Ludwigs II. Berlin 1888, Fischer.

Edir Grein: Tagebuchaufzeichnungen von Ludwig II., König von Bayern. 1925.

Richard Wagner: Mein Leben. Volksausgabe. München 1911.

Sebastian Röckl: Ludwig II. und Richard Wagner. 2 Bände. München 1913 und 1920.

Weißheimer: „Erlebnisse." Stuttgart 1898.

Bismarck: Gedanken und Erinnerungen.

Rudolf Helmers: Dienstbericht an die Schwangauer Feuerwehr.

Ferdinand Boppeler: Eidliches Protokoll des Gendarmeriewachtmeisters von Hohenschwangau.

Mang Anton Niggl: Aufzeichnungen (im Besitz der Schwangauer Feuerwehr).

Carl von Washington: „Die letzten Tage des Königs Ludwig II. von Bayern." Aufzeichnungen eines Augenzeugen (von seiner Witwe im Jahre 1932 der Öffentlichkeit übergeben).

Anmerkung: Um eine neuerliche Geschichtsfälschung strengstens vermieden zu wissen, mußten einwandfrei feststehende Tatsachen, Handlungen und Gespräche aus obigen Quellenmaterial teilweise wortgetreu wiedergegeben werden, sofern sie als historische Überlieferung zu gelten haben und nicht mehr als persönliche dichterische Ausschmückung anzusehen sind.